清代學術名著叢刊

十七史商榷

[清] 王鳴盛 撰　黃曙輝 點校

中

上海古籍出版社

十七史商榷　序

十七史者上起史記下訖五代史宋時嘗彙而刻之者也商榷者商度而揚搉之也海虞毛晉汲古閣所刻行世已久而從未有全校之一周者予為攷譌文補脫文去衍文又舉其中典制事蹟詮解蒙滯審覈蹖駁以成是書故名曰商榷也舊唐書暨舊五代史毛刻所無而云二十七者統言之仍故名也若遂宋等史則予未暇及焉大抵史家所記典制有得有失讀史者不必橫生意見驕騰議論以明法戒也但當考其典制之實俾數千百年建置沿革瞭如指掌而或宜法或宜戒待人之自擇焉可矣其事蹟則有美有惡讀史者亦不必強立文法擅加與奪以為褒貶也但當考其事蹟之實俾年經事緯部居州次紀載之異同見聞之離合一一條析無疑而若者可褒若者可

十七史商榷卷四十二

三國志四

漢吴始終

漢高祖始爲漢王，居南鄭，至蜀先主以漢中王終之。吴孫堅始封烏程侯，至孫皓亦以烏程侯入即位終之。

吴志有闕

《陸士龍集》第八卷《與兄平原書》云：「雲再拜，誨欲定《吴書》，陳壽《吴書》有《魏賜九錫文》及《分天下文》，《吴書》不載，又有嚴、陸諸君傳，今當寫送兄。」所謂陳壽《吴書》者，似即《三國·吴志》，非别有《吴書》，所謂嚴、陸諸君傳，嚴當是嚴畯，而陸似是陸遜、抗等，但機、雲抗子，稱謂不别異，未詳。至《九錫文》，今載《吴主孫權傳》，而《分天下文》，《吴志》獨不載，尤不可解。又考《薛綜傳》孫皓時華覈上疏曰：「大皇帝末年，命太史令丁孚、郎中項峻始撰《吴書》。孚、峻俱非史才，所作不足紀録，至少帝時，更差韋曜、周昭、薛瑩、梁廣及臣五人共撰。」然則士雲所稱《吴書》不冠以陳壽者，當即五人作。裴松之注中亦引《吴書》。

庱亭

《吴志·孫權傳》：「建安二十三年，權將如吴，親射虎於庱亭。」庾子山《馬射賦》云「飛鏃於吴亭之虎」，謂此事也。《元和郡縣志》庱亭壘在丹楊縣東四十七里。[一]

校讀記

[一]見卷二十五《江南道一》。

魯肅凡品

趙涺謂孫權「納魯肅於凡品，是其聰也」，案張昭毁肅，謂其年少粗疏，是不爲時論所歸，故云「凡品」，其實肅人才豈出周瑜之下？

孫氏陰謀

孫權稱臣事魏已久，及黄武元年春，大破蜀，劉備奔走，勢愈强盛，則魏欲與盟而不受。九月，魏兵來征，又卑辭上書，求自改悔，乞寄命交州，乃隨又改年，臨江拒守，彼此互有殺傷，不分勝負。十二月，又通聘於蜀。乃既和於蜀，又不絶魏，且業已改元，而仍稱吴王。五年，令曰：「北虜縮竄，方外無事。」乃益務農畝。稱帝之舉直隱忍以至魏明帝太和三年而後發，反覆傾危，惟利是視，用柔勝剛，陰謀狡猾。陳壽評以句踐比權，誠非虚語。

不郊祀無宗廟

嘉禾元年，注采《江表傳》孫權不郊祀事。案《宋書・五行志》云：「權稱帝三十年，竟不於建業創七廟，但有父堅廟，遠在長沙，而郊禋禮缺。末年雖一南郊，北郊遂無聞焉。三江、五湖、衡、霍、會稽皆吴楚之望，亦不見秩祀，反禮羅陽妖神，以求福助。」竊謂權本僭盗，而郊祀宗廟在漢尚無定制，於權乎何誅？

小其

「赤烏八年，遣校尉陳勳將屯田及作士三萬人鑿句容中道，自小其至雲陽西城，通會市，作邸閣」，案今水道自常州府城外經奔牛、吕城以至鎮江府丹楊縣城外，自此再西北，行至府治丹徒縣城外入江。此道大約當吴夫差尚未有，直至孫權方鑿之。吴人争霸上國，開邗溝通江淮，而戰艦仍不能達，尚由海入淮，若從常、鎮間北至江岸，則尚有陸無水，直至三國方有雲陽，即今丹楊縣也。《太平御覽》引《吴志》：「岑昏鑿丹徒至雲陽，杜野、小辛間皆嶄絶陵襲，功力艱辛。杜野屬丹徒，小辛屬曲阿。」[一]曲阿亦即今丹楊縣。至今此道舟行，望兩岸高如山，正所云「嶄絶陵襲」者。「小其」當作「小辛」，傳寫誤也。蕭子顯《南齊書·州郡志》云：「南徐州，鎮京口。吴置幽州牧，屯兵在焉。丹徒水道入通吴會，孫權初鎮之。」觀此，則知自今吴縣舟行過無錫、武進、丹楊至丹徒水道自孫氏始。說見《尚書後案》《禹貢》揚州。

校讀記

[一]卷一百七十引。按「杜野屬丹徒，小辛屬曲阿」爲《御覽》原注。

蔡戰

《三嗣主孫休傳》："永安五年，使察戰到交阯，調孔爵、大豬。"注："察戰，吴官名，今揚都有察戰巷。"案沈約《宋書》作"蔡戰"，或遂疑爲人姓名，但《孫奮傳》注引《江表傳》"孫皓遣察戰齎毒藥賜奮死"，未必蔡戰一人至皓時又受此使，《宋書》特傳寫誤耳。《晉書·五行志》云："吴孫休永安五年，城西門北樓災。六年，石頭小城火。時嬖人張布專擅，兼遣察戰等爲内史，驚擾州郡。"是也。

封禪國山

《孫皓傳》："天璽元年，吴郡言臨平湖開，得石函，中有小石，青白色，刻皇帝字。于是改年，大赦。"又云："秋八月，吴興陽羨山有空石長十餘丈，名曰石室，在所表爲大瑞。乃遣兼司徒董朝、兼太常周處至陽羨縣，封禪國山。明年，改元，大赦。"案吴《禪國山碑》見宋趙明誠《金石録》，而其文久漫滅，近日博學如東吴顧氏、秀水朱氏皆未之見，惟亡友山陽吴玉搢山夫《金石存》著于録，云："此碑篆書，碑甚巨，今存者止二十行，行九字，而字皆不可辨識，審視諦觀稍可見，亦不能成句。"[二] 趙明誠跋約舉其文，僅百許字，而趙彦衛

《雲麓漫抄》第一卷載之頗詳，約八九百字，前歷言諸祥瑞，後云旃蒙協洽之歲，月次陬訾之舍，日惟重光大淵獻，受上天玉璽文曰：「吴真皇帝，乃以柔兆涒灘之歲，欽若上天，月正革元，郊天祭地，紀號天璽，實彰明命於是。丞相沇、太尉璆、大司徒燮、大司空朝、執金吾修、城門校尉歆、屯騎校尉悌、尚書令忠、尚書昏直晃昌、國史瑩等，僉以爲衆瑞畢至，宜行禪禮，遂于吴興國山之陰，告祭刊石」云云。考「旃蒙協洽」爲乙未「陬訾之舍」，亥月也。據碑則得石文本是天册元年十月事，是年歲在乙未，故于其明年改元天璽。柔兆涒灘是丙申，正革元是正月也，其年八月行禪禮，故於明年改元天紀也。大司空朝即兼司徒董朝，而碑無周處，《晉書》五十八卷《處傳》言處仕吴爲東觀左丞，孫皓末爲無難督，則是武臣，而此乃云「兼太常」，蓋其所兼之虚銜耳。

校讀記

〔一〕見《金石存》卷三。

子喬

《孫翊傳》：「子松爲射聲校尉、都鄉侯，黄龍三年卒。蜀丞相諸葛亮與兄瑾書曰：『既受東朝厚遇，依依於子弟。又子喬良器，爲之惻愴。見其所與亮器物，感用流涕。』其悼松如此。由亮養子喬咨述故云。」此段文義殊不可曉，考亮兄瑾仕吴，其第二子曰喬，字伯松，亮未有子，求喬爲嗣，瑾啓孫權，遣赴蜀爲亮子。然則據文似子喬即謂養子喬，陳壽既叙完「悼松如此」，又解之云：亮之所以知松者，由其養子喬咨述之故也。詳玩之，其實不然，子喬當即松之字，非指伯松咨述，觀「良器」之文自明。「由亮」以下九字疑後人妄附益，非陳壽元文。[一]

校讀記

[一]按錢大昭《三國志辨疑》卷三、梁章鉅《三國志旁證》卷二八引潘眉，于此并有詳釋，惟王鍾翰曰：「鍾翰且疑連此九字亦非裴氏注文。大抵裴注止于悼松一句，『松』字上疑脱一『伯』字。唯其脱一『伯』字，故後人誤置于《吴志·孫翊傳》子松之下。中略。苟補一『伯』字于『松』字之上，改移于《蜀志·諸葛喬傳》『建興六年卒』之下，恰恰裴氏注例。」説詳其《三國志裴注考證》，見《王鍾翰清史論集》第四册。

周瑜子胤廢死

周瑜大功盡在赤壁一戰，而瑜死後，子胤以罪徙廬陵，諸葛瑾、步騭連名訟瑜，其稱功但有「摧曹操烏林」一句，殊不敢顯然詳叙瑜之定計破曹，蓋以權晚年任數，多猜忌，果殺戮，故歸美於上而隱瑜之功。及權答書則數胤之罪，但有「酗淫自恣」，别無他惡也。意者胤必有頌言父當年之功，洩漏上聞者，故權恨之如此。若但以酗淫，自可戒飭，何至廢絶以死？且功臣之子而以酗淫聞，此豈權之所惡乎？

策權起事在吴

《魯肅傳》云：「孫策薨權住吴。」案項梁與羽、策與權起事之處皆在吴，即今蘇州府治吴、長洲、元和三縣地。蓋自闔廬、夫差以來，吴兵甚强，漢魏時尚有遺風，非如今日吴人之柔脆，不足爲用武地也。項事已見前，知策、權起吴者，《周瑜傳》云：「策謂瑜曰：『吾以衆取吴會，卿鎮丹楊。』建安三年，瑜還吴，策親自迎瑜，瑜年二十四，吴中皆呼爲周郎。」是策之始立在吴也。又云：「建安五年，策薨，權統事。瑜將兵赴喪，遂留吴。」是權之始立在吴也。《策傳》謂「策引兵渡浙江，據會稽，自領會稽太守」，以朱治爲吴郡太守，但會稽太守治山陰，吴郡太守治吴，策雖領會稽而志量實在江淮上游，在吴猶近之，若居山陰，太遠，不及事矣，故下文即云「曹公表策爲討逆將軍，封吴侯」。是時袁紹方强，而策并江東也。《權傳》云：「策薨，以事授權。曹公表權討虜將軍，領會稽太守，屯吴。」此權在吴起事之明文。自此以下，屯吴凡十二年。赤壁破曹之後，方徙治秣陵，改爲建業。《張紘傳》云：

「紘建計宜出都秣陵，權從之，令還吴迎家。」居建業者又十年，取關公，得荆州之後，又徙武昌，兩徙皆爲據荆，不但爲拒曹。黄龍元年，仍還建業，自此至薨皆在建業。

唐許嵩《建康實録》叙孫權於建安五年策薨以後事付權之下，歷叙權事，至十三年將與劉備合謀拒操而尚未破操赤壁之前，書曰：「權始自吴遷於京口而鎮之。」自注云：「案《地志》吴大帝自吴遷朱方，築京城，南面西面各開一門，即今潤州城也。因京峴立名，號爲京鎮，在建業之北，因爲京口。」嵩所引《地志》是唐以前古書可信者，時根本仍在吴而遷京口，欲漸爲居秣陵地也。其下叙破曹事，其下又書「十四年，權居京口」云云，至十六年乃書「權始自京口徙治秣陵」，「十七年，城楚金陵邑地，號石頭，改秣陵爲建業」，叙次甚分明，勝於陳壽。

瑜肅異而同

英雄舉事，貴争先著，一落人後便非俊物。袁紹欲迎獻帝不果，遂爲曹操所先，及與紹相拒官渡，劉表坐守荆州，不能出一步以襲許救袁，而孫策陰欲襲許迎帝，未發，爲人所殺，若其事成，操敗矣，非争先著者乎？周瑜方結劉拒曹，曹甫敗，旋欲制劉以取荆而并圖蜀，著著争先，真俊物也。魯肅與孫權合榻對飲，爲畫大計，與瑜同耳。至破曹之後，仍勸權以荆州借劉，此則與瑜異者，然肅之計爲孫不爲劉，權雖謂此計爲一短，但荆州新附，其勢吴難獨占，兩雄相争，徒爲敵利，然則肅計亦未爲短，故瑜病困，薦肅自代，二人之計異而同者也。至《肅傳》載肅與關公單刀俱會之言，注又引《吴書》云云，兩人各爲其主，亦復旗鼓相當。

三史

《吕蒙傳》注引《江表傳》曰：「權謂蒙曰：『讀書但當涉獵，孤統事以來，省《三史》、諸家兵書，大有益。』」《三史》似指《戰國策》、《史記》、《漢書》。[一]《孫峻傳》注引《吴書》曰：「留贊好讀兵書及《三史》，每覽古良將戰攻之勢。」「三史」，元本作「三略」，愚謂彼時不但未有范蔚宗書，并謝承、見《妃嬪傳》。華嶠、見《晉書》列傳第十四《華表傳》。司馬彪見《晉書》列傳第十二本傳。之書皆未有，則《三史》自不得指爲《史記》、《前》、《後漢》，即《晉書·傅玄傳》云：「玄撰論《三史》故事，評斷得失，各爲區例。」玄卒于晉武帝時，所稱《三史》亦未必有《後漢》，直至唐宋以來學者恒言，乃皆曰《五經》、《三史》，則專指馬、班、范矣。愚竊以爲宜更益以陳壽稱《四史》，以配《五經》，良可無愧，其餘各史皆出其下。

校讀記

［一］按此説非是，《三史》自指《史記》、《漢書》、《東觀記》而言，見錢大昕《十駕齋養新録》卷六《三史》條。又參本書整理弁言。

孫策襲袁術

《蔣欽傳》「孫策之襲袁術，欽隨從給事，及策東渡，拜别部司馬」云云，案策本袁部曲，雖後絶之，安得有襲袁事？誤不待言。校者改爲「李術」，亦恐非是。考孫策之表用李術爲廬江太守，乃在東渡以後，且《志》中亦並無襲李術事，則改「袁」字爲「李」字者，非矣。竊疑「襲」字當爲「依」字，或「就」字之訛，觀「隨從給事」之言，殆如《朱治傳》中言「治扶翼策，依就袁術」耳。

治賊黝賊

「治賊」當作「冶賊」，東冶之賊也。「黝賊」，「黝」亦作「黟」，黟縣之賊也。

黎斐

《丁奉傳》：「太平二年，魏大圍之。遣朱異、唐咨等往救，復使奉與黎斐解圍。奉爲先登，屯於黎漿，力戰有功，拜左將軍。」據此文則魏大圍之，似所圍者即奉也，下文何云「復使奉解圍」乎？元修宋板「魏大」下有「將軍諸葛誕據壽春來降，魏人」凡十二字，然後接「圍之」云云，此脱去，故不可解。[一]《文選》陸機《辨亡論》李善注引《吴志》正與宋板同，而善所引於「奉爲先登」之下即云「黎斐力戰有功」云云，此作史者因黎斐無傳，故於《丁奉傳》中帶叙黎斐事耳。俗刻誤衍「屯於」二字，又誤「斐」爲「漿」，遂以「黎漿」爲地名，而「力戰有功，拜左將軍」似皆爲奉事矣。豈知上文奉先爲偏將軍、冠軍將軍、滅寇將軍，封都亭侯，又爲虎威將軍，進封安豐侯，何待此時方拜左將軍乎？[二]下文叙建衡元年戰事畢，即云「三年，卒」。其下乃又説奉有功驕矜云云，俗刻脱「卒」字，又不可讀。古書傳鈔鏤刻，脱誤既多，又每爲無學識者改壞，一開卷輒嘆千古少能讀書人。

校讀記

[一]何焯已謂宋本「魏大」下十二字不可缺，見《義門讀書記》第二十八卷，錢大昕《諸史拾遺》卷一説亦同。

[二]「俗刻誤衍『屯于』二字」至此，王樹民引之，曰：「其實所指誤衍各點皆不誤，《三國志集解》載侯康説已糾正之，黎漿實有其地，左將軍位在虎威等將軍之上，無妨進封，西莊所改訂者皆爲誤改。」見《王鳴盛的經史之學》一文，收入《曙庵文史續録》。另參葉廷琯《吹網録》卷一《吴志

丁奉傳脱文》條。

吴會

《朱桓傳》：「桓爲蕩寇校尉，授兵二千人，使部伍吴、會二郡。」此謂吴與會稽也。《孫韶傳》注「孫河從策平定吴、會」亦謂二郡，今人竟以爲吴中之稱「會」字如字讀，不讀若「膾」，援唐王勃《滕王閣序》「指吴、會於雲間」爲證，皆非也。

張温黨暨豔

《張温傳》「温聘蜀，還，使入豫章部伍出兵，事未究。權既銜温稱美蜀政，又嫌其聲名太盛，思有以中傷之。會暨豔事起，遂因此發舉，幽之有司，下令」云云，「將軍駱統表理温」云云。案權之下令歷數温罪，但言其交結暨豔，在豫章聞曹丕來不出兵、賣恩署置等事。所謂欲加之罪，何患無詞者，絶不言其稱美蜀政，其中惟責其將殷禮到蜀扇揚異國，爲之譚論，亦是借題影射。駱統申理，亦只就權所責者辨之而已，共約千餘言，不及其美蜀政也。作史者探權隱情，表而出之，最妙。但其上文但言使蜀而還，所謂稱美蜀政者絶不叙及，則突然而出，又嫌著語無根，意其語已失傳故耳。殷禮，吴之名賢，而終不大用，亦爲温累耳。暨字在質韻者,《集韻》云:「居乙切,姓也。吴有尚書暨豔。」陶宗儀云音結。但暨豔事並見温及陸遜兩傳中。裴松之兩處皆無音,則宋元人所音不知何據。

陸遜用火攻

《陸遜傳》:「黄武元年,劉備率大衆來伐,從巫峽、建平連圍至夷陵界。遜乃令人各持一把茅,以火攻之,通率諸軍同時俱攻,破其四十餘營。備大敗,走。」愚謂遜仍用周瑜火攻之策,此地多山林險阻,待其傍巖依樹,結營既密,然後用之。連營愈多,燒毁愈易,遜久有成算,而其上書於權及所以告諸將者略不宣洩,機事密故能成功也。但此法只可用之赤壁、巫峽耳,平原非所宜,至後世銃礮起,而火器又爲之一變,且并用之以破城矣。

劉廙

南陽謝景善劉廙先刑後禮之論,遜呵之。案《魏志》劉廙,南陽安衆人,與丁儀共論刑禮,傳於世。景之州里前輩也。

斯姓

《賀齊傳》:「守剡長。縣吏斯從輕俠爲奸。」「斯」,《御覽》作「期」,但《廣韻》「斯」字注中正引此文。

杙塹

《賀齊傳》:「黟賊陳僕等屯林歷山。山四面壁立,高[一]數十丈。齊募輕捷士,爲作鐵戈,密於隱險賊所不備處,以戈拓斬山爲緣道,夜令潛上。」案二「戈」字,《新安志》皆作「弋」。據《水經注》,上「戈」字當作「杙」,下「戈」則不誤。杙,所以緣而上也。妄人見下有「戈」,妄改之。「斬」字,《新安志》作「塹」,是,當從之。「塹」下「山」字衍文。「緣道」之下,《御覽》有「道成」二字。

校讀記

[一]「高」字原脱,據《三國志》補。

山越

《諸葛恪傳》：「恪以丹楊山險，民多果勁，出之可得甲士四萬。衆議以丹楊與吴郡、會稽、新都、鄱陽四郡鄰接，周旋數千里，山谷萬重，其幽邃民人未嘗入城邑，皆仗兵野逸，征伐爲難。權拜恪撫越將軍，領丹楊太守。恪移書四郡屬城長吏，令各保界，分内諸將，羅兵幽阻，不與交鋒，候其穀熟，縱兵芟刈，山民饑窮，漸出降首。人數皆如本規，權遣薛綜勞軍曰：『山越恃阻不賓，皇帝命將西征。元惡既梟，種黨歸義，故遣迎致犒賜。』」案山越者，自周秦以來，南蠻總稱百越，伏處深山，故名山越。「山越」二字自《恪傳》外，又見《吴主孫權傳》建安五年、嘉禾三年，又見太史慈、孫賁、吴主權徐夫人、周瑜、黄蓋、韓當、朱治、張温、賀齊等傳中，或言「鎮撫」，或言「討平」，或言「山越懷附畏服」云云。考吴所有者，揚、荆、交、廣四州。交、廣山越必多，然距京都甚遠，彼既不來，我亦不往，任其獸伏鳥竄而已。荆州南境零陵，桂陽等郡亦稍遠，惟揚是所都，揚所轄各郡中，丹楊一郡正是秣陵所都之地，税斂調發，舉足輒及，而山越爲梗，故吴世恒以此爲事。秣陵，今江蘇江寧府，而漢丹楊郡之境兼今安徽之寧國、池州、太平、徽州等府，廣德一州又得浙江湖州、杭州二府之西北境，郡之東南境皆與吴、會稽二郡爲界，吴人於建安十三年分丹楊之黟、歙爲新都郡，又於十五年分豫章郡爲鄱陽郡，故《諸葛恪傳》言丹楊與吳、會稽、新都、鄱陽四郡鄰接也。然山越頑抗，大約尤在與新都、鄱陽鄰接處，今徽、寧二府與江西饒州界，萬山環繞，正山民負固不服地，故孫策平定宣城以東，惟涇以西六縣未服，太史慈住涇縣，立屯府，大爲山越所附，策躬自攻討，始見囚執，見《慈傳》。程普爲吳郡都尉，治錢塘，徙丹楊都尉，居石城，石城，今池州府貴池縣。漢丹楊都尉治歙縣，蓋吳人徙此。復討宣城、涇、安吳、陵陽、春穀諸賊，破之，見本傳。又歙賊屯安勤山及烏聊山，黟賊屯林歷山，賀齊破之，建安、鄱陽、新都三郡山民作亂，鍾離牧爲監軍使者，討平之，亦各見本傳。可見山越莫盛於此處，予曾兩至旌德縣。癸巳，由浙江湖州府長興縣之四安鎮，登陸，行過安徽廣德州渡河瀝溪，過寧國府寧國縣，行亂山中，過石臯山以至旌德，皆自東而西，此路荒僻，行人甚少，疊嶂盤回，險仄殊甚，中有前明萬曆間開路碑，蓋自古爲行旅所苦，直至明方開。乙未，則從荆溪過東壩，渡固城湖至宣城，自北而南，過涇縣琴溪以往，此路差大，然亦險甚，自此而南至新安，山愈深矣，宜三國時爲賊所據也。此在吳爲心腹之疾，故《張溫傳》權謂溫曰：「若山越都除，便欲大搆蜀。」而陳壽於賀、全等傳評云：「山越好爲叛亂，難安易動，是以孫權不遑外禦，卑詞魏氏。」蓋山越之爲害如此。

《後漢・度尚傳》：「抗徐字伯徐，丹楊人，守宣城長，移深林遠藪椎髻鳥語之人置於縣下。」此可見宣歙間在後漢爲蠻夷，與外間隔絶不通，至三國而頑梗如故，此吴人所以重勞經營。《陳書》三卷《世祖本紀》：「授會稽太守，山越深險皆不賓附。」《新唐書》百八十二卷《裴休傳》：「貞元時，浙東劇賊栗鍠誘山越爲亂。」然則山越歷六朝至唐，爲害未息。

三國疆域

《三國》但有紀傳，無志，餘姑勿論，惟是地理建置不可無考。毗陵洪亮吉作《三國疆域考》，予未見，姑就《通典》所列，參以本志，并萬氏《補表》，考之如左。

《魏志·夏侯玄傳》云：「司馬宣王報玄書曰：『秦時無刺史，但有郡守長吏。漢家雖有刺史，奉六條而已，故刺史稱傳車，其吏言從事，居無常治，吏不成臣，其後轉更爲官司耳。』」劉馥等傳評云：「自漢季以來，刺史總部從宋本改，俗作「統」，非。諸郡，賦政于外，非若曩時司察之而已。」案秦雖無刺史，亦有監御史，即刺史之意。至漢，刺史雖居無常治，然亦未嘗無，説見《朱博傳》，詳前第十六卷。其云「後轉更爲官司」，正指漢末方鎮而言，與劉馥等傳評合。東漢十三州，司隸、豫州、冀州、兗州、徐州、青州、荆州、揚州、益州、涼州、并州、幽州、交州也。杜佑《通典》一百七十一卷《州郡》門云：「魏據中原，有州十二，司隸、荆、河、兗、青、徐、涼、秦、冀、幽、并、揚、雍。」小字夾註云：「分涼州置秦州，理上邽，今天水郡。

揚治壽春，今郡。徐治彭城，今郡。荆治襄陽，今郡。兗治武威，今郡。並因前代。」荆河者，《禹貢》「荆、河惟豫州」，本是豫州而改稱者，杜佑避唐代宗諱也。「兗治」之下脱文甚多，未得他本參對，未敢輒添。其下文云「蜀全制巴蜀，置益、梁二州」，「益治成都，今郡。梁治漢中，今郡」。〔一〕「吴北據江，南盡海，置交、廣、荆、郢、揚五州」，「交治龍編，今安南府。廣，孫權置，治番禺，今南海郡。荆治南郡，今江陵郡。郢治江夏，即今郡。揚治建鄴，今丹楊郡江寧縣」。

東漢司隸所轄，既有弘農、京兆、馮翊、扶風，故不别置雍州，魏人蓋仍其舊，而却又别置雍州，其置當在建安中操統事後。觀《魏・張既傳》「太祖時不置涼州，自三輔拒西域，皆屬雍州。文帝即王位，初置涼州」，則可見矣。《杜恕傳》：「太和中，恕以爲古刺史奉宣六條，以清静爲名，可勿令領兵，以專民事，乃上疏曰：『今魏有十州，荆、揚、青、徐、幽、并、雍、涼緣邊諸州皆有兵，所恃内充府庫、外制四夷者，惟兗、豫、司、冀。』」荆、揚非魏地，但帶言之。而其有司又有雍則顯然。但雍州始置，既不載於《續漢・郡國志》，而《魏志》本紀又遺之，且漢人但名司隸，魏人則又往往稱司，六朝司州之名起於此。觀杜恕上疏云「兗、豫、司、冀」，又云「天下猶人體，腹心充實，四支雖病無患。今兗、豫、司、冀，天下之腹心」云云，是也。又考《荀彧傳》：「建安九年，太祖拔鄴，領冀州牧，或説太祖『宜復古置九州，則冀州所制者廣大。』彧以爲不可，遂止。」其後建安十八年遂詔并十四州，復爲九州，見《太祖紀》。《梁習傳》：「并士新附，習領并州刺史。建安十八年，州并屬冀州。文帝踐阼，始復置并州。」彼時又嘗并涼于雍，即上所引《張既傳》是也。餘所并三州則無考。建置沿革，事之大者，本紀宜詳書之，今各紀於省并分置之郡甚多，而省并分置之州僅一見，亦不詳，恐多漏。即如《通典》置秦州事，本紀無之，則可見。齊王芳嘉平五年云：「自帝即位，至于是歲，郡國縣道多所置省，俄或還復，不可勝紀。」則其不載者多矣。

《通典》雖言魏有十二州，而荆、揚正吴地，魏不得有之，特緣邊有鎮戍，聊立此名耳。杜恕於太和中言有十州，蔣濟於景初中言有十二州，二者不同，大約一數荆、揚，一不數荆、揚耳。除此二州，餘有十州，又除自置秦州不數外，大約魏得漢之司隸、豫州、冀州、兖州、青州、并州六全州，此外三州，徐州但得其西境，涼州但得其東西及北境，幽州但得其西南境，不全得也。蜀得益州一全州及涼州之南境，又自置梁州。吴得荆州、揚州、交州三全州及徐州之東境，又自置廣州。其杜佑所云郢州未詳，説見下文。若幽州之東北境則公孫氏據之，直至景初二年始爲司馬懿所滅。

《蜀後主傳》於降晉後，注引王隱《蜀記》，但有户口數，無郡國縣道數。《吴三嗣主傳》於孫皓降晉後，注引《晉陽秋》則曰：「王濬收其圖籍，領州四，郡四十三，縣三百一十三。」

案「領州四」者，漢舊有之荆、揚、交三州及吴自置之廣州是也。據此則吴無郢州，且《文紀》黄初三年，以荆州江北諸郡爲郢州，旋復故。然則此州乃魏所立，且旋廢矣。不知杜佑何以云云，俟再考。《晉陽秋》「郡四十三」，《太平御覽》引作「三十三」，考《晉書·武帝紀》作「四十三」，《御覽》誤也。至三國所得漢郡與其所增置并省之郡，備詳《晉書·地理志》，而《晉書》於此等處每多遊詞，未知確否，是以皆未可據。

沈約《宋書·州郡志》叙首言「三國鼎跱，吴得漢之揚、荆、交三州，蜀得益州，魏氏猶得九焉」，謂冀、幽、并、兖、青、徐、豫、涼及司隸也。此特言其大略，不如予今所考爲得，說詳後《南史》篇中。

校讀記

[一]「益治成都，今郡。梁治漢中，今郡」，《通典》小字注文。下「交治龍編」至「今丹楊郡江寧縣」同。

十七史商榷卷四十三

晉書一

晉書唐人改修諸家盡廢

《晉書》作者最多，王隱則有《晉史》，建興中過江，祖納薦爲史官，元帝以草刱務殷，未遑史官。太興初，乃召爲著作郎，令撰《晉史》。預平王敦功，賜爵平陵鄉侯，以謗免，黜歸家，後依征西將軍庾亮于武昌，亮供其紙筆，書成，年七十餘卒。虞預則有《晉書》，凡四十餘卷。預亦在東晉初，至蘇峻平後卒。孫盛則有《晉陽秋》，嘗從桓温平蜀，又從入關平洛，出爲長沙太守，以贓爲温檻車徵之，舍而不罪，遷秘書監、給事中，卒。《晉陽秋》成，温見之怒，謂盛子曰：「枋頭誠爲失利，何至如尊君所説。若此史遂行，關君門户事。」時盛年老還家，諸子號泣請改，盛怒不許。盛寫兩定本寄慕容儁。太元中，孝武帝博求異聞，始于遼東得之，以相考校，多有不同，書遂兩存。干寶則有《晉紀》，自宣帝訖愍帝，五十三年，凡二十卷。鄧粲則有《元明紀》，凡十篇。謝沈則有《晉書》，凡三十餘卷。康帝時爲太學博士，嘗爲何充、庾亮、蔡謨所薦，庾冰亦稱之。習鑿齒則有《漢晉春秋》，起漢光武，終晉愍帝，凡五十四卷。其意以晉繼漢，不繼魏，故爲此書。徐廣則有《晉紀》，義熙初，爲員外散騎常侍，領著作。尚書奏：「聖代有造《中興記》者，道風帝典，焕乎史策，而太和以降，世歷三朝，玄風聖迹，倐爲疇古。宜勑著作郎徐廣撰成國史。」于是敕廣撰集。義熙十二年，勒成《晉紀》四十六卷，表上之。年過八十，宋元嘉二年卒。三朝者，簡文帝、孝武帝、安帝也。郗紹則有《晉中興書》。高平人。數以書示何法盛，法盛有意圖之，謂紹曰：「卿名位貴達，不復俟此延譽。我寒士，無聞于時，如袁宏、干寶之徒，賴有著述，流聲于後，宜以爲惠。」紹不與，至書成，在齋内厨中。法盛詣紹，紹不在，直入竊書。紹還，失之，無復兼本，于是遂行何書。自徐廣以上八家並見今《晉書》八十二卷，而廣又與郗紹俱見《南史》三十三卷。其後齊臧榮緒括東西晉爲一書，紀録志傳，凡百一十卷，見《南齊書·高逸傳》，又見《南史·隱逸傳》。榮緒，東莞莒人。純篤好學，隱居京口教授。司徒褚淵少時嘗命駕尋之。建元中，啟太祖曰：「榮緒，朱方隱者，蓬廬守志，漏濕是安，灌蔬終老。撰《晉史》十袠，贊論雖無逸才，亦足彌綸一代。臣歲時往京口，早與之遇。近報其取書，始方送出，庶得備録渠閣，采異甄善。」上答曰：「公所道臧榮緒者，吾甚志之。其有史翰，欲令入天禄，甚佳。」永明六年卒，年七十四。梁沈約亦作《晉書》百一十卷，見《梁書》約本傳。夫王隱等以晉人記晉事，載録未全，固必須改作。即沈約在臧榮緒之後，卷數又同，諒不過潤色臧書，亡佚猶未足深惜。若榮緒既勒成司馬氏一代事迹，各體具備，卷帙繁富，諒有可觀，即以垂世，有何不可？觀榮緒卷數，比徐廣以上八家，或倍之，或參倍之，則知其爲東西晉之全史。乃唐貞觀中房玄齡奏令狐德棻重修《晉書》。德棻爲先進其類例，既多所諏定，而河東人敬播又同定之，其餘則預柬者凡十有八人共撰此書，見《新唐書》一百二卷及一百九十八卷，于是遂號其書爲太宗御撰，而榮緒之書竟廢，吾爲榮緒憤之。

王隱、虞預、謝沈似只有西晉無東晉，干寶、習鑿齒更不待言。其孫盛雖記東晉事，然就其本傳考之，則盛之卒，似桓温尚在，温死於孝武帝寧康元年，則孫盛之書大約不過至海西公或簡文而止矣，其後所缺者尚多。鄧粲只有元帝、明帝兩朝，徐廣只有簡文帝、孝武帝、安帝三朝，尤不得爲晉史全書。然則欲求晉史全書，自當以榮緒爲正，惜其爲唐人所壓，遂致失傳也。

《舊唐書·令狐德棻傳》：「貞觀十八年，詔改撰《晉書》，房玄齡奏德棻令預修撰，當時同修一十八人，並推德棻爲首。」[二]考《玄齡傳》云：「奏取八人。」則「一十」二字衍，《新唐書》蓋仍誤本《舊唐書》而未及正也。

《舊唐·李淳風傳》：「貞觀十五年，除太常博士，尋轉太史丞，預撰《晉書》及五代史，其《天文》、《律曆》、《五行志》皆淳風所作也。」

校讀記

[一]西莊以爲貞觀十八年受詔撰《晉書》，浦起龍《史通通釋》卷十二説同，然余嘉錫《四庫提要辨證》卷三《晉書一百三十卷》條則據《唐會要》卷六十三及《唐大詔令集》卷八十一，謂修書之詔

實下於二十年。

何超晉書音義

胡三省《通鑑注》自序云：「《晉書》之楊正衡《注》，吾無取焉。」《宋史·藝文志》則云「楊齊宣《晉書音義》三卷」，明南京國子監刻《二十一史》，《晉書》有何超字令升所撰《音義》三卷。天寶六載，其内兄楊齊宣字正衡爲之序，胡及《宋史》誤以爲楊撰耳。古以舅之子爲内兄弟，姑之子爲外兄弟，故楊述令升爲我仲舅之子，而稱爲内弟。此書胡雖不取，然是唐初人撰，所引吕忱《字林》頗多，又引《文字集略》，又引周遷《輿服姓事》，又引柳顧言説，又引《珠叢》，又引《風土記》。此等書今皆亡矣，又引《風俗通》僻姓賁甫、旮景。予所藏元大德刻《風俗通》，比俗刻多兩倍，亦無此一條。何在唐初尚見足本，然則此書非全無足取者。汲古閣板無何氏《音義》。

十七史商榷卷四十四

晉書二

南郡太守楊俊

《晉書·宣帝紀》：「帝河内温人。少有奇節，南郡太守同郡楊俊名知人，見帝，未弱冠，以爲非常之器。」案楊俊，河内獲嘉人，爲南陽太守，《三國·魏志》有傳。此云南郡，誤也。[一]

校讀記

[一]錢大昕《廿二史考異》卷十八云：「《魏志》俊爲南陽太守，非南郡也。」説同。《晉書斠注》卷一引大昕《考異》，不引西莊此則。

大謀奇策

「漢建安六年，郡舉宣帝上計掾。魏武帝爲司空，辟之。帝知漢運方微，不欲屈節曹氏，辭以風痺。及魏武爲丞相，又辟文學掾，勅曰：『若盤桓，便收之。』懼而就職。魏國既建，每與大謀，輒有奇策」，愚謂辭不就徵者，世亂慮禍耳。「知漢方微，不欲屈節」，飾詞也。「大謀」、「奇策」，簒漢陰謀也。一人之身，少壯則爲魏畫簒漢策，及老則又自爲子孫定簒魏策，興亡若置棊，亦可嘆矣。

諫不徙都

「關羽圍曹仁于樊，于禁等七軍皆没。時漢帝都許昌，魏武以爲近賊，欲徙河北，宣帝諫不當遷」云云，案《魏志・蔣濟傳》：「關羽圍樊，太祖以漢帝在許，近賊，欲徙都。濟與宣王說太祖。」其詞正與此同，此不及濟者，欲專美於司馬懿也。

武昌

「黄初五年，天子南巡，帝留鎮武昌」，「武」當作「許」。

水軍破吴

「宣帝對魏文帝曰：『吴以中國不習水戰，故敢散居東關。若以陸軍向皖城，引權東下，爲水戰軍向夏口，乘虚擊之，破之必矣。』」案厥後平吴卒賴水師並進，懿之遠識何減荀彧、賈詡一流？

曲筆未删

「太和四年，宣帝西屯長安，討諸葛亮。亮將芟上邽麥，帝卷甲赴之，亮望塵而遁。進次漢陽，與亮遇，兵才接，亮退。追至祁山，亮屯鹵城。帝攻拔其圍，亮宵遁，追擊破之，俘斬萬計」。〔一〕案據《魏志·明帝紀》：「太和四年，詔大司馬曹真、大將軍司馬宣王伐蜀。九月大雨，伊、洛、河、漢水溢，詔真等班師。」《蜀志·後主紀》：「建興八年秋，魏使司馬懿由西城，張郃由子午，曹真由斜谷，欲攻漢中。丞相亮待之於城固、赤阪，大雨，道絶，真等皆還。」如是而已，安得有遁逃破敗之事？彼時亮正大舉北伐，雖馬謖小挫於街亭，而斬王雙，走郭淮，遂平武都、陰平二郡，安得被魏俘斬萬計邪？懿從不敢與亮交鋒，屢次相持，總以案兵不動爲長策，遺之巾幗猶不知恥，假託辛毗杖節止戰，制中論之甚明。此紀特晉人夸詞，在當日爲國史固應爾爾，今《晉書》成於唐人，而猶仍其曲筆，不加删改，何也？

校讀記

「屯鹵城」，「鹵」字乃「西」字之訛。

［一］《晉書》叙此事於太和五年。

公孫文懿

「青龍四年，遼東太守公孫文懿反」，案公孫淵稱字，避唐諱。［一］

校讀記

［一］洪頤煊《諸史考異》卷二《公孫淵》條云：「《魏志》作公孫淵，史臣避唐諱，因舉其字。」説與西莊同，《斠注》卷一引《考異》，不引《商榷》此條。

曹馬構釁

「正始五年，尚書鄧颺、李勝等欲令曹爽建立功名，勸使伐蜀，宣帝止之，不可」云云，「六年，曹爽毁中壘中堅營，以兵屬其弟中領軍羲，帝以先帝舊制禁之，不可。七年，吴寇相中，夷夏萬餘家避寇北渡沔。帝以沔南近賊，若百姓奔還，必復致寇，宜權留之。曹爽不從，帝與辨難往復」云云。愚謂曹、馬搆釁，不在争伐蜀及還沔南民也。懿久有篡心，曹爽無能，適爲之先驅耳。又：「八年，曹爽用何晏等謀，遷太后於永寧宫，專擅朝政。帝不能禁，於是與爽有隙」云云。愚謂曹、馬隙成已久，豈至是始見乎？史家隨筆紀載，未得其實也。又：「九年，爽、晏謂帝疾篤，遂有無君之心，與黄門張當密謀，圖危社稷」云云。愚謂此馬圖曹，非曹圖馬，即或有謀，亦但欲危懿耳，非欲危社稷也。此在臧榮緒《晉書》成於易代之後，已不當留此曲筆，况唐人乎？

殺曹爽

「嘉平元年正月，天子謁高平陵，爽兄弟皆從。是日，太白襲月，帝於是奏永寧太后廢爽兄弟」云云，案待其出國門而後發，乃得機會，不煩血刃矣。上文先大書天變，見篡弑之本已見於此，垂象甚明也。

司馬懿謚文宣

「嘉平三年秋八月，崩於京師，年七十三。九月，葬於河陰，謚曰文貞，後改謚文宣」，案《文帝紀》作「宣文侯」，《禮志》同。

安風

《景帝師紀》：「正元二年，毌丘儉、文欽作亂，帝征之，遣諸葛誕督豫州諸軍，自安風向壽春。」案「安風」即下文所謂安風津也。

諸葛誕作亂

《文帝昭紀》：「甘露二年，鎮東大將軍諸葛誕以淮南作亂，遣子靚爲質於吴以請救。帝表請魏高貴鄉公親征，曰：『今諸軍可五十萬，以衆擊寡，蔑不剋矣。』」愚按誕乃宿將，非王淩、毌丘儉、文欽之比，故昭不肯從衆議輕遽用師，必挾天子，興重兵，厚集其勢，以遏其鋒。然是時吴國内亂，孫綝輔政，多行無禮，將士不附，誕無外援，故卒至滅亡耳。若吴無内釁，則淮南三叛，成敗未可知也。

鄧艾異議

「景元四年，司馬昭倡議伐蜀，謀於衆云：『絆姜維於沓中，使不得東顧；直指駱谷，出其空虚，以襲漢中。彼劍閣不下守險』」云云，「下」當作「暇」，又：「鄧艾以爲未有釁，屢陳異議，昭患之。」鄧艾不終之隙已兆於此。

全載九錫勸進

「景元四年，天子以伐蜀獻捷交至，乃申前命」云云，此既全載命司馬昭爲晉公九錫文矣，其下文又載昭辭讓、司空鄭沖率羣官勸進牋全文。陳壽《魏志》雖載曹公九錫册書，尚不及辭讓、勸進，則猶有裁量，此何其不憚煩乎？猥冗甚矣。

防鍾鄧

「咸熙元年春，正月乙丑，昭奉天子西征，次於長安」，案此時鍾會、鄧艾已破蜀，會欲反而先譖艾反，即會之反謀邵悌先言之，昭亦已先覺之。次於長安者，防鍾、鄧也。

世祖

晉武帝受禪，號師世宗、昭太祖，紀末贊云「世宗繼文」云云，又「世祖無外」云云，「世祖」當作「太祖」。

昭搆炎攸嫌隙

《武帝紀》：「帝諱炎，文帝長子也。魏累遷中撫軍。晉國建，爲世子。初，文帝以景帝既宣帝之嫡，早世無後，以帝弟攸爲嗣，特加愛異，自謂百年之後，大業宜歸攸，每曰：『此景王之天下也，吾何與焉。』將議立世子，屬意於攸。何曾等固争中撫軍有超世之才，由是遂定。」愚謂昭本以愛攸之故，欲廢長立少耳，豈爲攸嗣師後，奉其兄烝嘗計邪？《攸傳》云：「每見攸，必撫牀呼其小字曰：『此桃符坐也。』」乃云「此景王之天下」，將欲誰欺？不思炎、攸皆其子乎？卒令兄弟遂成嫌隙，昭實搆之。

二十七王

「泰始元年，封皇叔祖父孚爲安平王」云云，案此同時受封者凡有二十七王，可謂盛矣。曹氏抑損宗室，夷於平民，山陵未乾，祚移他姓，故司馬氏廣封諸王以力矯其弊，但此諸王非有功勳，皆由恩澤，初無德器，漫據富貴，何足以鞏維城之固哉？未幾而有八王之禍，貽謀之不臧也。

雞鳴歌

「泰始二年正月庚寅，罷《雞鳴歌》」，[一]案「歌」，元板作「鼓」。

校讀記

[一]郝懿行《晉宋書故》於《雞鳴歌》有詳釋，《斠注》卷三又有補證。

罷山陽禁制

「泰始二年，罷山陽公國督軍，除其禁制」，案罷軍除禁者，蓋爲時已隔二代，且欲移其禁山陽者，以禁陳留也，抑觀此則知山陽、陳留雖幸終天年，不至若零陵王以下之例皆弑死。然其制防監禁，實與幽囚無異。

王祥薨年

「泰始四年夏四月戊戌，太保、睢陵公王祥薨」，案祥本傳，薨於泰始五年。此紀乃在四年四月，互異。

陽平

「泰始五年春二月，以雍州隴右五郡及涼州之金城、梁州之陽平置秦州」，案「陽平」，《地理志》作「陰平」，宜從之。

大雩

「泰始七年閏五月，大雩。太官減膳」云云，案「雩」，元板作「雪」，以《五行志》校之，「雩」是也。

丁丑

「冬，十月丁丑，日有食之」，《天文志》作「丁丑朔」，此脱一字。[一]

校讀記

[一]《斠注》卷三引西莊此則，失注出處。

大舉伐吴

「咸寧五年十一月，大舉伐吴，遣鎮軍將軍琅邪王伷出涂中，安東將軍王渾出江西，建威將軍王戎出武昌，平西將軍胡奮出夏口，鎮南大將軍杜預出江陵，龍驤將軍王濬、廣武將軍唐彬率巴蜀之卒浮江而下，東西凡二十餘萬」，愚謂因巴蜀之卒順流而下，則西塞不守，勢如破竹，此平吴所以必在平蜀後也。「平西將軍胡奮」，下文太康元年二月甲戌即云「平南將軍胡奮克江安」，俟考。又「壬申，王濬以舟師至建業之石頭，孫皓降於軍門」云云，觀此則平吴之功以濬爲首，但吴甫平，其明年太康二年三月即選孫皓妓妾五千人入宫，則武帝之志荒矣，山巨源所以欲釋吴爲外懼也。七年十二月，出後宫才人妓女以下二百七十人歸於家，選入者如此之多，出者如此之少，篇末論斷謂其「恭儉寡慾」，恭儉豈可以聲音笑貌爲哉？

崇聖殿

「太康十年四月癸未，崇聖殿災」，注云：「『聖』，一本作『賢』。」案《五行志》正作「賢」。[二]

校讀記

[一]《斠注》卷三引周家禄校勘記曰：「作『崇賢』與《五行志》合，宜從元本。」其説與西莊同。

惠帝改元

改元必於明年，若崩年改元，則必有大變故，不可以常理論者。晉惠帝以太子嗣統，人道之常，乃即於其年改元永熙，明年又改永平，及三月辛卯，殺楊駿，壬辰，賈后廢皇太后爲庶人，又殺太后之母，其明年之二月己酉，賈后遂弑皇太后，三綱絶矣，故永平元年之三月又改元元康。史家紀事茫昧而不知適從，故於正月書永平，而三月又書改元。竊謂年號以後改爲定，則正月即宜定書元康，即慮没永平之號，亦宜於「三月壬辰，大赦，改元」下明著「元康」二字，乃又不著，殊不明析。

《宋書・五行志》云：「劉備卒，劉禪即位，未葬，未踰月而改元爲建興。習鑿齒曰：『禮，國君即位，踰年而後改元者，緣臣子之心不忍一年而有二君也。今可謂亟而不知禮矣。』」吴孫亮、晉惠帝、宋元凶亦然。

己卯日食

「永康元年春正月癸亥朔，大赦，改元。己卯，日有食之」，案己卯乃月之十七日，無日食之理，疑誤也。《天文志》亦同。[一]

校讀記

[一]錢大昕《廿二史考異》説同，《蛾注》卷四引《考異》，不引西莊此則。

肜倫矯詔

「梁王肜、趙王倫矯詔廢賈后爲庶人」，愚謂此紀屢書賈后矯詔矣，肜、倫亦書矯詔者，既以志惠帝之暗，且見出爾反爾。

耿勝

「洛陽流人李庠害成都内史耿勝」，案「洛」當作「略」，「耿勝」，《載記》作「耿滕」。

張微

「太安元年，李特害廣漢太守張微」，案《載記》作「張徵」。

段勿塵

「太安二年，封鮮卑段勿塵爲遼西公」，案段匹磾本傳及《王浚傳》皆作「務勿塵」，本紀誤。

成夔

「永興元年，成都王穎遣從事中郎成夔等以兵五萬屯十二城門」，案「成夔」，元板作「盛夔」。

韓雅

「永興二年，隴西太守韓雅攻秦州刺史張輔，殺之」，案「隴西太守韓雅」，《張軌傳》作「東羌校尉韓稚」。

分荆州江州八郡爲湘州

《懷帝紀》：「永嘉元年八月，分荆州、江州八郡爲湘州。」案《地理志》：「懷帝分長沙、衡陽、湘東、零陵、邵陵、桂陽及廣州之始安、始興、臨賀九郡置湘州。」乃九郡，非八郡也。其長沙等六郡，舊俱屬荆州，惠帝元康元年分桂陽屬江州，今紀云「分荆州、江州八郡爲湘州」，不及廣州，偶遺之耳。[一]

校讀記

[一]《廿二史考異》卷十八説略同，《斠注》卷五引《考異》，不引西莊此則。

裴頠

「永嘉四年十一月，鎮東將軍周馥表迎大駕遷都壽陽，東海王越使裴頠討馥，爲馥所敗」，案此又一裴頠，與裴秀之子同姓名者。[二]

校讀記

[二]《斠注》卷五引此則，又引周家禄校勘記，謂裴頠當作「裴碩」。

劉蜀蘇馬

《愍帝紀》：「建興元年五月，詔琅邪王睿曰：『遣殿中都督劉蜀、蘇馬等具宣朕意。』」「蘇」，元板作「司」。

晉紀總論

《懷愍紀》末引干寶《晉紀總論》，此文載《文選》內。「夷曹爽，外襲王淩」，「淩」，彼作「陵」，非。「談者以虛蕩爲辨而賤名檢」，彼作「虛薄」、「名儉」，李善注引劉謙《晉紀》應瞻表曰：「元康以來，以儒術清儉爲羣俗。」則似得兩通。「當官者以望空爲高而笑勤恪」之下，《文選》有「目三公以蕭杌之稱，摽上議以虛談之名」，「蕭杌」，善云「未詳」，而五臣良曰「言時名目三公皆蕭然自放，杌爾無爲」，作《晉書》者因其艱晦，刪此二句。「共嗤黜以爲灰塵」，「黜」，彼作「點」，司馬遷《答任少卿書》云「適足見笑而自點」，善云「點，辱也」，則似得兩通。「子真著《崇讓》而莫之省，子雅制九班而不得用，長虞數直筆而不能糺」，謂劉實子真爲少府，著《崇讓論》；劉頌子雅爲吏部尚書，作九班之制；傅咸長虞爲司隸校尉，先後彈奏百寮也，三句層疊而下，極論時弊，甚暢，《晉書》刪「長虞」一句，殊無謂。又論至惠帝有「賈后肆虐於六宮」云云，此扼要之語，《晉書》删之，亦非。惟「懷帝初載，嘉禾生於南昌」云云一段冗長，《晉書》删去，是。愚謂此文摹《過秦論》處雖有規仿之痕，借周形晉，文勢亦似迂緩，然其以老莊虚空爲致亂之由，歸罪阮籍、賈充輩，又以婦女淫妬爲風俗所由壞，實能深探禍本。寶，晉臣，自不便顯黜晉德，然言外已見懿、師、昭、炎作法於凉矣。《晉書》當直用此篇作論，其前不必贅加一冒子。

十七史商榷卷四十五

晉書三

幽州刺史段匹磾

《元帝紀》："「建武元年，司空、并州刺史、廣武侯劉琨，幽州刺史、左賢王、渤海公段匹磾上書勸進。」"「幽州」，《文選》作「冀州」，非也。匹磾本傳先言「領幽州刺史，劉琨自并州依之」，又言「自務勿塵以後，值晉喪亂，自稱位號，據有遼西之地，西盡幽州，東界遼水」，則此自是幽州，非冀州。

元無遠圖明年短促

「太興元年三月景辰，即皇帝位，大赦，改元。壬申，詔曰」云云，愚謂既即尊位，即當下哀痛之詔，命將出師，掃平凶豎，乃不聞出此，而屢次下詔皆諄諄察吏勸農，若承平時之爲者，知元帝無遠圖矣。子明帝有氣魄，差强人意，乃在位止三年，年止二十七，短促如此。諸臣中亦惟温嶠有英略，而嶠又不永年，有以知晉祚之不長。此史書干支以「景」爲「丙」，避唐諱。

琅邪太守孫默

「永昌元年八月，琅邪太守孫默叛，降于石勒」，案「太守」，《石勒載記》作「内史」。

牛繼馬

「《玄石圖》有『牛繼馬後』，故宣帝深忌牛氏，遂爲二榼，共一口，以貯酒焉，帝先飲佳者，而以毒酒鴆其將牛金，而恭王妃夏侯氏竟通小吏牛氏而生元帝」，案此等曖昧之言書之史册，殆存疑耳。且既云「小吏牛氏」，則非將牛金矣，而《魏書》列傳云：「僭晉司馬叡，字景文，晉將牛金子也。初，晉宣帝生大將軍、琅邪武王伷，伷生冗從僕射、琅邪恭王覲，覲妃譙國夏侯氏，字銅環，與金姦通，遂生叡，因冒姓司馬，仍爲覲子。」敵國傳聞互異如此。

三月改元

《明帝紀》元帝以永昌元年閏十一月己丑崩，明帝即以庚寅即位，至明年太寧元年，已踰年矣，乃不於正月改元，而遲至三月戊寅朔方改元，偏安草創，王敦方謀逆，危疑之中，不可以常理論。

引左傳誤脱

太寧三年八月，[一]帝不悆，遺詔曰：「周公匡輔成王，霍氏擁育孝昭，非宗臣之道乎？凡此公卿，時之望也。敬聽朕命，同心斷金，以謀王室。諸方嶽征鎮、刺史將守皆朕扞城，推轂于外，雖有内外，其致一也，故不有行者，誰扞牧圉？譬若脣齒，表裏相資，宜戮力一心，若合符契。」愚謂「不有居者，誰守社稷；不有行者，誰扞牧圉」，此僖二十八年《左傳》甯武子盟衛人之詞，此似全用之，傳寫誤脱上二句。

校讀記

[一]八月，據《晉書》，當爲閏八月。

攻壽陽

《成帝紀》：「咸和元年十一月，石勒將石聰攻壽陽，不尅。」案「壽陽」，當從《載記》作「壽春」。

三吴

三吴屢見《晉書》，唐亦有之，然史文回互，頗難詳究。惟李吉甫《元和郡縣志》第二十五卷：「江南道浙西觀察使所管蘇州、吴郡、周爲吴國。秦置會稽郡于吴，項羽初起殺太守殷通即此。後漢順帝永建四年分浙江以東爲會稽，西爲吴郡，孫氏創業亦肇跡于此，歷晉至陳不改，與吴興、丹楊號爲三吴。隋開皇九年改爲蘇州。」杜佑《通典》第一百八十二卷《州郡》門：「蘇州、吴郡理吴、長洲二縣，春秋吴國都也。秦置會稽郡，漢順帝分置吴郡。晉、宋亦爲吴郡，與吴興、丹楊爲三吴。齊因之，陳置吴州，隋改蘇州。」愚謂六朝時吴興，今湖州府；丹楊，今江寧府。據兩書所言三吴，則吴興爲南吴，丹楊爲西吴，蘇州爲東吴也。此爲定論。雖史傳皆渾言三吴，無方向，然以意揣之，周時吴國之境北以長江爲限，其西不過至今江寧而止，自此而西則爲楚地矣，南與越以浙江爲界，故唐人詩亦云「到江吴地盡，隔岸越山多」。然吴越交兵處如檇李，爲今嘉興縣地，禦兒，爲今石門縣地，吴師未聞直臨浙江，唐以前未有秀州一郡，則言三吴者，其南以吴興言之可矣。《晉書》第七卷《成帝紀》：「咸和三年，蘇峻反。吴興太守虞潭與庾冰、王舒起義兵於三吴。」范氏成大《吴郡志》第四十八卷《考證》門引此而疑之云：「時冰爲吴郡太守，舒爲會稽太守，則似吴郡、吴興、會稽爲三吴。」又七十八卷《陶回傳》：「回爲吴興太守，時大饑，穀貴，三吴尤甚。回割府庫軍資以救乏絶，一境獲全。詔會稽、吴郡依回賑恤。」據此似吴郡與吴興、會稽三郡爲三吴甚明。但第七十六卷《虞潭傳》：「潭爲吴興太守，蘇峻反，加潭督三吴、晉陵、宣城、義興五郡軍事。」又第九卷《孝武帝紀》：「寧康二年，皇太后詔：『三吴奥壤，水旱併臻，宜時拯卹。三吴義興、晉陵及會稽遭水之縣尤甚者，全除一年租布。』」按潭所督三吴、晉陵、宣城、義興凡有六郡，而言五郡者，蓋彼時潭已自爲吴興太守，則三吴之中固居其一矣。今加督五郡而言三吴，則疑晉人已主吴興與丹楊、吴郡爲三吴，除去吴興，連晉陵、宣城、義興數之，則五郡也。寧康詔文會稽與義興、晉陵皆在三吴之外，尤爲顯然。義興、晉陵皆吴地，疑晉人既以丹楊與吴郡、吴興爲三吴，恐漏去義興、晉陵，嫌不該悉，故又重累及之。《成紀》及《劉牢之》、《陶回傳》隨便言之，不必泥。第一百卷《孫恩傳》：「叔父泰見天下兵起，乃扇動百姓，三吴士庶多從之。」《隋書·煬帝紀》：「伐陳爲行軍元帥，陳平，執陳施文慶等，以其邪佞害民，斬之闕下，以謝三吴。」亦是據丹楊、吴郡、吴興數之。惟《舊唐·哀紀》天祐三年制有「錢鏐制撫三吴」之語，則當連會稽，亦不必泥。

晉唐人言吴會皆謂吴與會稽，非謂吴中一都會，如孟浩然《適越留别譙縣張主簿申屠少府》詩云：「朝乘汴河流，夕次譙縣界。幸值西風吹，得與故人會。君學梅福隱，余從伯鸞邁。别後能相思，浮雲在吴會。」上「會」字會晤之會，下「吴會」謂吴與會稽，故可分叶也。會稽本越地，非吴，秦强名之。後漢既分二郡，自不得復以會稽爲吴。

杜子美《殿中楊監見示張旭草書圖》詩云：「嗚呼東吴精，逸氣感清識。」又《醉歌行贈公安顔少府請顧八題壁》詩云：「君不見東吴顧文學。」又《後出塞》詩云：「雲帆轉遼海，粳稻來東吴。」又《絶句》云：「門泊東吴萬里船。」又《哭台州鄭司户蘇少監》詩：「夜臺當北斗，泉路著東吴。」此似泛指江東諸郡，不必專謂蘇州爲東吴，然《穆天子傳》卷二：「太王亶父之始作西土，封其元子吴太伯于東吴。」唐人《亂後經吴閶門至望亭》詩：「東吴黎庶逐黄巾。」蘇州爲東吴明矣。近日崑山顧氏精於考據，每自署「東吴」，蓋府治吴縣、長洲、元和爲東吴，則崑山太倉爲東吴不待言。宋龔明之作《中吴紀聞》，此特取《史記·項羽紀》「籍避仇吴中」倒其文耳，非别有一稱。

明韓昌箕仲弓纂《王謝世家》，自爲序；韓敬求仲刻《李德裕文集》，爲之序。兩人皆湖州人，而皆自署「西吴」。吴江吴祖修慎思《柳塘詩集》第六卷《贈韓希一趙昭野》詩：「西吴山水鬱蒼蒼，二妙詞場久掉鞅。」鞅上聲，誤讀平聲。韓、趙皆湖州人，則吴亦以湖州爲西吴。朱竹垞《曝書亭集·喜周篔至》詩「耆舊西吴大雅材」，《明詩綜》八十二卷篔嘉興人，則又以嘉興爲西吴矣。皆未詳。

遂寇襄陽

「咸和五年秋八月，石勒使其將郭敬寇襄陽。南中郎將周撫退歸武昌，中州流人悉降於勒。郭敬遂寇襄陽，屯於樊城」，案下「寇」字當作「毁」。〔一〕

校讀記

〔一〕中華本《校勘記》引西莊此條云：「按《通鑑》九四作『敬毁襄陽城』，宜從之。」

府吏

《康帝紀》：「咸康八年九月，詔琅邪國及府吏進位，各有差。」「吏」，元板作「史」。

王龕

《穆帝紀》：「永和五年二月，征北大將軍褚裒使部將王龕北伐。」案「王龕」，《褚裒傳》作「徐龕」。

葬安皇帝

《海西公紀》「興寧三年三月壬申，葬安皇帝」云云，「安」當作「哀」，元板亦誤。[一]

校讀記

[一]《斠注》卷八引周家禄校勘記説同。

慕容垂距戰

「太和四年夏四月庚戌，大司馬桓温帥衆伐慕容暐。秋七月辛卯，暐將慕容垂帥衆距温，温擊敗之。九月戊寅，温裨將鄧遐、朱序遇暐將傅末波於林渚，又大破之。戊子，温至枋頭。丙申，以糧運不繼，焚舟而歸。辛丑，慕容垂擊敗温後軍於襄邑」，案「垂帥衆距温」，「垂」當作「厲」，《載記》無垂距戰之事。厲單馬奔還，傅顔又敗，然後垂請出擊，有枋頭之役耳。

九月誤九年

《孝武帝紀》:「咸安二年九月甲寅,追尊皇妣會稽王妃曰順皇后」,「九月」誤作「九年」,元板亦誤。

翟遼

「太元八年十二月,前句町王翟遼背苻堅,舉兵於河南,慕容垂自鄴與遼合,遂攻堅子暉於洛陽」,愚考《載記》,此「翟遼」當是「翟斌」。斌爲慕容垂所殺,兄子真立,真司馬鮮于乞殺真自立,營人殺乞,立真從弟成,真子遼奔黎陽,長史鮮于得斬成降垂,遼乃立。

謝功賞遲

「太元十年十月丁亥,論淮、肥之功,追封謝安廬陵郡公,封謝石南康公,謝玄康樂公,謝琰望蔡公」,愚謂大破苻[二]堅於肥水乃太元八年事,更三年之久,直至十年十月始加封賞,何其遲也?江左偏安賴此一戰,功莫大焉,而賞若是其遲者,王氏專政忌能故也。

校讀記

［一］「苻」原誤作「符」，今改正。

拓跋魏書法

「太元十一年四月，代王拓跋珪［二］始改稱魏」，又《安帝紀》：「隆安二年十二月己丑，魏王珪即尊位，年號天興。」此其書法與各國之書僭即皇帝位，或書嗣僞位，或書僭稱皇帝，或書僭即天王位，或書自立爲王，或書僭帝號、僭帝位者，大有不同。晉臣之詞決不如此，此唐人所追改也。竊謂魏與各國不可以並論，此書書法亦自穩妥，至於李延壽則且以北爲正矣。蓋唐人承隋，故其詞如此。

校讀記

［二］「珪」原誤作「圭」，據《晉書》改。下引《安帝紀》同。

姚萇書法

「太元十四年八月，姚萇襲破苻登，獲其僞后毛氏」，愚謂姚萇曾北面於苻氏，而毛氏又死節，書法不應如此。

脱廟號

「太元二十一年秋九月庚申，帝崩于清暑殿，時年三十五，葬隆平陵」，案此下疑脱「廟號烈宗」四字，劉知幾已言之。[一]

校讀記

[一]《史通·序例》云：「案皇朝《晉書》例云：『凡天子廟號，唯書於卷末。』依檢孝武崩後，竟不言廟曰烈宗。」

桓謙魏隱司馬逸

《安帝紀》：「隆安三年十一月甲寅，妖賊孫恩陷會稽，吴國内史桓謙、臨海太守新蔡王崇、義興太守魏隱並委官而遁，吴興太守謝邈、永嘉太守司馬逸皆遇害。」案《孫恩傳》「桓謙」作「桓謹」，「魏隱」作「魏隱」，「司馬逸」作「謝逸」。

段興

「隆安五年秋七月，段興弑慕容盛」，案《載記》，弑盛者段璣、秦興、段泰，此作「段興」，

疑誤。[一]

校讀記

[一]《斠注》卷十引周家禄校勘記云：「按《載記》弑盛者乃段璣及秦興之子興、段讚之子泰，熙嗣位，誅段璣、秦興等，夷三族，無段興弑盛文，紀蓋誤合璣、興爲一也。段興宜作段璣，言璣而興、秦該焉矣。」

桓玄改元大亨

安帝元興元年正月庚午朔，既改隆安爲元興元年矣，而《通鑑》第一百十二卷於是年正月既書「改元元興」，於三月則書「桓玄兵至南桁，元顯兵敗被執，復隆安年號。玄入京師，稱詔解嚴，以玄總百揆，都督中外諸軍事、丞相、録尚書事」，此下又書「大赦，改元大亨」，又於一百十三卷元興二年十月書「玄篡位，改元永始」。僭永始號固宜書，而復隆安、改大亨皆在玄未篡前，猶假詔行事，《通鑑》若必紛紛用此紀元，直至帝復辟後方重紀元興，雖爲不没其實，而殊覺糾纏可厭，故竟一槩不用，仍以元興紀年，此其不得不然者。胡注必謂其撥亂世反之正，在《通鑑》似轉不必用此夸語。若《晉書·安帝本紀》亦一槩用元興紀年是矣，而元年三月絶不見復隆安號及改元大亨事，二年十二月書玄篡位亦不見僭改元永始事，大亨號見《五行志》，永始號見玄本傳，而如此大事，紀中豈可不載？其復隆安號并不見於《晉書》，又不知《通鑑》何據。

劉裕殺劉毅

「義熙八年九月，劉裕矯詔數劉毅之罪，帥師討毅。裕參軍王鎮惡陷江陵城，毅自殺」，愚謂裕所同事者，無忌與毅皆雄傑，無忌敗死，所憚惟毅，除之則可得志于天下矣。

長安得而旋失

「義熙十三年秋七月，劉裕克長安，執姚泓，歸諸京師」，愚謂裕不留鎮長安而歸者，自顧年老，急於篡位也。已而諸帥相殺，長安得而旋失，不能一天下以此。

連害二帝

「義熙十四年十二月戊寅，帝崩於東堂，時年七十三，葬休平陵。初，讖云：『昌明後有二帝。』劉裕將爲禪代，故密使王韶之縊帝而立恭帝，以應二帝云」，又《恭帝紀》：「元熙二年，帝禪位劉裕，以帝爲零陵王。宋永初二年九月丁丑，裕使兵人弑帝于内房，時年三十六，謚恭皇帝，葬沖平陵。」案安帝年三十七，誤作「七十三」，句下脱「謚安皇帝」四字，曹、馬篡位，山陽、陳留尚得保全，裕實首惡，連害二帝，自後踵爲故事。

十七史商榷卷四十六

晉書四

石申馬遷殷商

《晉書·天文志》係唐李淳風筆，敘首云：「魯有梓慎，晉有卜偃，鄭有裨竈，宋有子韋，齊有甘德，楚有唐昧，趙有尹皋，魏有石申夫，皆掌著天文，各論圖驗。」愚按依《後漢志》「石申夫」爲句，俗讀「夫」下屬，誤。又云：「班固敘漢史，馬遷續述《天文》。」愚按「遷」字乃不學者妄增，元板亦衍此字。下文又引馬績之説，「績」當作「續」。又云：「《周髀》者，即蓋天之説也，其所傳則周公受於殷商。」愚按《周髀》稱周公受於商高，此「殷商」當作「商高」。

蟻行磨上

「《周髀》家云：『天旁轉如推磨而左行，日月右行，隨天左轉，故日月實東行，而天牽之以西没。譬之蟻行磨上，磨左旋而蟻右去，磨疾而蟻遲，故不得不隨磨以左迴焉。』」案此喻最爲精確，説見予《尚書後案》第一卷《堯典》篇。趙宋張横渠輩忽創新説，謂天與日月皆左旋，非也，説又詳見予《蛾術編》。

天地俱圓

「成帝延康中，會稽虞喜因宣夜之説作《安天論》，以爲『天確乎在上，有常安之形；地魄焉在下，有居静之體。當相覆冒，方則俱方，圓則俱圓，無方圓不同之義也』」，愚案《大戴禮》天圓地亦圓，説與虞氏同，最精。

黄赤道相距

「吴中常侍廬江王蕃製渾儀，論曰：『天地狀如鳥卵，天包地外，猶殼裹黄，渾渾然，故曰渾天。周天三百六十五度五百八十九分度之百四十五，半覆地上，半在地下，其二端謂之南極、北極。北極出地三十六度，南極入地三十六度，兩極相去一百八十二度半彊。赤道帶天之紘，去兩極各九十一度少彊。黄道，日之所行也，半在赤道外，半在赤道内，與赤道東交於角五少弱，[一]西交於奎十四少彊。其出[二]赤道外極遠者，去赤道二十四度，斗二十一度是也，其入赤道内極遠者亦二十四度，井二十五度是也。』」愚謂今定黄、赤道相距二十三度半有奇，比古減半度弱。

校讀記

［一］「弱」原作「彊」，誤，據《晉書》改。

［二］「出」字據《晉書》補。

極星運動

「北極，北辰最尊者也。其紐星，天之樞也，天運無窮，三光迭耀，而極星不移，故曰『居其所而衆星拱之』」，按極星運動甚微，故不見其移。

十六年天東南鳴

「安帝隆安五年閏月癸丑，天東南鳴。十六年九月戊子，天東南又鳴。是後桓玄篡位」，案「十六年」，元板作「二年」，二者皆非也。考桓玄篡位在元興二年，元板脱「元興」二字。

日食紀志互異

武帝泰始十年正月乙未，日有食之，《天文志》有，《武帝紀》失載。太康六年八月丙戌朔，日有食之，《武帝紀》有，《天文志》失載。成帝咸和九年十月乙未朔，日有食之，《天文志》有，《成帝紀》失載。咸康八年正月乙未朔，日有食之，《成帝紀》作「己未」。孝武帝太元元年十一月己巳朔，日有食之，《本紀》有，《天文志》失載。太元四年閏月己酉朔，日有食之，《本紀》作「十二月」，皆紀志互異。

庚申

《天文志》：「永熙元年四月庚申，帝崩。」案惠帝所改永熙元年即武帝太熙元年，但武、惠二帝紀俱作「己酉，帝崩」，與志不同。

后崩不應日變

「成帝咸康七年二月甲子朔，日有食之。三月，杜皇后崩」，愚謂后崩不應日變，此紀非也。

遷陵君

「安帝元興二年十二月，桓玄篡位，以永安何皇后爲遷陵君」，案后本傳作零陵縣君，又考武陵郡有遷陵縣，未知孰是。

大將軍宣帝

「黄初七年，吴寇襄陽，大將軍宣帝救襄陽」，愚按司馬懿也，「大將軍」三字宜删。

南涉海虞

「成帝咸和七年，石勒衆又抄略南涉、海虞」，案此即今常熟縣地。「涉」，帝紀作「沙」，當從之。元板亦誤。

災在次相

「義熙六年三月丁卯，月奄房南第二星，災在次相」，案「災」上脱「占曰」二字。

新都王詠

「太康四年，齊王攸、任城王陵、琅邪王伷、新都王詠薨」，案「新都王詠」，帝紀及本傳皆作「該」，此誤。

晉地志與漢志異

《晉書·地理志》叙首一段説秦三十六郡名，有誤，已見前《漢書》《故郡國》一條中矣。其説漢郡名與《漢志》異者，如云「漢興，革秦，分内史爲三部，更置郡國二十有三」，其下小字歷數各郡國名，中有燕國，考《漢·地理志》無燕國，然《異姓諸侯王表》、《諸侯王表》高帝時固有燕國矣。其下文又言文帝所增有九郡，内膠西，《地理志》亦無，而《諸侯王表》文帝時亦有膠西國矣。此二國後廢，故志不載。其下文又言武帝所置十七郡，内珠崖、儋耳、沈黎、汶山四郡皆不見《地理志》，皆後來郡罷，故志不載，非《晉志》有誤也。但據《漢志》，文景所增置之郡各六，而《晉志》則云「文增厥九，景加其四」，則比《漢志》多增一郡，似《漢志》不數後來罷去之膠西，故云然。《漢志》武帝增郡二十八，而《晉志》則云「武帝開越攘胡，初置十七，拓土分疆，又增十四」，是比《漢志》多增三郡，若謂《漢志》不數後來罷去之珠崖、儋耳、沈黎、汶山，則應少其四，何以但少其三？此不可解。又《漢志》據孝平帝元始二年云「凡郡國一百三」，《晉志》則云「平帝元始二年，凡新置郡國七十有一，與秦四十，合一百一十有一」，《漢志》一百三據元始現有之郡國數之，《晉志》一百十一合已罷之郡國并數之也，已罷者自不宜并數，此事《晉志》謬。至於《晉志》謂高帝分一内史以爲三，更置新郡國二十三，是有二十六，又文增九，景增四，武增十七，又增十四，昭帝增一，合之共增七十一，故與秦四十爲一百十一，似合，但《漢志》比《晉志》少郡國八，《漢志》若除去燕國、膠西、珠崖、儋耳、沈黎、汶山，又内史名雖增三，實只增一，則又除其一，又於秦郡中除去鄣郡、黔中、閩中，又漢之三十六除内史，晉之四十連内史，則應少九，不知何以少八？此其牴牾不合，姑未暇細論，俟考。

章帝置吴郡

《晉書》第十四卷《地理志》叙首云：「後漢章帝置吴郡。」案《後漢書》分會稽爲吴郡在順帝永建四年，此言章帝，非也。乃其下文第十五卷叙述揚州沿革，則又云「後漢順帝分會稽立吴郡」，一篇之中，自相矛盾。

晉地理辨證

「司州滎陽郡屬縣封」，上脱「開」字。〔一〕注云：「宋蓬池，或曰蓬洚。」「洚」當作「澤」。

「河東郡屬縣汾陽」，注：「公相國。」元板作「公國相」。

「廣平郡屬縣涉」，案《後漢書》魏郡無涉。

「兗州濟陽郡屬縣宛句」，元板作「冤句」。

「高平國屬縣陸湖」，據《後漢書》，當作「湖陸」。

「泰山郡屬縣奉高」，注：「西南有明臺。」案「臺」當作「堂」。

「豫州汝南郡屬縣西平」，注：「龍泉，水有用淬可刀劍。」案當作「有龍泉，水可用淬刀劍」。

「沛國屬縣汶」，案《後漢書》沛國有洨縣，無汶。「汶」字當作「洨」。

「魯郡屬縣番」，注：「故小邾之國。」「邾」字闕。

「冀州，縣八千二」，「千」當作「十」。

「中山國屬縣魏昌」，案即漢昌，魏改名。

「幽州燕國屬縣安國」，注：「國相。蜀主劉禪封此縣公。」案後主封安樂公，《後書》亦作「安樂」，此作「國」，誤。

「廣甯郡」，注：「故屬上谷。」「屬」字闕。

「代郡屬縣富城」，案疑即「當城」。

「平州」，咸寧二年十月，分昌黎、遼東、玄菟、帶方、樂浪等郡國五置」，案《武帝本紀》：「泰始十年二月，分幽州五郡置平州。」與此年月互異。

「遼東國屬縣汶」，當作「文」。

「樂浪郡屬縣遂城」，當作「遂成」。

「雍州安定郡屬縣烏氏」，案《後漢書》作「烏枝」。

「涼州武威郡屬縣揖次」，案兩《漢書》皆作「揟次」。「胥」，古文「咠」，故訛爲「揖」。又「倉松」，當作「蒼松」。

「敦煌郡屬縣宜安」，疑即「冥安」，冥水所出。

「梁州巴東郡屬縣魚腹」，《後漢書》作「魚復」。

「益州江陽郡屬縣有符」，前漢犍爲郡之符縣也，《後漢書》則作「荷節」，未詳。牂牁郡屬縣有指談，有毋劍，按兩《漢書》皆作「談指」、「毋斂」。

「寧州」，誤不提行。

「雲南郡屬縣弄棟」，「弄」誤作「梇」。

「興古郡屬縣有滕休」，兩《漢書》作「勝休」。又「鐔封」，《後漢書》作「鐔封」。

「咸康四年，分牂牁、夜郎、朱提、越巂四郡置安州。八年，又罷并寧州」，案《成帝紀》罷安州在咸康七年，與志不同。

「青州濟南郡屬縣即墨」，注：「有天山祠。」案天山即天寶山。

「徐州下邳國屬縣下邳」，注：「萬嶧山在西首，百嶧陽也。」「萬」當作「葛」，「百」當作「古」，「首」字衍。

「東海郡屬縣有況其」，案「況」當作「祝」，見《左傳》。又有原丘，案兩《漢書》俱作「厚丘」。

「荆州襄陽郡屬縣中廬」，案《後漢書》作「中盧」。

「義陽郡屬縣有厥」，下誤空一格，乃云「西平氏」，當「厥西」連文，「西」下空一格。

「天門郡屬縣有兗」，案後漢武陵郡有充無兗，「兗」當作「充」。

「懷帝分長沙、衡陽、湘東、零陵、邵陵、桂陽及廣州之始安、始興、臨賀九郡置湘州。穆帝時，又分零陵立營陽郡，以義陽流人在南郡者立爲義陽郡。又以廣州之臨賀、始興、始安三郡及江州之桂陽、益州之巴東，合五郡來屬，以長沙、衡陽、湘東、零陵、邵陵、營陽六郡屬湘州。安帝義熙十三年，省湘州，置長沙、衡陽、湘東、零陵、邵陵、營陽還入荆州」，案「省湘州」之下「置」字衍。據志此段，湘州建置并省，本末以備矣。但《本紀》穆帝之前則有「成帝咸和四年，以湘州并荆州」一節，既已并省，何得穆帝時又以長沙等郡屬湘州？又《安帝本紀》義熙八年，分荆州十郡置湘州，此志不載，亦互異。

「揚州會稽郡屬縣郯」，案《後漢書》作「剡」，此誤。

「交州，漢昭帝元始五年，罷儋耳并珠崖。元帝元初三年，又罷珠崖郡。後漢順帝永和九年，交阯太守周敞求立爲州」云云，案「元始」當作「始元」，「元初」當作「初元」，順帝永和終於六年，無九年，此亦有誤。

「交阯郡羸𨻻」，案「羸」，《漢書》作「羸」，音連，乃妄造「羸」字，謬甚。又「典易」，《後漢書》作「曲昜」。

「九真郡屬縣移風」，案兩漢九真有居風，無移風，此誤作「移」。

「廣州，吴黄武五年，分交州立，俄復舊。永安六年，復分交州置廣州」，案上文甫言永安七年復立廣州，此又言六年，自相違。

「鬱林郡」，注：「秦置桂郡。」「桂」下脱「林」字。「屬縣柯林」，兩《漢》俱作「阿林」。

[一]此謂「封」上脱「開」字耳。

律曆

黄鍾爲萬事根本，蓋筭數之所從出，故班《書》作《律曆志》，至《後漢書》、《晉書》、《北魏書》、《隋書》皆沿襲不改，則迂拘甚矣。《史記》自有《律書》、《曆書》，何嘗合而爲一乎？自《新》《舊唐》以來，律吕自歸《樂志》，曆自爲志，是也。

嚴嵩

「漢章帝元和元年，待詔嚴嵩具以準法教子男宣」，《續漢·志》作「嚴崇」，古「嵩」只作「崇」。

交食可驗疎密

「後秦姚興時，當孝武太元九年，歲在甲申，天水姜岌造《三紀甲子元曆》。其略曰：『治曆之道，必審日月之行，然後可以上考天時，下察地化。一失其本，則四時變移，故仲尼作《春秋》，日以繼月，月以繼時，時以繼年，年以首事，明天時者人事之本，是以王者重之。皇羲以降，暨于漢魏，各自制曆，以求厥中。考其疏密，惟交會薄蝕可以驗之。』」案曆法疏密以交食爲驗，自漢至宋皆不能定，交食之當食不食，不當食而食，及時刻早晚、食分多寡，則其曆之疏闊可知。

以難推易

「姜岌以月蝕檢日宿度所在，爲曆術者宗」，案近代西人譏岌以爲日度易求，月行難測，以難推易倒而用之爲兩失。

十七史商榷卷四十七

晉書五

魏祖虞舜

《禮志》：「魏景初元年十月，詔曰：『曹氏世系出自有虞氏，今祀圜丘以始祖帝舜配，號圜丘曰皇皇帝天。方丘所祭曰皇皇后地，以舜妃伊氏配；天郊所祭曰皇天之神，以太祖武皇帝配；地郊所祭曰皇地之祇，以武宣皇后配。』」案魏人用鄭氏康成說，以周家分圜北、南郊而爲二，帝嚳配圜北，后稷配南郊，故仿而行之。但漢雖祖堯，而郊祀未嘗及，魏乃以舜爲始祖。王肅、高堂隆輩附會如此，豈不貽千古笑端乎？晉人并郊、丘爲一。

救日

《禮志》於救日一節載摯虞《決疑》云云，案古曆甚疏，不能定日食，故救日之禮甚重。

後世推筭漸密，剋定時刻不爽，而救日之儀殺矣。

司馬昭薨年

「魏元帝咸熙元年，進文帝爵爲王，追命舞陽宣文侯爲宣王，忠武侯爲景王。是年八月，文帝崩，謚曰文王」，案據《帝紀》，司馬昭以咸熙二年八月崩，然則此志「是年」當作「明年」。

追尊景皇后

「武帝泰始元年，十二月丁卯，追尊皇祖宣王爲宣皇帝，伯考景王爲景皇帝，考文王爲文皇帝，宣王妃張氏爲宣穆皇后，景王夫人羊氏爲景皇后」，案據《帝紀》司馬師之妻景皇后以泰始二年尊爲弘訓太后，至咸寧四年始崩，不當在泰始元年追尊之列。

武悼后配饗

「成帝咸康五年，始作武悼皇后神主，祔於廟，配饗世祖」，愚考武悼楊皇后配饗武帝廟，據《帝紀》在咸康八年，后妃本傳則云七年，蓋定議於七年，迨八年三月始配饗耳。此志云咸康五年，誤也。

孝武帝后崩年

「孝武帝太元四年，九月，皇后王氏崩」，案《帝紀》及《后妃傳》並作「太元五年」，與此志不同。

大閱

「武帝泰始四年，九月，臨宣武觀，大閱衆軍」，此見《禮志》，而《帝紀》無之，《帝紀》泰始九年十一月、十年十一月、咸寧三年十一月並臨宣武觀大閱，而此志亦不載。

樂章闕文

《晉書·樂志》所載郊廟樂章亦見《宋書》，以相參校，小小互異處姑不論，其宗廟所用於康帝之下，《宋書》有《歌孝宗穆帝》一篇，亦曹毗造，其詞云：「孝宗夙哲，休音允臧。如彼晨離，燿景扶桑。垂訓華幄，流潤八荒。幽贊玄妙，爰該典章。西平僭蜀，北静舊疆。高猷遠暢，朝有遺芳。」而《晉書》脱去。又傅玄所製改《漢鼓吹曲》爲二十二篇，内《景龍飛》一篇「武功巍」之下，《宋書》有「普被四海，萬邦望風，莫不來綏。聖德潛斷，先天弗違」二十字，《晉書》脱去，今補入。而其下文云「祥享世永長」，尚不成文理，「祥」字上應尚有闕文，又《玄雲》篇「成湯隆顯命，伊摯來如飛」之下脱「周文獵渭濱，遂載吕望歸，符合如影響」三句，然後下接「先天天不違」云云。

三師三公

晉人以避景帝諱，改太師爲太宰，與太傅、太保爲三公。但古以三師兼太尉、司徒、司空，漢晉則三師之外，别有三司，固與古異矣。而漢以大司馬即太尉，晉則太尉之外别自有大司馬；漢以大司馬、大將軍爲一，晉則大司馬之外别自有大將軍。名號益亂，枝分錯出，世愈降而愈多制，觀《晉書·職官志》可見。三代以上，將軍即六卿也，漢魏以下，别有大將軍，又增雜號將軍。

司馬遷非宦者

《晉職官志》云：「尚書本漢承秦置，及武帝游宴后庭，始用宦者主中書，以司馬遷爲之。中間遂罷其官，以爲中書之職。至成帝建始四年，罷中書宦者，又置尚書五人，一人爲僕射，而四人分爲四曹，通掌圖書秘記章奏之事。」愚案《晉志》此條非也。司馬遷非宦者，《漢書》但言其被刑之後爲中書令，尊寵任職，豈得以用遷爲宦者主中書之所由始？至宣元時弘恭、石顯用事，然後權歸宦者耳。

九品中正

魏陳羣始立九品官人之法，《晉·武帝紀》則云：「咸熙二年十一月，令諸郡中正以六條舉淹滯：一曰忠恪匪躬，二曰孝敬盡禮，三曰友于兄弟，四曰絜身勞謙，五曰信義可復，六曰學以爲己。」故《三國志》、《晉書》及《南史》諸列傳中多有爲州郡大中正者，蓋以他官或老于鄉者充之，掌鄉黨評論人才臧否，清議係焉。說見前《魏·夏侯玄傳》中，乃《晉·職官志》中絕不一見，何也？[一]

校讀記

[一]《吕思勉讀史札記》丙帙《中正非官》引西莊此條，云：「案《魏書·刑法志》輝按：當作『《刑罰志》』云：『舊制，直閣、直後、直齋，武官隊主、隊副等，以比視官，至於犯譴，不得除罪。尚書令任城王澄奏：「案諸州中正亦非品令所載，以無禄恤，先朝以來皆得當刑。直閣等禁直上下，有宿衛之勤，理不應異。」靈太后令準中正。』品令不載，又無禄恤，則中正非官也。劉毅云：『置

州都者，取州里清議，咸所歸服，將以鎮同異，一言議。』自注：《晉書・劉毅傳》。蓋於清議之中，擇一人爲之平鷺，乃士大夫之魁首，而非設官分職之一也。」此條可解西莊之疑，故附於此。

晉輿服辨證

「玉、金、象、革、木等路」章「金華施橑朱橑二十八」云云，「施橑」之下脱「末」字。又「棨戟韜以黼繡，上爲弫字」，「弫」當作「亞」。

「玉、金、象三路」章「象鹿而鏤錫，金爰而方釳」，注：「旄以鐵爲之。」「鹿」，《後漢書》作「鑣」，「旄」當作「釳」。

「記里鼓車」章「羊車，一名輦車」云云，案「羊車」以下應提行。

「中朝大駕鹵簿，先象車，鼓吹一部」云云，案「中朝大駕鹵簿」六字，元板自爲一行，不連下，當從之。

「皇太子安車，駕三」章「黄金塗五綵」又重句，「綵」並當作「末」。

「中二千石、二千石」章「銅五采，駕二」，「采」當作「末」。又「九丈，十二」，「丈」，從《後漢書》當作「文」。

「皇太后、皇后法駕」章「黄金塗五采」又重句，「采」並當作「末」。《後漢書》徐廣注曰：「五末，疑謂前一轅及衡端轂頭也。」

「自過江之後」章「黄金塗五采」，「采」當作「末」。

「衛氏冠」章，「衛」，元板作「術」，《後漢書》同，是。

「爵弁」章「長二寸」，「長」下脱「尺」字。〔一〕

「漢儀」章「俗説幍本未有岐」，《宋書》「未」作「末」，是。

「皇太子金璽」章「其由衣白」，「由」當作「中」。

「諸王金璽」章，自「皇后謁廟」以下當提行，不連下。

「皇后謁廟，其服皂上皂下」，《後漢書》作「紺上皁下」，是。

「淑妃、淑媛、淑儀」章「純縹爲上輿下」，「輿」當作「與」。

校讀記

〔一〕中華本卷二十五《校勘記》引西莊此條，又云：「按《獨斷》、《續漢·志》下皆有『尺』字。」

牛一頭得二十斛

《食貨志》：「杜預上疏曰：『臣前啓，典牧種牛不供耕駕，老不穿鼻者，無益於用，而徒有穀草之費，宜大出賣，以易穀及爲賞直。』詔曰：『孳育之物，不宜減散。』事遂停寢。問主者，今典虞右典牧種産牛，大小相通，有四萬五千餘頭。苟不益世用，頭數雖多，其費日廣。今徒養宜用之牛，終爲無益之費，甚失事宜。東南以水田爲業，人無牛犢。今可分種牛三萬五千頭，以付二州將吏士庶，使及春耕。穀登之後，頭責三百斛。是爲化無用之費，得運水次成穀七百萬斛。」案「三百斛」當作「二十斛」，牛一頭得穀二十斛，三萬五千頭得穀七百萬斛。[一]

校讀記

[一]《晉書斠注》卷二六謂當作「二百斛」，又云：「《商榷》四十七誤以爲當作二十斛。」

劉陶議大錢

「漢桓帝[一]時有上書言貨輕錢薄，宜改鑄大錢。事下四府羣僚及太學能言之士，[二]孝廉劉陶上議」云云，此等已見《後漢書》，似不必載，因《後書》無《食貨志》，故此又并及之。

校讀記

[一]「漢桓帝」原誤作「漢和帝」，據《晉書》改。

[二]「士」原誤作「事」，據《晉書》改。

閏月

《五行志》：「惠帝元康五年閏月庚寅，武庫火。是後愍懷見殺，太子之應也。」「閏月」，《帝紀》作「十月」。「殺」下《宋書》重「殺」字，此脱。

元興三年

「元興二年十二月，桓玄篡位。其明年二月庚寅夜，濤水入石頭，商旅方舟萬計，漂敗流斷」云云，其下文又云：「三年二月己丑朔夜，濤水入石頭，漂没殺人，大航流敗。」案元興二年之明年即是三年也，己丑先庚寅一日耳，當是一事而重出。

庶用五事

「《經》曰：庶用五事」云云，案本是「敬用五事」，篆「敬」字似「羞」，《漢書》誤爲「羞」，顔師古因妄爲之説曰：「羞，進也。」[一]此又因「羞」而誤爲「庶」。

校讀記

[一]按：「敬用五事」，《尚書·洪範》文。《漢書》卷二十七上《五行志》上、卷三十《藝文志》、卷八十

一《孔光傳》引此文，「敬」皆作「羞」，顔師古于《五行志》、《孔光傳》均注曰：「羞，進也。」

諸葛患之

「吴之風俗相驅以急，言論彈射以刻薄相尚，諸葛患之，著《正交論》」，愚謂諸葛不知何人，其下必脱一字，當是「恪」字，觀《吴志》恪本傳與陸遜書，其意正是如此。

高年

「孝武太元十三年四月，廣陵高年閻嵩家雌雞生無右翅」，「高年」，元板作「高平」，《宋書》同。

五間六梁

「明帝太寧元年，周筵立宅宇，五間六梁，一時躍出墜地」，「六梁」，《宋書》作「六架」。

義熙小兒語

「義熙二年，小兒相逢於道，輒舉其兩手曰『盧健健』，次曰『鬥嘆鬥嘆』，末曰『翁年老翁年老』。當時莫知所謂，其後盧龍内逼，蓋『川健健』之謂也。既至查浦，屢剋期欲與官門，『門嘆』之應也。『翁年老』，羣公有期頤之慶，知妖逆之徒自然消殄也。其時復有謡言曰：『盧橙橙，逐水流，東風忽如起，那得入石頭。』盧龍果敗，不得入石頭也」，此《晉·五行志》文，其下提行另起云：「昔温嶠令郭景純卜己與庾亮吉凶，景純云：『元吉。』嶠語亮曰：『吾等與國家同安危，而曰元吉，是事有成也。』於是協同討滅王敦。」《宋書·五行志》則以「昔温嶠」至「討滅王敦」一段在「翁年老」之上。《晉書》蓋因「討滅王敦」在明帝時，不當應義熙之謡，故於上段中删去，移下别爲一條。然如此分爲二條，則後一條竟無所附麗矣。當以《宋書》爲是，《宋書》舉前筮以證後謡也。「川健健」，「川」當作「盧」。

謝安薨

「孝武帝太元十年四月，謝安出鎮廣陵。始發石頭，金鼓無故自破，此木沴金之異也。月餘，以疾還而薨」，案安卒於八月，不當云「月餘」。

永昌二年

「永昌二年七月庚子朔，雷震太極殿柱」，愚考《本紀》元帝永昌元年，先書「十一月，以司徒荀組爲太尉」云云，其下書「閏月己丑，帝崩」，則是崩於閏十一月，明帝以明年三月改元，則自閏月至明年二月當仍稱永昌，但無七月耳。雷震太極殿柱乃明帝太寧元年七月丙子事也，不知何以書永昌二年，景子書庚子，亦與紀異。

王師南討

「義熙六年五月壬申，大風拔北郊樹。是日，盧循大艦漂没。甲戌，又風發屋折木。是冬，王師南討」，「王師」，《宋書》作「三師」，《帝紀》：「秋七月，輔國將軍王仲德、鹿川太守劉鍾、河間内史蒯恩追盧循。」即三師也。

正月地震

「太康五年正月朔壬辰，京師地震」，《帝紀》作「二月壬辰」。

荆襄地震

「懷帝永嘉三年十月，荆、襄二州地震」，《宋書·帝紀》「襄」俱作「湘」。

桓温專政

「哀帝興寧二年三月，江陵地震。是時桓温專政」，《宋書》作「專征」。

大石山崩

「武帝泰始三年三月戊午，大石山崩」，《帝紀》作「太山石」，《宋書》作「太行山」。

鮑氏都目鄭氏章句

《刑法志》：「漢獻帝建安元年，應邵删定律令，奏之曰：『臣竊不自揆，輒撰具《律本章句》、《尚書舊事》、《廷尉板令》、《決事比例》、《司徒都目》、《五曹詔書》及《春秋折獄》，凡二百五十篇。』」其下文叙至魏文帝受禪，承用秦漢舊律，因歷叙魏文侯師李悝撰《法經》以下數家凡九百六卷云云，内有漢司徒鮑公撰嫁娶辭訟決爲《法比都目》。案《決事都目》八卷，司徒鮑昱撰，見《東觀漢紀》。其下文又言：「律九百六卷，世有增損，率皆集類爲篇，結事爲章。一章之中，或事過數十，事類雖同，輕重乖異，而通條連句，上下相蒙，錯糅無常。後人生意，各爲章句。叔孫宣、郭令卿、馬融、鄭玄諸儒章句十有餘家，家數十萬言，覽者益難。天子於是下詔，但用鄭氏章句，不得雜用餘家。」案《後書》鄭本傳不言其注律，而《前書·諸侯王表》張晏注引律鄭氏説，即康成章句也。當魏受禪初，律獨主鄭，乃其下文又言：「司馬昭爲晉王，以律有叔孫、郭、馬、杜諸儒章句，但取鄭氏，則爲偏黨，未可承用，於是又令賈充等增改。」大約鄭學至晉而違之者多，南渡後則衰於南盛於北。

此志又云：「漢獻帝時天下亂，百姓有土崩之勢，刑罰不足以懲惡，於是名儒大司農鄭玄之徒以爲宜復行肉刑。」案《尚書》「象以典刑」，據《周禮·秋官·司刑》疏引鄭注以爲即正刑五，謂墨、劓等。《史記·五帝本紀》注引馬融注則以「象刑」爲畫象，即漢文帝詔云「有虞氏畫衣冠，異章服，以爲戮者」。觀《晉·刑法志》鄭欲用肉刑，則知鄭注經必與馬融異，不用畫象之説。

令景

「令景」，即「令丙」，避諱。

傳覆逮受登聞道辭

「《囚律》有告劾、傳覆，有告[一]反逮受，科有登聞道辭」，案傳，考也；覆，案也。逮受，考下文當作「逮驗」，「登聞道辭」，即下文所謂「上言變事」也。

校讀記

[一]「有告」上當有「廐律」二字，西莊引脱。

呵人受錢

「《令乙》有呵人受錢」，案《説文·自序》言「俗書之謬，廷尉説律至以字斷法，苛人受錢」，此言「苛」字誤作从止、从句。然則《晉書》「呵人」亦當作「苛人」。

自擇伏日

「諸郡不得自擇伏日，所以齊風俗也」，案《户律》漢中、巴、蜀、廣漢自擇伏日，見《風俗通》。[一]

校讀記

[一]按此條爲《風俗通》佚文，見王利器《校注》本頁六〇四。

衛宮

「賈充等增改舊律，因《事類》爲《衛宮》、《違制》」，案《事類》即蕭何所益《事律》。《後漢·胡廣傳》：「大將軍梁冀誅，廣與司徒韓演等坐不衛宮，減死一等，奪爵土爲庶人。」東晉王導亦曾坐此。

十七史商榷卷四十八

晉書六

羊皇后母蔡氏

《后妃列傳》:「景獻羊皇后，泰山南城人。父衜，上黨太守，母陳留蔡氏，漢左中郎將邕之女也。」案邕女文姬，初適衛仲道，后歸董祀，此司馬師之妻之母，則羊衜之妻别是一人，非文姬，惜其名不傳。衜乃羊祜之父，《祜傳》云:「父衜，上黨太守。」祜，蔡邕外孫，景獻皇后同産弟。「衜」字今俗人以爲即「道」字，考《説文》卷二下《辵部》:「道，所行道也。从辵、从首。」《行部》無「衜」字，此字不知何從而來。

武帝誤於楊后

武帝后楊氏明知其子惠帝不可立，而力勸帝立之，又力勸帝爲其子納賈充女。此與隋文帝爲獨孤后所誤，勸立煬帝正同。炎與堅皆以用婦言敗，楊后又力勸納其叔父駿之女爲后，既覆司馬，又傾楊氏。

太安元年立羊后

「惠帝羊皇后，泰山南城人。賈后既廢，孫秀議立后，后外祖孫旂與秀合族，又諸子自結於秀，故以太安元年立爲皇后」，愚按據《帝紀》，羊后以永康元年十一月立，《五行志》亦作永康元年，考永康之後改永寧，孫秀之誅在永寧元年，其明年方改元太安，豈得如此傳所云？當以本紀及《五行志》爲正。

懷帝梁皇后

懷帝以光熙元年十一月即位，立妃梁氏爲皇后，而《后妃傳》但有懷帝之母王皇太后，梁后竟不一見。至愍帝則紀傳皆無立后。

王夷甫

《成恭杜皇后傳》：「寧康二年，以后母裴氏爲廣德縣君。裴氏，太尉王夷甫外孫。」案王衍不當稱字。

章太妃稱夫人

「章太妃周氏以選入成帝宮，生哀帝及海西公。始拜爲貴人。哀帝即位，詔有司議貴人位號，太尉桓温議宜稱夫人，尚書僕射江虨議應曰太夫人」，案《禮志》桓温議宜稱太夫人，江虨議可言皇太夫人。

褚裒依鄭玄義

「康帝褚皇后，父裒，見《外戚傳》。穆帝即位，尊曰皇太后。帝幼沖，太后臨朝稱制，太常殷融議依鄭玄義，衛將軍裒在宮庭則盡臣敬，太后歸寧之日自如家人之禮」，案鄭康成議在漢獻帝時，伏皇后父伏完事也。

永興三年

「穆帝何皇后，升平元年立爲皇后。無子。哀帝即位，稱穆皇后。桓玄簒位，降爲零陽縣君，與安帝俱西，至巴陵。劉裕建義，后還京都。永興三年，崩，在位凡四十八年」，案

「永興」當作「元興」，自穆帝升平元年至安帝元興三年，正四十八年。

興寧二年

「哀帝王皇后，興寧二年崩」，帝紀崩在三年。

太和六年

「廢帝海西公庾皇后，太和六年崩」，帝紀崩在元年。

祥顗同謁晉王

《王祥傳》：「武帝爲晉王，祥與荀顗往謁，顗謂祥曰：『相王尊重，何侯既已盡敬，今便當拜也。』祥曰：『相國誠爲尊貴，然是魏之宰相。吾等魏之三公，公、王相去一階而已，安有天子三司而輒拜人者？』及入，顗遂拜，祥獨長揖。」愚考此事出《漢晉春秋》，裴松之注《魏紀》引之。彼文祥與何曾、荀顗同謁，何侯即指曾，此删去曾名，非也。原其删去之由，《何曾傳》「文帝爲晉王，曾與高柔、鄭沖俱爲三公，將入見，曾致拜盡敬，二人猶揖而已」，然則曾之拜在文帝時已然，故此傳删去之，祥庸貪小人，名仕魏室，實爲晉臣，乃以不拜自重乎？史家盛誇其孝友名德，此史家妙於立言，范蔚宗傳胡廣、歐陽永叔傳馮道，皆如此矣。以不拜爲高，與高貴鄉公被弑而號泣爲忠，正復一類，昭、炎佯敬之，明知如傀儡，相與爲僞而已。禄位之昌，名壽之高，子孫之蕃衍，古今少比，鄙夫例多福，無怪志於鄙夫者之多也。

鄭沖官從略

《鄭沖傳》：「魏文帝爲太子，命沖爲文學，累遷尚書郎，出補陳留太守。大將軍曹爽引爲從事中郎，轉散騎常侍、光禄勳。嘉平三年，拜司空。」案沖《論語集解》正始中所上序稱「光禄大夫臣鄭沖」，今傳但云「轉散騎常侍、光禄勳」，不云光禄大夫，史文略也。

袁粲

《何劭傳》「劭薨，子岐嗣。劭初亡，袁粲吊岐」云云，此又一袁粲，非劉宋袁粲。

何氏滅亡

《何曾傳》既言「無聲樂嬖幸之好」，又言其奢豪華侈，日食萬錢，無下箸處。此自相矛盾也。若無聲樂嬖幸，則曾之奢但爲口腹乎？曾本傾險，殺曹爽、廢齊王皆預其謀，又以奢豪爲子孫倡，歷世以忲侈聞，永嘉之亂，何氏滅亡無遺，此則天道之可信者。王祥特庸鄙貪位苟禄耳，惡非曾比，持身亦尚約素，則其昌後亦宜。《新唐·奸臣·許敬宗傳》：「王福畤美何曾忠而孝。」此嗜痂之癖。

石苞薨年

《石苞傳》：「泰始八年，薨。」《武帝紀》則云：「泰始九年二月癸巳，薨。」

王佑賈充裴秀

《羊祜傳》：「泰始初，爲尚書右僕射、衛將軍。時王佑、賈充、裴秀皆前朝名望，祜每讓，不處其右。」案王佑乃嶠之父，爲楊駿腹心，此非前朝名望也，疑爲「王沉」之誤。考《王沉傳》羊祜、荀勖、賈充、裴秀等皆與沉諮謀，《賈充傳》充與裴秀、王沉、羊祜、荀勖同受腹心之任，則爲沉無疑。

蜀賊

《陳騫傳》:「蜀賊寇隴右,以尚書持節行征蜀將軍。」愚謂唐修《晉史》,何必以蜀爲賊?此沿襲舊文,芟除未浄。《晉書》中如此甚多,今不悉出。

陳騫薨年

陳騫以元康二年薨,年八十一,見本傳。《帝紀》則在太康二年十一月。元康乃惠帝年號,騫何由至此?當從紀。

鷦鷯賦

張華作《鷦鷯賦》,見本傳。繹其詞,有知足知止之義,乃周旋邪枉之朝,委蛇危疑之地,以殺其身,可謂能言不能行矣。

張華傳附雜事

《張華傳》末附載雜事數則,識海鳧毛,辨龍肉鮓,虵蜕爲雉,刻桐爲魚扣石鼓,斗牛紫氣，豐城寶劍，支蔓誕妄，全似小説，無復史裁。然此乃正史也。而宋彭乘《墨客揮犀》第九卷乃復全抄，以誇博聞，宋人小説筆記大率皆彭乘之類，有學識者不必看此等書，無益有損。

安平獻王孚傳有闕

《安平獻王孚傳》於「配饗太廟」之下宜添一句曰「謚曰獻」，《晉書》如此甚多，今不能悉出。

汝南王亮

《宣五王傳》：「宣帝九男，穆張皇后生景帝、文帝、平原王幹，伏夫人生汝南文成王亮、琅邪武王伷、清惠亭侯京、扶風武王駿，張夫人生梁王肜，柏夫人生趙王倫、汝南王亮。亮及倫別有傳。」按「柏夫人生趙王倫」之下即當云「亮及倫別有傳」，「汝南王亮」四字衍。[一]

校讀記

[一]吴本無此四字，中華本從吴本。

齊獻王攸傳闕誤

《文六王・齊獻王攸傳》於「配饗太廟」下宜添一句曰「諡曰獻」，其下云「子冏立，別有傳」，此六字宜删。傳末云「三子蕤、贊、寔」，此宜改云「四子蕤、冏、贊、寔，冏嗣立，別有傳」。

王沉父子濟惡

王沉以高貴鄉公之謀告司馬懿而弑之，見《魏紀》及沉本傳；其子浚當惠帝時承賈后旨，害愍懷太子於許昌，見浚本傳，可云父子世濟其惡。

荀勖論省官

《周官》以六卿兼統羣職，兩漢雖承秦制，大改周禮，然尚有條序。惟晉之官制最爲雜亂無章，荀勖雖小人，其奏請省官，以九寺可并於尚書，蘭臺宜省付三府，見勖本傳。此奏甚可行，而當時亦未之用。

加大夫人

荀勖之子組傳：「進封臨潁縣公，加大夫人世子印綬。」案「大夫人」未詳，元板「加」下空一字，亦非，「大」疑當作「太」。

敬司徒王導下

荀組之子奕傳：「元帝踐位，通議元會日帝應敬司徒王導下。」案「下」當作「不」，句絶。《導傳》云元帝登尊號，百官陪列，命導升御牀共坐。明帝即位，導劍履上殿，入朝不趨，讚拜不名。成帝與導書手詔則云「惶恐言」，中書作詔則曰「敬問元正」，導入，帝爲之興，又令其輿車入殿，所謂「通議應敬」者謂此。

馮紞等構太子齊王

馮紞與賈充、荀顗、荀勖構害愍懷太子，而紞與勖又譭譖齊獻王攸。武帝之世，奸佞滿朝，開國承家，惟小人是用，宜其再世而亂，不但耽於聲色，無經國遠圖，惟説平生常事而已也。顗，彧之子；勖，爽之曾孫，頹其家聲，抑又甚矣。但此諸事散見諸傳中者，語多重出，繁複可厭。凡兩傳同述一事者，宜云詳見某傳可矣，陳壽、范蔚宗當之必不如此。

羊祜亦黨賈充

觀《賈充傳》，充出鎮關中，自以失職憂慮，荀勖既爲畫策留之，而羊祜亦密啓留充。祜一時名德，而黨惡乃爾，急功名之士，非道德中人，貌爲方雅，豈真君子？以謝安之德量，亦由桓温進身。晉人尚玄虚，名節掃地矣。

王渾長子尚

《王渾傳》前既云「以功封次子尚爲關内侯」，末又云「長子尚早亡，次子濟嗣」，自相矛盾。

山濤舉嵇紹

山濤掌選，舉嵇康自代，康與書絶交，詆斥難堪，而其後康被刑，謂其子紹曰：「山巨源在，汝不孤矣。」後濤舉紹爲秘書丞。以康之詭激，而濤能始終之，何友誼之篤也，君子哉！

筒巾細布

《王戎傳》：「南郡太守劉肇賂戎筒巾細布五十端。」「巾」，元板作「中」。愚考筩中，布名，《後漢・王符傳》章懷太子注引楊雄《蜀都賦》曰：「筩中、黄潤，一端數金。」元板作「中」，是。

寵洲

王衍之弟澄傳：「巴蜀流人在荆、湘者，屯聚樂鄉。澄討之，賊請降。澄僞許之，既而襲之於寵洲。」「寵」當作「龍」。

繆坦

《郭舒傳》：「高官都護繆坦請武昌城西地爲營。」「坦」，元板作「垣」。

既葬還職

《鄭袤之子默傳》：「武帝時爲大鴻臚，遭母喪。舊制，既葬還職。默自陳懇至，久而見許，遂改法定令。大臣終喪自默始。」又《華表之子廙傳》：「武帝時都督河北諸軍事，父病篤，輒還，仍遭喪。舊例，葬訖復任，廙固辭迕旨。」大約兩漢、魏晉不行三年喪者甚多，然從無不葬而仕者。

華嶠漢後書

《華嶠傳》：「嶠以《漢紀》煩穢，慨然有改作之意。會爲臺郎，典官制事，由是得遍觀秘籍，遂就其緒，起於光武，終於孝獻，一百九十五年。爲《帝紀》十二卷，《皇后紀》二卷，《十典》十卷，《傳》七十卷，及《三譜》、《序傳》、《目録》凡九十七卷。改名《漢後書》，奏之。永嘉喪亂經籍遺没，嶠《書》存者五十餘卷。」案《史通》云：「《帝紀》十二，《皇后紀》二，《三譜》、《十典》、《列傳》七十，總十七篇。」此云《三譜》、《序傳》、《目録》，似各爲一卷，與《史通》異，又「存者五十餘卷」五字之下注云「一作『三』」，案《史通》云：「晉室東徙，十惟一存。」然則作「三十餘卷」者是也。

黄沙御史

《劉頌傳》云：「中正劉友辟公府掾、尚書郎、黄沙御史。」「黄」字闕，《武紀》云：「太康五年六月，初置黄沙獄。」《高光傳》云：「武帝置長沙獄，以典詔囚，以光明法，用爲長沙御史，秩與中丞同」，「長」字下注云：「一作『黄』。」作「黄」是。

㯼括

《李重傳》：「寄㯼括于閭伍。」「㯼」，元板作「隱」。

邯鄲醉

「重遷廷尉平，駮廷尉奏邯鄲」，下一字似醉非醉，似辭非辭，殊不可解。元板直作「醉」，亦可疑。此乃人名，作「醉」太怪。

二百四十步爲畝

《傅玄傳》：「古以步百爲畝，今以二百四十步爲一畝。」説詳予《尚書後案·皋陶謨》。

沉萊堰

《傅祗傳》：「爲滎陽太守。自魏黄初大水後，河、濟泛溢，鄧艾常著《濟河論》，開石門而通之，至是復浸壞。祇乃造沉菜堰，至今兗、豫無水患。」「菜」字下注云：「一作『萊』。」《劉頌傳》：「頌當武帝時疏言：『事有目下爲之，雖少有廢而終大益，如河、汴將合，沉菜苟善，則役不可息。』」「菜」當作「萊」。

皇甫謐傳無尚書事

孔穎達《尚書疏》引《晉書·皇甫謐傳》云：「謐于姑子外弟梁柳邊得古文尚書」云云，又云「晉太保鄭沖以古文授扶風蘇愉，愉授天水梁柳」云云。今《晉書·皇甫謐傳》絕無此文，《鄭沖傳》亦不言，穎達所據似別是一種《晉書》，詳予《尚書後辨》。《謐傳》云：「太康三年，卒，時年六十八。」《古文尚書》惟鄭氏康成所傳者係孔壁真本，唐人作《疏》之本并孔《傳》則謐所造，託名於孔者。謐生於漢獻帝建安二十年，去康成没十餘年。

文丁殺季曆

《束晳傳》「汲郡人不準盜發魏襄王墓，得竹書，其中與經傳大異，則云太甲殺伊尹，文丁殺季曆」云云，案《竹書紀年》：「商文丁十一年，王殺季曆。」「文丁」，《史記》作太丁，帝乙之父也，作「文丁」不誤，舊本作「文王」，太謬。

十七史商榷卷四十九

晉書七

陸機入洛年

《陸機傳》：「機年二十而吴滅，退居舊里，閉門勤學，積有十年。至太康末，與弟雲俱入洛。」案杜子美《醉歌行别從姪勤落第歸》詩云：「陸機二十作《文賦》。」今觀《晉書》本傳無「二十作《文賦》」語，子美殆别有據也。其後機與雲同被害，機年四十三，雲年四十二，吴滅在太康元年，時機年二十。太康終於十年，機太康末入洛，則年二十九，雲二十八矣。

機稱三國君臣

機作《辨亡論》，稱魏人曹氏，稱劉備爲劉翁，《文選》作「劉公」，此敵國之詞。稱孫權爲太祖，此必吴人追尊廟號，而陳壽《權傳》竟不載。稱吴諸臣皆名，惟祖遜、父抗稱陸公，而三稱張昭爲張公。其一《文選》皆作「張昭」，其一作「張公」。機避晉文帝諱，唐人改爲昭，其一改之未浄耳。觀篇中「虎」作「武」、「民」作「人」、作「衆」，則唐諱。其云「虞翻、陸績、張惇以風義舉政」，「陸績」之下，《文選》有「張温」，李善注並引《吴志》文以釋之，此脱。又云：「漢王帥巴漢之人報關羽之敗，我陸公挫之西陸。」「西陸」誤，《文選》作「西陵」，是。又云「丁奉、鍾離斐以武毅稱」，「鍾離斐」，《文選》作「離斐」，李善曰：「《吴志》：魏諸葛誕降，魏人圍之，丁奉與黎斐往解其圍。」黎、離音相近，是一人，但字不同，然則「鍾」字衍也。又「或曰：亂不極則治不形」，「或曰」，《選》作「玄曰」，注引《太玄》，作「或」者誤。

太興府

《夏侯湛之弟淳子承傳》「參安東軍事，稍遷南平太守，太興府王敦舉兵内向」云云，「府」，元本作「未」，俱非是，當作「末」。太興，元帝年號，《晉書》本紀及陶侃、王隱、虞預諸傳作「太興」，《稽古録》同。《通鑑》第九十卷作「大興」，九十一卷作「太興」，萬斯同《歷代紀元彙考》、鍾淵映《歷代建元考》作「大」，陳景雲《紀元要略》、陳宏謀《甲子紀元》作「太」，趙駿烈《紀元彙考》忽作「太」、忽作「大」，未詳孰是。

籍田賦校誤

《潘岳傳》岳作《籍田賦》：「於是乃使甸帥清畿。」「帥」下注：「諸本俱作『師周』。」作「師」是，「周」字衍。「碧色肅其千千」，注：「一作『阡阡』。」《文選》作「芊芊」，是。「遊場染屨」，「游」下注：「一作『坻』。」《文選》作「坻」。注引《方言》曰：「坻，場也。蚍蜉犂鼠之場謂之坻。場，浮壤之名也。音傷。」「垂髫總髻」，作「髻」方與上「戾」、下「礬」叶，《文選》作「髮」，非是。「薄採其芳」，「芳」下注：「一作『茅』。」《文選》作「茅」，「芳」與「農」爲韻，未詳，作「茅」尤不可通。

閑居賦校誤

《潘岳傳》：「岳仕宦不達，作《閑居賦》：『爲尚書郎、廷尉評。』」《文選》「評」作「平」，是。「領太傅主簿，府誅，除名爲民」，「府」下《選》有「主」字，是，謂楊駿也，此脫。「八徙官，而一進階，再免，一除名，一不拜，遷職者三」，此六句，觀李善注可見晉官制，彼作「一不拜職，遷者三」，是。「谿子巨黍，異絭同歸」，「歸」，《選》作「機」，是。

八王

《晉書》列傳卷第二十九分列汝南王亮、楚隱王瑋、趙王倫、齊王冏、長沙王乂、成都王穎、河間王顒、東海王越，凡八王。其篇首冠以總叙，先論歷代封建之利害，次及晉事，則言：「諸王相仍構釁，爲身擇利，無心憂國，遂使外寇陵侮，宗廟丘墟，向使八王之中有一藩如漢梁孝王武、朱虚侯章，則外寇焉敢憑陵，内難奚由竊發？」其下文結之云：「西晉之政亂朝危，雖由時主，然煽其風速其禍者，咎在八王。」此言甚精確。篇末論贊最貶者倫、穎、顒、越，其次亮、瑋，又其次冏，而於乂稍有恕詞，斷制亦平允。各傳中叙事雖蔓衍無法，亦尚差可，其以八王特提出聚于一處，不似他王，以同父者合爲一篇。又其序次則以事之先後，不以輩行之尊卑遠近，極得史法之變。惟篇首直當題云《八王列傳》，尤覺醒眼，乃但標云「列傳卷第二十九」，不用「八王」爲目，則非。

君臣

「漢成哀之後，戚藩陵替，君臣乘兹間隙，竊位偷安」，「君臣」當作「巨君」，王莽字。

公孫宏

《汝南王亮傳》："楚王瑋承賈后旨，誣亮與衛瓘有廢惠帝之謀，矯詔遣其長史公孫宏以兵圍亮。"此傳不過以公孫宏爲瑋所使，《瑋傳》則以宏與舍人岐盛並薄行，因積弩將軍李肇矯稱瑋命，譖亮、瓘於賈后。是首謀者發於宏。二傳稍不同，然《瑋傳》末則云："賈后先惡瓘、亮，又忌瑋，故以計相次誅之。"蓋使瑋殺亮、瓘者，賈后也。即以殺亮、瓘爲瑋矯詔之罪，而殺之者亦賈后也。賈后欲專政，故殺楊駿，亮與駿相惡者也，恐駿死而亮得政，遂殺亮。即無瑋，賈必殺亮，而於公孫乎何誅？亮死，而瑋又難制，故不另起鑪竈，即以此爲罪殺之。瑋臨死，出懷中青紙詔曰："受詔而行，今更爲罪。"是也。公孫宏在河陽爲令，潘岳所愛，見《岳傳》。岳爲楊駿府吏，駿之死，岳賴宏以免，然以宏之傾險而岳昵之，其不擇交如此，依阿亂朝而比之匪人，能無及禍乎？

亮諡文成

"追復亮爵"至"廟設軒懸之樂"下宜添一句云："追諡文成。"

二萬五千石

《汝南王亮之孫祐傳》:「以江夏雲杜益封,并前二萬五千石。」「石」當作「户」。

瑋謚隱

「永寧元年,追贈瑋爲驃騎將軍」下應添一句云:「追謚曰隱。」

部曲督

《趙王倫傳》:「孫秀既執機衡,司隸從事游顥奴晉興告顥有異志,秀即收顥,殺之。厚待晉興,以爲己部曲督。」案部曲皆有督,督名不一,如上文左衛司馬督司馬雅、常從督許超、右衛司馬督路始、右衛佽飛督閭和是也。又有帳下督,別見。

侍中軍詔

「倫加九錫,增封五萬户。倫僞讓,詔遣百官詣府敦勸,侍中軍詔,然後受之」,案「軍詔」當作「宣詔」。

東宫西宫

「倫自爲相國，一依宣文輔魏故事，增相府兵爲二萬人，起東宫三門四角華櫓。倫與孫秀並聽妖邪之説，使牙門趙奉詐爲宣帝神語，命倫早入西宫」，案「東宫」者，相府也；「早入西宫」者，爲天子也。上文言司馬雅給事東宫，又言孫秀知太子若還東宫，將與賢人圖政。彼東宫皆太子所居，與此東宫爲相府不同。大約自魏及晉，洛京宫室，天子居西而相府在東，故《段灼傳》：「武帝即位，灼陳時宜云：『陛下受禪，從東府入西宫，兵刃耀天，旌旗翳日。』」而《齊王冏傳》亦云：「冏起兵討趙王倫，惠帝反正，拜大司馬，加九錫，備物典策，如宣、景、文、武輔魏故事。冏輔政，大築第館，北取五穀市，南開諸署，毁壞廬舍以百數，使大匠營制，與西宫等。」是也。

《南史·宋武帝紀》：「帝在晉末，既爲大將軍、揚州牧，給班劍二十人，改太尉、中書監，進太傅，加羽葆、鼓吹。及誅劉毅之後，剋期至都，於是輕舟密至，已還東府。」其下又云：「息人簡役，築東府城。」其下又言：「帝戒嚴，北討姚泓，以世子爲中軍將軍，監太尉留府事，尚書右僕射劉穆之爲左僕射，領監軍、中軍二府軍司，入居東府。」《齊高帝紀》：「元徽五年七月戊子，弑蒼梧王。甲午，帝移鎮東府。丙申，加侍中、司空、録尚書事。」又：「前湘州刺史王藴還至東府前，期見高帝。」可知南朝建康，凡宰相之府亦稱東府，猶沿晉制也。凡《宋》、《齊》、《梁》、《陳》各紀傳及《南史》各紀傳中稱東府者，不可枚舉。[一]

校讀記

[一]李慈銘曰：「慈銘案：《南史·齊豫章文獻王嶷傳》：『武帝謂嶷曰：「百年復何可得，止得東西一百，於事亦濟。」』時嶷爲大司馬、揚州刺史，居東府也。此尤天子居西、宰相居東之明證。」

赦曰在職者

「倫僭即帝位，大赦，郡縣二千石令長赦曰在職者皆封侯」，「赦曰」當作「赦日」，「曰」从口上開，「日」從〇中實，俗謬以狹長爲日，闊扁爲曰，故混。

秀往

「秀往文帝爲相國時所居内府」，「往」當作「住」。

齊王冏奏

《解系傳》：「系爲趙王倫、孫秀所殺，齊王冏起義，倫、秀誅，冏奏雪張華、裴頠及系等之冤。」其詞已見《華傳》，此重出。

晉少貞臣

潘岳、石崇附賈謐，望塵而拜，不待言矣，而劉琨、陸機亦皆附謐，在「二十四友」之數。趙王倫之篡，樂廣素號玄虚，乃奉璽綬勸進，而琨則爲倫所信用。晉少貞臣如此。琨爲段匹磾所拘，作詩以「百鍊剛」自比，亦難言之矣，但志在克復爲可嘉耳。

以王導一門爲司馬氏世臣，而桓玄篡位，則導之孫謐爲太保，奉璽册詣玄，封武昌縣開國公，四維絶矣，何以立國？

頓朴

《劉琨傳》：「邊萌頓朴。」或改「朴」爲「仆」。愚謂「頓」與「鈍」同，用《漢·翟方進傳》「遲頓不及事」是也，然則「朴」字可不改。

遵人

《祖逖傳》：「逖字士稚，范陽遵人也。」愚謂據《漢·地理志》，「遵」當作「遒」，元板亦誤。

陳訓

「妖星見豫州之次，歷陽陳訓謂人曰『今年西北大將當死』」，《周訪傳》「有善相者陳訓」，即此人。

黄巾因

《邵續傳》：「續遣子存及文鴦屯濟南黄巾因。」「因」當作「固」，句絶。

十七史商榷卷五十

晉書八

殤王薨以沖繼兆

《武十三王傳》：「城陽懷王景，出繼叔父城陽哀王兆。泰始五年受封，六年薨。東海沖王祗，泰始九年五月受封。殤王薨，復以沖繼兆。」案當作「懷王薨，復以祗繼兆」。

王導傳多溢美

《王導傳》一篇凡六千餘字，殊多溢美。要之，看似煌煌一代名臣，其實乃並無一事，徒有門閥顯榮、子孫官秩而已。所謂「翼戴中興，稱江左夷吾」者，吾不知其何在也。以懼婦爲蔡謨所嘲，乃斥之云：「吾少遊洛中，何知有蔡克兒？」導之所以驕人者，不過以門閥耳。[一]

蘇峻之亂，庾亮所召，非導之由，然導身爲大臣，當任其危，而本傳始言「入宮衛帝」，[二]衛帝者，欲避賊鋒也，終言「賊入，導懼禍，攜二子出奔白石」，則不衛帝矣。白石壘乃陶侃所築險固處，故奔此以圖免也。賊平後乃入石頭城，令取故節，陶侃笑曰：「蘇武節似不如是。」導有慚色。郭默反，導言「遵養時晦」，侃曰：「是乃遵養時賊也。」皆見《侃傳》。導之庸鄙無恥甚矣。《劉超傳》亦言蘇峻之亂，成帝被幽，超等繾綣朝夕，卒爲峻所殺，而王導出奔。

末一段纔説導不忌庾亮，忽又説導深惡庾亮，東起西倒，毫無定見。《晉書》之專務多載，而不加裁翦每如此。

導兄敦反，雖非導謀，然敦欲殺温嶠，私與導書言之，見《嶠傳》。欲殺周顗，亦商之於導，而導遂成之，見《顗傳》。導固通敦矣。導孫珣，則又桓温黨也，孰謂王氏爲忠於晉哉？明帝崩，成帝即位，群臣進璽，導以疾不至，卞壼正色曰：「王公豈社稷之臣耶？大行在殯，嗣皇未立，寧人臣辭疾時？」後導又稱疾不朝，而私送車騎將軍郗鑒。壼奏導虧法從私，無大臣節，請免官。並見《壼傳》。導爲正直所羞如此。

校讀記

[二]陳寅恪《述東晉王導之功業》一文开篇即引西莊此條，陳氏曰：「王氏爲清代史學名家，此書復爲世所習知，而此條所言乖謬特甚，故本文考辨史實，證明茂弘輝按：導字茂弘，見《晉書》卷六十

五本傳。實爲民族之功臣。至若斥蔡謨一節，《晉書》殆採自《世説新語・輕詆》類《王丞相輕蔡公條》及劉注所引《妬記》，源出小説，事涉個人末節，無關本文宏旨，不足深論。」陳氏一文之結論曰：「王導之筅絡江東士族，統一内部，結合南人北人兩種實力，以抵抗外侮，民族因得以獨立，文化因得以續延，不謂民族之功臣，似非平情之論也。」見《金明館叢稿初編》。

[二]《晉書》作「入宫侍帝」。

陶侃被誣

陶侃乃東晉第一純臣，才德兼備而爲庾亮所惡，王導亦忌之，即温嶠亦不能無嫌。曲加誣巇，有大功而掩其功，無過而增飾以成其過，奈天下自有公論，故作史者不得不言其善，而終以無識，多寓貶詞。且《晉書》愛博，貪收異説，往往一篇中自相矛盾。前云「侃懷止足之分，不與朝權，欲遜位歸國」，後云「少夢生翼上天，及都督八州，潛有窺窬之志」，不亦剌謬乎？寶應王編修懋竑有論，力辨其誣，載《白田草堂存稿》第四卷，最精確，文多不録。《晉書》誣侃亦見《毛寶傳》。

許恂

《郄鑒之子愔傳》：「與姊夫王羲之、高士許恂並有邁世之風。」「恂」當作「詢」，元板亦誤。

合傳不拘忠奸

史家數人傳合一篇，或以事合，或以人合，不可拘執。但當臨時制宜，解系、孫旂、孟觀、牽秀、繆播、皇甫重合傳，論云：「解系等或抗忠盡節，或飾詐懷奸，雖邪正殊途，而咸至誅戮。」此史臣自明其忠奸合傳之例也。應詹、甘卓、卞壼、劉超、鍾雅同傳，以諸人或死王敦之難，或死蘇峻之難，事蹟相似也。卓始討陳敏，已懷貳心，及討王敦，則懷貳更甚，豈可與卞壼同論，而合之者，亦猶解系等傳例耳。應詹雖亦討敦，然以善終，插入殊覺不類，此則自亂其例者，或他傳無可附麗，不得已而入此乎？

庾亮傳得失參半

庾亮之庸鄙惡劣，貪忮猜忍，誠無寸善可取，而罪不勝誅矣，傳文依阿平叙，不明斥其非，殊欠直筆。又亮最忌陶侃，篇中略見而未暢，反多叙欲廢王導事，導本不足惜，況亮忌侃甚於導乎？惟論中指摘其啓蘇、祖之亂，是爲實録。此傳得失參半。《外戚傳》總叙歷論外戚之誤國，因及西晉爲賈氏所敗，而繼之云「爰及江左，未改覆車。庾亮世族羽儀，王恭高門領袖。既而職兼出納，任切股肱，孝伯竟以亡身，元規幾於覆國，豈不哀哉。」此段斥亮之罪爲得之。

石頭城

「亮有開復中原之謀，率大衆十萬，據石頭城爲諸軍聲援」，案下文「亮上疏言，臣宜移鎮襄陽之石城下」，時亮欲北伐，石城在襄陽，故足爲諸軍聲援，若石頭城則在金陵矣，必非也，「頭」字衍。《蔡謨傳》：「征西將軍庾亮以石勒新死，欲移鎮石城。」即此事。

石硊

《桓彝傳》：「彝爲宣城内史。蘇峻之亂，彝遣將軍朱綽討賊别帥於蕪湖。彝尋出石硊。」注云：「硊，一作『頭』。」元板作「跪」。愚謂此必宣城郡地，作「石頭」者謬，作「跪」亦不類。「硊」字《説文》卷九下《石部》無，存疑。

塗中

《桓彝之孫石綏傳》：「桓玄敗，石綏走江西塗中。」「塗」當作「涂」，涂中即今滁州。

王敦叛

《虞潭傳》：「甘卓屯宜陽，爲杜弢所逼。潭進軍救卓，卓上潭領長沙太守，固辭不就。王敦叛潭爲湘東太守，復以疾辭。」案「叛」字當作「版」，此時敦猶未叛也。

何充薦桓温

《何充傳》：「庾翼臨[一]終，表以後任委息爰之。論者以諸庾世在西籓，宜依翼所請，充曰：『不然，荆楚國之西門，豈可以白面年少當此任？桓温英略過人，有文武識度，西夏之任，無出温者。』乃使温西。」愚謂庾氏誠不可任，然此外豈無人？舉西夏而委之桓温，如虎傅翼，成其跋扈，晉祚幾傾，何充之罪也。

校讀記

[一]「臨」字據《晉書》補。

幾爲勤學死

《蔡謨傳》：「謨渡江，見彭蜞，喜曰：『蟹有八足，加以二螯。』烹之。既食，吐下委頓，方知非蟹。謝尚曰：『卿讀《爾雅》不熟，幾爲《勤學》死。』」案蔡邕有《勸學篇》，取之《大戴禮·勸學》篇，亦見前《祖逖之兄納傳》，作「勤」者非。《祖納傳》中語係王隱以語納者，《王隱傳》中又重出，《晉書》如此甚多。[一]

校讀記

[一]洪熙煊《諸史考異》卷三《勸學篇》條説同。

殷浩傳脱誤

《殷浩傳》：「征西將軍庾亮引爲記室將軍，累遷司徒左長史，安西庾翼復請爲司馬」，案「記室將軍」，「將」當作「參」，「安西」下脱「將軍」二字。

重出王導語

《丁潭傳》：「王導謂孔敬康有公才而無公望，丁世康有公望而無公才。」已見前《虞潭之兄子駿傳》中，重出可厭。

諸謝相繼卒

孝武帝太元八年，破苻堅，總統指授者謝安，而身在行陣者則安之弟石、兄子玄及安之子琰也。晉不競矣，賴有此舉爲之一振。乃事平之後，安卒於十年八月，玄卒于十三年正月，石卒於十二月，而玄年僅四十六，尤爲可惜，自此晉無人矣。桓玄篡位，劉裕討玄而晉亡矣。

謝萬傳誤

《謝萬傳》末云：「萬子韶，至車騎司馬。韶子恩，字景伯，宏達有遠略，韶爲黄門郎。」「略」字衍。「韶爲」之「韶」當作「韻」，句絶。

王羲之傳稱制

王羲之品頗高潔，心亦不昧，論贊宜論其人。《晉書》唐人重修，故稱唐太宗制，但推其書法，在鍾繇、王獻之、蕭子雲三人之上，非也。隸書始於秦，西漢有草書，行書始見《謝安傳》，而可以草統之。隸與草之自秦漢，歷魏晉，其來已久，然皆不甚尊，其尊則始於羲之矣。此論謂其高於三家者，皆謂隸書、草書也。羲之雖以隸重，今傳者不過《樂毅論》、《黃庭經》，其餘多是草書。

蔡豹傳脱衍

《蔡豹傳》：「豹戰敗，將歸謝罪，北中郎王舒止之。」「郎」下脱「將」字。傳末叙豹兄子裔事，考蔡裔爲殷浩之將，前已附見于《浩傳》之末矣，當歸併一處，於此則但云「見《殷浩傳》」。

征虜將軍

《毛寶之孫璩傳》：「謝安請爲參軍，轉安子琰征虜將軍。」案當作「征虜司馬」。

語在郊祀志

《司馬彪傳》：「泰始初，武帝親祠南郊，彪上疏定議，語在《郊祀志》。」案《晉書》無《郊祀志》，但有《禮志》，亦不載彪南郊議。

陳壽等傳

列傳第五十二卷所載陳壽等皆作史者，《虞預傳》「著書四十餘卷」，「著」下脱「晉」字。《干寶傳》「帝王之迹，莫不必書」，「必」當作「有」，元板亦誤。《習鑿齒傳》「慨爾而泣曰」，衍「曰」字；「斐、杜之故居」，「斐」當作「裴」。《徐廣傳》「轉大司農，仍今著作如故」，「今」當作「領」。

謇諤

顧和等傳論云：「爰在中興，玄風滋扇，骨骾謇諤，蓋亦微矣。」「謇」，或改爲「蹇」，意取《易》「王臣蹇蹇，匪躬之故」耳。近日東吴顧氏《文集》有與人書，[一]論「謇諤」二字所出甚詳，則此似當爲「謇諤」，二字又見《文苑・袁宏傳》，然《説文》卷三上《言部》無「謇」字。

校讀記

[一]見《亭林文集》卷三《與彦和甥書》。

君弱臣强

魏收《魏書·僭晉司馬叡傳》言東晉「君弱臣强，不相羈制」，以今考之，猶信。觀《孔愉之從子坦傳》「成帝幸王導府，拜導妻曹氏。將納后，因王彬喪停」，《殷仲堪傳》「孝武帝問仲堪患耳聰者爲誰，流涕而起，曰『進退惟谷』」，誠可一笑。君前不名父，未聞於經，乃見於史。君之於臣，若是隆乎？

劉毅等三人論

劉毅、諸葛長民、何無忌三人同傳，三人本與劉裕同起兵討桓玄者也。玄既敗，而裕志乃在篡晉，故毅與長民皆相繼爲其所滅。兩人之所不及無忌者，以無忌率兵禦海賊盧循、徐道覆，爲所殺，尤爲得死所耳。論中褒揚無忌可也，痛抑毅與長民，謂其有取禍之道，則非。

陽郡

《諸葛長民傳》：「琅邪陽郡人。」當作「陽都」。

王謝世家

韓昌箕《王謝世家》三十卷，漫爾采摭，無當史學，惟其凡例云：「王氏琅琊、太原兩宗，而太原之祁與晉陽又分二派。今考玄冲、武子而下，原係琅琊正傳，故祖文舒而爲太原正派。其自王嶠而下，雖同爲晉陽，似與瑯琊支系稍别，故爲支派。若司徒而后爲太原祁人，則爲别派。」此似精核矣。但其下又云：「此皆按籍而疏，原非確見。即爲譜系，祇取便觀，要以木本水源，自有二姓之世譜在耳。」又云：「古人命名自有微意，或一再從祖孫兄弟儘多同諱，不知何故，特爲標出，以便詳覈。」卷首臚列同名者，或四人同名，或三人同名，或二人同名，共五十四人，俱王氏。其謝氏同名者惟二人耳，此兩事俟再考。

十七史商榷卷五十一

晉書九

張李不入載記

張軌、李暠皆應入《載記》，因暠乃唐之先祖，不稱名，改稱其字，升入列傳，於是聊援軌而進之，以配暠耳。軌嘗稱藩于晉，暠亦遣使奉表建康，然彼皆已割據一方，改元建號，尚得爲晉臣乎？

張茂築臺

《張軌之子茂傳》：「茂城姑臧，修靈鈞臺，别駕吴紹諫曰：『修城築臺，蓋是懲既往之事。』」愚案茂懲其兄見殺於近侍，故築臺以備不虞。

李廣曾祖仲翔

《涼武昭王傳》：「漢前將軍廣之十六世孫也。廣曾祖仲翔」云云，案仲翔名不見《史》、《漢》，此因李暠唐之先祖，叙其先世特詳，故緣飾之，且譜牒之學本多附會，其詳具《唐書・宗室世系表》中。

譙周門人

《孝友・李密傳》云：「密字令伯，犍爲武陽人，一名虔，師事譙周。周門人方之游夏。」《儒林・文立傳》云：「立字廣休，巴郡臨江人，師事譙周。門人以立爲顏回，陳壽、李虔爲游夏，羅憲爲子貢。」羅憲字令則，别有傳，與羅含無涉。又《陳壽傳》云：「壽字承祚，巴西安漢人，少師事同郡譙周。」《良吏・杜軫傳》云：「軫字超宗，蜀郡成都人，師事譙周。」以周之庸猥，而及門如此盛邪？

嵇紹論張華

《忠義・嵇紹傳》：「司空張華爲趙王倫所誅，議者追理其事，欲復其爵，紹駁之曰：

『兆禍始亂，華實爲之。鄭討幽公之亂，斲子家之棺；魯戮隱罪，終篇貶翬。未忍重戮，事已弘矣。不宜復其爵位，理其無罪。』」愚謂歸生同謀，羽父始亂，豈可以例張華？紹之引經非也。父康無罪，爲司馬昭所殺，紹乃以身殉惠帝，論贊中與王裒並論，而謂其齊芳並美，是或一道也。然趙王倫簒位，紹爲其侍中，身污僞命，乃反坐華以始亂，毋乃責人重以周，責己輕以約乎？

王豹可不立傳

《王豹傳》「長沙王乂至，于冏案上見豹」云云，案「豹」下脱「箋」字，豹前後上箋于冏，其言一無可取，乃妄人耳。死雖冤，亦非矯矯大節，附見《冏傳》可矣，不必入《忠義》立專傳。

王育韋忠沈勁

王育仕于劉淵，爲太傅；韋忠仕于劉聰，爲鎮西大將軍、平羌校尉。二人失節如此，乃入《忠義傳》，大非。「沈勁父充，與王敦構逆，衆敗而逃，爲部曲將吴儒所殺。勁當坐誅，郡人錢舉匿之得免，其後竟殺仇人。勁哀父死於非義，欲立勳以雪先耻」云云，愚謂充本當誅，復仇非義，惟立勳以雪先耻爲可録耳。然勁入《忠義傳》而充終附《敦傳》，所謂孝子慈孫，百世不能改，此則史家書事之得其平者。

鄧攸

鄧攸逃難，棄其子而攜其弟之子，其子朝棄而暮及，攸乃繫之於樹而去。[一]嘻，甚矣，攸意以爲不棄其子，無以顯其保全弟子之名，好名如此，不仁可知。其後敬媚權貴，王敦已反，而猶每月白敦兵數。納妾，甚寵之，訊其家屬，方知是甥女。小人哉，攸也！斯人也而可以入《良吏》乎？

校讀記

[一]趙翼《甌北集》卷一《古詩二十首》之八詠鄧攸事亦深斥之云：「伯道避賊奔，棄子存兄息。何妨聽其走，或死或逃匿。而乃縛之樹，必使戕於賊。事太不近情，先絶秉彝德。」惟《晉書》實本《世説·德行》劉孝標注引《中興書》，疑爲小説家言，不足採信。黄山谷《家誡》云：「昔鄧攸遭危厄之時，負其姪而逃亡，度不兩全，則託子於人，而寧抱其姪也。」山谷熟於《世説》，而不取縛子於樹之説，疑别有所受。

杜嵷

《儒林·杜夷傳》:「夷兄崧,字行高,惠帝時俗多浮僞,著《任子春秋》以刺之。」「崧」,《惠帝紀》作「嵩」,「任子」當作「杜子」。

三江揚都

《文苑·張翰傳》:「顧榮執翰手曰:『吾亦與子飲三江水耳。』」案三江者,松江、婁江、東江也。又《庾闡傳》:「闡字仲初,潁川鄢陵人。作《揚都賦》,爲世所重。」案今本《水經》第二十八卷《沔水中》篇酈道元注引庾仲初《揚都賦》注云:「今太湖東注爲松江,下七十里有水口,分流,東北入海爲婁江,東南入海爲東江,與松江而三。」此《揚都賦》之注,疑即仲初自撰。此事亦見《世説·文學》篇。又《晉書》於仲初傳後次以《曹毗傳》有云:「毗著《揚都賦》,亞於庾闡。」則《揚都賦》之出於闡無疑也。酈氏引此説,即斷之以爲此别爲三江,非《職方》之三江,然則亦斷非《禹貢》揚州之三江,可知前人亦從無以此解《禹貢》揚州者。陸德明《釋文》始引《吴地記》曰:「松江東北行七十里,得三江口,東北入海爲婁江,東南入海爲東江,並松江爲三江。」此與酈引庾説同。《吴地記》,晉顧夷撰,見《隋·經籍志》。夷于《晉書》無所見，當是承襲庾説。其後張守節《史記正義》於《夏本紀》引《禹貢》處即以此三江説之。然則自唐以前用此説《禹貢》者，兩家而已。宋蔡氏乃云「唐仲初《吴都賦注》」云云，不引陸德明、張守節而引《水經注》，可謂奥博矣。夫《禹貢》揚州三江，豈可以震澤下流之三小水當之？只因泥一「既」字，謂下句「底定」必本「既入」耳。果爾，則雍州云「弱水既西，涇屬渭汭」，豈涇之屬渭必待弱水之西邪？德明、守節皆無知之輩，謬妄殊甚，然此實學所在，不足爲蔡氏深責也。既别引酈注以炫多聞，乃誤「庾」爲「唐」，改「揚」作「吴」，烏焉亥豕，誠堪駭詫。近吴中某巨公，文集中有「唐仲初」云云，予少年時每嗤點以爲笑端。今詳考之，則近人所彙刻《經解》中如王天與之《書纂傳》、吴澄之《書纂言》、陳師凱之《書傳旁通》，皆承蔡氏之誤，而劉三吾《書傳會選》誤並同。《經解》係同時數十名儒審擇論定，而所刻如此，劉氏號爲能正蔡氏之誤者，而其踵誤如此，則於某巨公何尤？胡先生渭《禹貢錐指》云：「仲初名杲之，南齊人。」考《南齊書》杲之本傳云：「字景行，新野人。」李延壽《南史》杲之本傳同，與仲初實非一人，胡亦偶誤也。予乃慨然嘆讀書是天下第一件難事，且莫講到考核，只此一引述間，展轉迷惑至是，若必求備，則千古幾無一讀書人。君子不以己之所能者病人，不以人之所不能者愧人，深悔少年多客氣也。

孫吴始都秣陵，即今江南江寧府也，東晉、宋、齊、梁、陳並因之。左思於西晉初吴、蜀始平之後，作《三都賦》，抑吴都、蜀都而申魏都，以晉承魏統耳。然此本《禹貢》揚州之域，故亦稱揚都。揚都者，京都也。南朝於揚州刺史每以宰輔領之，以其爲京師耳。《南史·逆臣·侯景傳》：「景既起兵反，其黨王偉勸其直掩揚都，遂濟采石，圍臺城。」然則揚都即是吴都，但闡東晉人，所賦者晉之京都，斷斷不可稱吴都也。

李顒

《李充傳》：「字弘度，江夏人。注《尚書》，行於世。子顒，亦有文義，多所述作。」案今《尚書·泰誓》疏力辨漢初只有二十八篇，無《泰誓》，後得僞《泰誓》，合爲二十九篇，諸儒多疑之。李顒集注《尚書》於僞《泰誓》篇每引孔安國曰，計安國必不爲彼僞書作傳，不知顒何由爲此言？愚謂《泰誓》别得之民間，既非出孔壁，又非伏生所傳，而其來甚久，非僞也。晉皇甫謐見古文《尚書》衰微將絶，乃别撰古文二十五篇，貪《泰誓》文多易掇，攢湊成之，於是後人信之，真其僞而僞其真。謐又并造孔安國《傳》，竊計安國當日不過以今文字讀古文書，未必爲之傳。蓋安國早卒，其年甚促，僅注《論語》，未暇其他，是以《史記》、《漢書》皆無此言。《藝文志》於西漢羣儒著述臚列甚詳，《毛詩詁訓傳》不列學官，亦復收載，安國果作《尚書傳》，有不收入者乎？故知不但今孔《傳》是假託，而孔實本無傳也。李充已由丞相王導掾起家，仕至中書侍郎卒。頤出更晚，當晉季世，其時僞古文經傳盛行於江左，安得尚有真孔注《泰誓》？此言甚可疑，當是皇甫謐僞代孔作，其後嫌彼《泰誓》多所不備，復摭經傳所引，別造三篇，兼爲之傳，而初稿流落人間，頤得以援引耳。

徐龕李菟

《外戚・褚裒傳》：「裒除征討大都督青、揚、徐、兗、豫五州諸軍事。裒率衆徑進彭城，先遣督護徐龕伐沛。龕軍次代陂，爲石遵將李菟所敗。」案「徐龕」，《穆帝紀》作「王龕」；「李菟」，《穆帝紀》作「李農」。

無愧古人

《王濛之子修傳》：「卒年二十四，臨終嘆曰：『無愧古人，年與之齊矣。』」「古人」謂王弼。

范丹

《隱逸・范粲傳》：「粲，陳留外黃人，漢萊蕪長丹之孫也。粲貞正，有丹風。」案：丹，

《後書》本作「冉」。

衡山二石囷

「劉驎之字子驥，南陽人。嘗採藥至衡山，深入忘反，見有一澗水，水南有二石囷，一囷閉，一囷開，水深廣不得過，欲還失道，遇伐弓人，問徑，僅得還家。或説囷中皆仙靈方藥諸襍物，驎之欲更尋索，終不復知處也」，案《陶淵明文集》第五卷《桃花源記》云：「南陽劉子驥，高尚士也。聞之，欣然規往遊焉，未果，尋病終。」説與《晉書》本傳相似而又不同。

龔玄之

「龔玄之」，舊本作「襲玄之」。王世貞《弇州山人四部稿》第九十三卷《龔婦景孺人墓誌銘》：「予友濟南李于鱗數稱鄉人龔勗克懋，克懋司訓揚之江都」云云，龔是僻姓，不學者妄改爲襲。

陶茂

「陶潛字元亮，大司馬侃之曾孫也。祖茂，武昌太守」，案《侃傳》云：「侃有子十七人，唯洪、瞻、夏、琦、旗、斌、稱、範、岱見舊史，餘並不顯。」茂既登顯位，而不見彼傳，何也？昭明太子作《淵明傳》及《宋書》、《南史》本傳但云「曾祖侃，晉大司馬」，並不言祖茂。

潛年六十三

潛以宋元嘉中卒，時年六十三。案予所見《陶集》係宋板，紹熙壬子贛川曾集所刊，附載顔延年作《靖節徵士誄》及昭明太子所作傳，皆云春秋六十有三，元嘉四年卒。沈約《宋書》本傳同，的確可信。潛當生於晉哀帝興寧三年乙丑歲也，乃前明萬曆丁亥，休陽程氏刻附載有張縯説，以爲先生《辛丑歲游斜川》詩言「開歲倏五十」，若以詩爲正，則先生生於壬子歲，自壬子至辛丑，爲年五十，迄元嘉四年丁卯考終，是得年七十六。再考宋板《陶集·遊斜川》詩自序云「辛丑正月五日，與二三鄰曲同遊斜川」云云，詩云「開歲倏五十，吾生行歸休」云云，而「丑」字下注云「一作『酉』」，「十」字下注云「一作『日』」。夫先生卒於元嘉丁卯，年六十三，此萬萬無疑者，據此推之，則辛丑歲年方三十七，豈五十乎？《斜川》詩當爲辛酉所作，云「辛丑」者，誤也。辛酉乃宋高祖永初二年，時先生年五十七，亦非五十，詩當云「開歲倏五日」，正與自序合，云五十者誤也。萬曆刻詩正作「五日」，而自序直作「辛丑」，不復存一作，乃知宋板之可寶。先生於此當國初亡，而身已衰老矣，故詩又云：

「未知從今去，當復如此不？中腸縱遥情，忘彼千載憂。且極今朝樂，明日非所求。」蓋委運待盡，豈三十七歲語氣邪？

戴洋妄言

《藝術·戴洋傳》：「梁國反，祖約欲討之，未決，洋曰：『甲子日東風而雷西行，譙在東南，雷在軍前，爲軍驅除。昔吴伐關羽，天雷在前，周瑜拜賀。今與往同，必剋。』」案吴取關公，周瑜已死，洋言妄也。

六日六分

《臺産傳》：「善六日六分之學。」下「六」字當作「七」。

地户

《四夷傳》：「林邑國，開地户以向日。」「地」當作「北」。

兹氏縣

「匈奴左部都尉居太原故兹氏縣」，此漢縣也。《載記·劉元海傳》文與《四夷傳》同，《文獻通考》第三百四十一卷《四裔考》文亦同。想因縣已改併，故稱故縣。

奸臣叛臣逆臣

史家之例原無一定，要足以載事實、明勸戒足矣。《新唐書》始於《四裔》之後次以《奸臣》、《叛臣》、《逆臣》。《晉書》若用此例，則如王沉、荀顗、荀勖、馮紞、賈充輩入《姦臣》可也，王敦、桓温、桓玄、王彌等以及祖約、蘇峻、孫恩、盧循輩入《叛臣》可也，即劉元海等入之《逆臣》似亦無所不可。今《晉書》無《姦臣》一目，而其中各以類相從，亦不致忠姦混雜，又有論贊以表之矣。王敦等聚於《四裔》之下，不名叛而叛顯矣。劉元海别爲《載記》，尤覺妥適也。綜而計之，大約不出姦、叛、逆三種。

禦敵

《王敦傳》：「元帝以劉隗爲鎮北將軍，戴若思爲征西將軍，外以討胡，實禦敵也。」案

「敵」，元本誤作「敗」，後人改「敵」，亦非，據文直是「敦」字。

黄散

王敦罪狀劉隗以黄散爲參軍。「黄散」謂黄門侍郎、散騎常侍也。

韓晃李湯

《蘇峻傳》前言峻死後，其將立峻之弟逸爲主，逸與韓晃等并力來攻，温嶠等選精鋭攻賊營，於陳斬晃。其下文又叙峻之餘黨張健與韓晃等輕軍俱走，督護李閎率鋭兵追之，及於巉山，健等不敢下山，惟晃獨出，乃斬之。竊考此篇中韓晃名凡九見，乃數行之中，前云斬晃，後又云晃走，自相矛盾，誠爲笑端。又其叙峻之弟逸爲李湯所執，斬於車騎府。「李湯」，本紀作「李陽」。

刑浦

《孫恩傳》：「隆安四年，恩復入餘姚，破上虞，進至刑浦。謝琰遣參軍劉宣之距破之，恩退縮，少日，復寇刑浦，害謝琰」，案「刑浦」，《琰傳》作「邢浦」，疑是。

十七史商榷卷五十二

晉書十

載記

《後漢書·班固傳》:「固述公孫述等僭僞事,爲《載記》若干篇。」《晉書·載記》之名蓋本于此。

崔鴻十六國春秋

《北史·崔鴻傳》:「鴻以劉元海、石勒、慕容儁、苻健、慕容垂、姚萇、慕容德、赫連屈丐、張軌、李雄、吕光、乞伏國仁、秃髮烏孤、李暠、沮渠蒙遜、馮跋,各有國書,未有統一,乃撰《十六國春秋》百卷。鴻世仕江左,故不録僭晉、劉、蕭之書。自述云:『正始元年,著《春秋》百篇。三年之末,草成九十五卷。惟常璩撰李雄父子據蜀時書尋訪不獲,未成輟筆。

又別作《序例》一卷、《年志》一卷。』至道武天興二年，姚興改號鴻始，而鴻以爲改在元年；明元永興二年，慕容超禽于廣固，鴻又以爲在元年；太常二年，姚泓敗于長安，而鴻亦以爲滅在元年。如此之失，多不考正。子子元，後永安中奏其書，稱：『臣考著趙、燕、秦、夏、西涼、乞伏、西蜀等遺載，惟李雄蜀書未獲。至正光三年，購訪始得，討論適訖，棄世。』」案《崔亮傳》云「齊文襄恨崔鴻《十六國春秋》述諸僭僞，不及江東」，然則鴻所以不録僭晉、劉、蕭者，其意不欲以江東爲僞故也。正始元年係魏宣武帝即位之六年，梁武帝之天監三年也。三年之末，已成九十五卷，至孝明帝正光三年，相去已十七年，始購得常璩《華陽國志》，乃補入蜀事五卷爲百卷。鴻卒於孝昌之初，則此書在當日已成足本，並無遺闕可知，惜乎其竟亡也。

又《北史·鴻傳》：「鴻撰《十六國春秋》，宣武聞其撰録，遣散騎常侍趙邕詔鴻曰：『聞卿撰定諸史，便可隨成者送至，朕當於機事之暇覽之。』鴻以其書有與國初相涉，言多失體，且既訖，不奏聞。鴻後典起居，乃志一作「忘」。載其表」云云。案「志」，注作「忘」，非。魏作「妄」，以其初未奏聞，原無此表也。

此書《隋志》一百卷，《唐志》一百二十卷，至《宋志》則無之，蓋當五代及宋初而亡故。晁説之稱司馬温公所考《十六國春秋》已非鴻全書，[一]《文獻通考·經籍考》亦不載。明攜李屠喬孫還之刻，賀燦然爲序者，亦爲一百卷，乃喬孫與其友人姚士粦輩取《晉書·載記》、《北史》、《册府元龜》等書僞爲之，非原本。浦起龍注《史通》中一條云：「屠欲起斯廢，毋假初名，毋襲卷數，顯號補亡，可也。匿所自來，掩非已有，真書悉變爲贋書矣。或云杭本《漢魏叢書》所收十六短録，故是鴻之舊。是説也，予猶疑之。」[二]

本傳所載鴻書之誤，如天興二年姚興改號鴻始，而鴻以爲改在元年，此必鴻書本用魏年號紀年，而分書各僭號於下故耳。今屠氏刻本則直用各僭號紀年，即如鴻始元年，直敘姚氏事，未及魏事隻字，觀者亦何由而知其爲誤作改元在天興元年乎？即此考之，僞作顯然。

校讀記

[一]見《景迂生集》卷十五《答賈子莊書》。

[二]見《史通通釋》卷十二《古今正史》。

孝愍

劉淵自稱漢後，爲壇南郊，下令歷叙漢二祖五宗功德，固屬可笑，而所云「孝愍委棄萬國，昭烈播越岷蜀」，孝愍係指漢獻帝，係蜀先主於建安二十五年所遥稱，見《三國志·先主傳》。

劉淵年

劉淵生於魏嘉平中，死於晉永嘉四年，約年六十。

前漢

劉淵起事，國本號漢，歷劉和、劉聰、劉粲，凡四主，皆如故也。直至劉曜始改號趙，因石勒亦號趙，故又稱前趙耳。而僞本崔鴻《十六國春秋》自淵以下皆名前趙，則非。

劉聰論誤

《劉聰傳》論云：「竟以壽終，非不幸也。」案：當作「何其幸也」。

劉曜殺石生

《劉曜傳》：「曜爲石勒所執，勒遣劉岳、劉震等乘馬，從男女，衣帽以見曜。曜曰：『久謂卿等爲灰土，石王仁厚，全宥至今，而我殺石生，負盟之甚。』」案「石生」當作「石他」，知者，上文言「石勒將石他自雁門出上郡，襲安國將軍、北羌王，俘三千餘落而歸。曜怒，遣劉岳追之，及石他戰於河濱，敗之，斬他」。若石生則鎮關中，爲石季龍所攻，其部下殺之於雞頭山，事見後《載記》第五卷《石弘傳》中，其時去劉曜爲石勒所殺已甚久。

王脊

《石勒傳》上卷：「章武人王脊起兵于科斗壘，擾亂勒河間、渤海諸郡。」「脊」或作「眘」，下卷「上黨内史王脊以并州叛於勒」，未知即此人否。

兖州刺史劉遐

《石勒傳》下卷：「石季龍攻陷徐龕，送之襄國，勒殺之，晉兖州刺史劉遐懼，自鄒山退屯於下邳。」案帝紀作「兖州刺史郗鑒自鄒山退守合肥」，《郗鑒傳》亦云然，此作「劉遐」，疑誤。[一]

校讀記

[一]中華標點本卷一百五《校勘記》引西莊此條，又云：「按《紀瞻傳》、《通鑑》九一略同紀文，《商榷》說是。」

檀斌

「石瞻攻陷晉兗州刺史檀斌于鄒山，斌死之」，按：「斌」，帝紀作「贇」。

夏嘉

「濟岷太守劉闓、將軍張闓等叛，害下邳内史夏嘉，以下邳降于石生」，案：「夏嘉」，帝紀作「夏侯」。[一]

校讀記

[一]按《成紀》作「夏侯嘉」。

王國叛降于勒

上文言「龍驤將軍王國叛，以南郡降于勒」，下文又言「晉龍驤將軍王國以南郡叛，降於石堪」。數行之中，一事重出，疏矣。

歷陽太守

《石季龍傳》上："季龍將夔安進據胡亭，晉將軍黄沖、歷陽太守鄭進皆降之，安於是掠七萬户而還。"「歷陽」，帝紀作「義陽」，「七萬」作「七千」。

政官

「發百姓牛二萬餘頭，配朔州政官」，「政」，元板作「牧」，是。

拔嵩

《載記・姚泓傳》："泓以晉師之逼，乞師于魏，魏遣司徒、南平公拔嵩進據河内，爲泓聲援。"「拔嵩」，元本作「拔拔嵩」。

李雄與穆帝分天下

《載記・李雄傳》："雄以中原喪亂，乃頻遣使朝貢，與晉穆帝分天下。"案雄死在咸和八年，是成帝時，何云與晉穆帝分天下？「穆」字誤。〔二〕

校讀記

［一］中華本校記引西莊此條，又云：「按：語出《魏書·李雄傳》，本無『晉』字，穆帝乃指魏追謚穆帝之猗盧。《載記》採《魏書》，妄增『晉』字。」

李雄死年

「咸和八年，雄生瘍于頭，六日死，時年六十一」，案帝紀雄死在九年六月。

揖次

《載記·吕光傳》：「魏安人焦松等起兵，迎張天錫之世子大豫于揖次。」「揖」當作「捐」，古「揟」字。

義熙三年

《載記·乞伏乾歸傳》：「義熙三年，乾歸僭稱秦王，改元更始。」案《安帝紀》作「義熙五年」。

義熙六年

《載記·乞伏熾磐傳》：「義熙六年，熾磐襲僞位，大赦，改元曰永康。」案帝紀在義熙八年。

匹達

「乞伏熾磐以其左衛匹達爲河湟太守」，「匹達」，元本作「四達」。

東晉國勢不弱

東晉君弱臣彊，勢則然矣，而其立國之勢却不爲弱。劉琨、祖逖志在興復，陶侃、温嶠屢有誅翦。桓温之滅李勢，謝安之破苻堅，劉裕之擒慕容超、姚泓，朱齡石之斬譙縱，皆奇功也。裕之入關中，幾幾欲混一矣，留子義真鎮之而還，旋失之，惜哉。王買德謂赫連勃勃曰：「關中形勝地，劉裕以弱才小兒守之，非經遠之規也。狼狽而返者，欲速成篡事耳，無暇有意於中原。」見《載記·勃勃傳》。買德此言實爲破的，餘詳《南史》。

十七史商榷卷五十三

南史合宋齊梁陳書一

沈約宋書

沈約《自序》稱于齊武帝永明五年春被勅撰《宋書》，至六年二月紀傳畢功，表上之。約卒于天監十二年，年七十三。永明五年，年四十七。約自言：「百日數旬，革帶移孔，精神素非强健，四十七八，已值衰暮。」其書一年便就，何速如此。蓋《宋書》自何承天、山謙之、蘇寶生、徐爰遞加撰述，起義熙訖大明，已自成書，約僅續成永光至禪讓十餘年事，删去桓玄、譙縱、盧循、馬魯、吴隱、謝混、郗僧施、劉毅、何無忌、魏詠之、檀憑之、孟昶、諸葛長民十三傳而已，氶約上書表自見。何承天等撰《宋書》事見《宋書·恩倖·徐爰傳》，又見《梁書·裴子野傳》。本極徑省，故易集事。其上書表又云：「本紀、列傳繕寫已畢，合志表七十卷，臣今奏呈。所撰諸志，須成續上。」據此則紀傳先成，志係續上。今約書紀十卷，傳六十卷，適合

七十卷之數，外有志三十卷而無表，與《梁書》本傳所云著《宋書》百卷適合，則上書表中「志表」二字乃衍文也。[一]

《文九王傳・建平王景素傳》末云：「今上即位。」「今上」者，齊武帝也。又《沈攸之傳》：「攸之敗死，其黨臧涣詣盆城自歸，今皇帝命斬之。」「今皇帝」者，亦齊武帝也。《南齊書・武帝紀》沈攸之事起，未得朝廷處分，上以中流可以待敵，即據盆口爲戰守備，故涣投之而被殺也。觀此則知約修《宋書》在齊武帝時，入梁未及追改。

《袁粲傳》云：「齊王功高德重，天命有歸，粲自以身受顧託，不欲事二姓，密有異圖。」雖表粲之忠，自是在齊代之筆，末附永明元年改葬粲與劉秉、沈攸之詔。論云：「昔王經被旌於晉世，粲等亦改葬於聖朝。」知約修《宋書》在齊武帝時。

約同時裴子野別撰《宋略》，今不傳。子野，松之之曾孫，駰之孫也。四世之中有史學者居其三，抑何盛耶。

校讀記

[一]余嘉錫《四庫提要辨證》卷三《宋書一百卷》條引西莊此條，又云：「余謂上書表既云『合志表七十卷，今謹奏呈』，則志表即在七十卷中，已奏呈矣。又云『諸志須成續上』，文義甚爲不詞。且若果合紀傳志表纔七十卷，何以《梁書》、《隋志》、《史通》皆云《宋書》百卷，然則『志表』二字

爲淺人妄增明矣。」

蕭子顯齊書

沈約已撰《齊紀》二十卷，見《梁書》約本傳。卷止二十，未免太略，至蕭子顯乃作《齊書》六十卷，見《梁書》三十五卷本傳。子顯乃齊高帝道成第二子，豫章文獻王嶷之子。

姚思廉梁陳二書

姚察在陳爲吏部尚書，當陳宣帝太建末即奉勅撰梁史。入隋，歷太子内舍人、秘書丞、北絳公，始自吳興遷居關中，爲雍州萬年人。察學兼儒史，見重於二代。當隋文帝時，嘗訪察以梁、陳故事，察每以所論載奏之，于是開皇九年勅并成梁、陳二史，遣内史舍人虞世基索本上進，藏于内殿，而書猶未成。臨亡，屬子思廉繼其業。思廉少仕陳爲揚州主簿，入隋爲漢王府參軍、河間郡司法書佐，上表陳父遺言，有詔許其續成梁、陳史。後爲代王侑侍讀。唐高祖受禪，授秦王文學，太宗引爲文學館學士。太宗入春宫，遷太子洗馬。貞觀初，遷著作郎、弘文館學士，三年，又受詔與秘書監魏徵同撰梁、陳二史。思廉採謝炅等諸家《梁史》續成父書，并推究陳事，删益顧野王所修舊史，撰成《梁書》五十卷、《陳書》

三十卷。魏徵雖裁其總論，其編次筆削皆思廉之功也。以上見《陳書》第二十七卷察本傳及《舊唐書》第七十三卷、《新唐書》第一百二卷思廉各本傳。

《舊唐書》七十三卷《令狐德棻傳》：「德棻嘗從容言於高祖曰：『竊見近代已來，多無正史，梁、陳及齊猶有文籍，至周、隋遭大業離亂，多有遺闕。當今耳目猶接，尚有可憑，如更數十年後，恐事跡湮没。陛下既受禪于隋，復承周氏曆數，國家二祖功業，並在周時。如文史不存，何以貽鑒今古？如臣愚見，並請修之。』高祖然其奏，下詔曰：『司典序言，史官記事，考論得失，究盡變通，所以裁成義類，懲惡勸善，多識前古，貽鑒將來。伏犧以降，周秦始及，兩漢傳緒，三國受命，迄于晉宋，載籍備焉。自有魏南徙，乘機撫運，周隋禪代，歷世相仍，梁氏稱邦，跨據淮海，齊遷龜鼎，陳建皇宗，莫不自命正朔，綿歷歲祀，各殊徽號，删定禮儀。至于發跡開基，受終告代，嘉謀善政，名臣奇士，立言著績，無乏于時。然而簡牘未編，紀傳咸闕，炎涼已積，謡俗遷訛，餘烈遺風，倏焉將墮。朕握圖御宇，長世字人，方立典謨，永垂憲則。顧彼湮落，用深軫悼，有懷撰次，實資良直。中書令蕭瑀、給事中王敬業、著作郎殷聞禮可修魏史，侍中陳叔達、秘書丞令狐德棻、太史令庾儉可修周史，兼中書令封德彝、中書舍人顔師古可修隋史，大理卿崔善爲、中書舍人孔紹安、太子洗馬蕭德言可修梁史，太子詹事裴矩、兼吏部郎中祖孝孫、前秘書丞魏徵可修齊史，秘書監竇璡、給事中歐陽詢、秦王文學姚思廉可修陳史。務加詳覈，博採舊聞，義在不刊，書法無隱。』璵等受詔，歷數年，竟不能就而罷。貞觀三年，太宗復勑修撰，乃令德棻與秘書郎岑文本修周史，中書舍人李百藥修齊史，著作郎姚思廉修梁、陳史，秘書監魏徵修隋史，與尚書左僕射房玄齡總監諸代史。衆議以魏史既有魏收、魏彥二家，已爲詳備，遂不復修。德棻又奏引殿中侍御史崔仁師佐修周史，德棻仍總知類會梁、陳、齊、隋諸史。武德已來創修撰之源，自德棻始也。」案修撰之源雖自德棻始，《梁》、《陳》二書實思廉專典其事。

新唐書過譽南北史

《新唐書・李延壽傳》云：「世居相州。貞觀中，爲御史臺主簿，兼直國史。初，延壽父大師，多識前世舊事，常以宋、齊、梁、陳、魏、齊、周、隋天下參隔，稱謂之間互相輕侮。其史于本國詳，他國略，往往訾美失傳，思所以改正，擬《春秋》編年，刊究南北事，未成而沒。延壽既數與論撰，所見益廣，乃追終先志。本魏登國元年，盡隋義寧二年，作本紀十二、列傳八十八，謂之《北史》；本宋永初元年，盡陳禎明三年，作本紀十、列傳七十，謂之《南史》。凡八代，合二書百八十篇，上之。其書頗有條理，删落釀辭，過本書遠甚。時人見年少位下，不甚稱其書。遷符璽郎，兼修國史，卒。」愚謂此傳於延壽叙述頗詳，且多褒譽，若

《舊書》則以延壽附《令狐德棻傳》下，首云「李延壽者」，添一「者」字，意甚輕之，敘述粗略，無所稱美。今平心觀之，延壽只是落想佳，因南北八代合有鳩聚鈔撮之功，而延壽適承其乏，人情樂簡，故得傳世。其書疵病百出，不可勝言。《新唐》云「頗有條理」，愚則謂其甚少條理。又云「删落釀辭」，愚則謂其删落處不當而欠妥者十之七八。若云「過本書遠甚」，則大謬不然。耳食之徒踵此瞽説，幾疑本書可廢，遂令魏、齊兩史殘闕甚多，致後人反用《北史》補之，豈非爲《新唐書》所誤乎？予所指摘，詳見後。

《新書》七十二上《宰相世系表》延壽出李氏姑臧大房，其父大師，字君烈，渤海郡主簿。

《舊唐書·高宗紀》：「調露二年二月，詔曰：『故符璽郎李延壽撰《正典》一部，辭殫雅正，雖已淪亡，功猶可録，宜賜其家絹五十疋。』」案時延壽已卒，是以稱「故」，《正典》見《舊·經籍志》。「淪亡」者，人亡非書亡，若書已亡，何由知「辭殫雅正」乎？當係延壽没未久，家人獻之，以求恩澤耳。然則延壽當卒於儀鳳之末，《新書》雖言其年少，但修書當貞觀時，計其年必已三四十歲，又閲三十年至儀鳳之末，必已六七十歲之外，學淺識陋，才短位又甚卑，著述傳世，千餘年以來遂成不刊之作，一何多幸耶？

各帝《南》、《北史》皆稱謚法，各書則稱廟號，然各書間亦有稱謚法者，名稱不定，例未畫一，此則《南》、《北史》無此病。

《南》、《北史》增改無多，而其所以自表異者則有兩法：一曰删削，二曰遷移。夫合八史以成二史，不患其不備，惟患其太繁，故延壽一意删削，每立一傳，不論其事之有無關係，應存應去，總之極力刊除，使所存無幾以見其功，然使删削雖多，仍其位置，則面目猶未换也。於是大加遷移，分合顛倒，割截搭配，使之盡易其故處，觀者耳目一新，以此顯其更革之驗，試一一核實而考之，删削、遷移皆不當，功安在乎？其書聊可附八書以行，幸得無廢足矣，不料耳食者反以爲勝本書也。

或曰：「子於李延壽指摘其失甚悉，乃所考證，仍用延壽書作綱，各書皆從之挨次羼入，何也？」曰：世人醉心於延壽而欲廢各書久矣，今驟而易之，使讀各書難矣。就彼熟徑，掇其瑕礫，搴其蕭稂，使羣陰解駁，然後求之各書則易。凡各書皆標明某書某紀某傳，其有直稱某紀某傳者，皆是《南史》，而亦多有標出《南史》某紀某傳者，隨便下筆，例不能一也。《北史》仿此。

各書目南北史目皆宋人添

各書目皆在每卷首，大約古書多序在全書之末，目在每卷之首。今目是宋人添，觀曾鞏於《南齊書》序云「臣等因校正其訛謬，而叙其篇目」云云，末云「臣某等謹序目録昧死上」，於《陳書》序云：「《陳書》舊無目，今别爲目録一篇，使覽者得詳焉。」然則《南》、《北史》目亦宋人添也。每卷目仍留不去，雖複出可厭，能存舊却佳。

十七史商榷卷五十四

南史合宋齊梁陳書二

綏輿里

《南史·宋武帝紀》：「彭城縣綏輿里人。」《宋書》但云「綏里人」，上文「帝諱裕，字德輿」，疑相涉致誤，衍「輿」字。

楚元王二十一世孫

《南史》云：「漢楚元王交之二十一世孫也。彭城楚都，故苗裔家焉。晉氏東遷，劉氏移居晉陵丹徒之京口里。皇祖靖，晉東安太守。皇考翹，字顯宗，郡功曹。」《宋書》則云：「交生紅懿侯富，富生宗正辟彊，辟彊生陽城繆侯德，德生陽城節侯安民，安民生陽城釐侯慶忌，慶忌生陽城肅侯岑，岑生宗正平，平生東武城令某，某生東萊太守景，景生明經洽，洽生博士弘，弘生瑯琊都尉悝，悝生魏定襄太守某，某生邪城令亮，亮生晉北平太守膺，膺生相國掾[一]熙，熙生開封令旭孫。旭孫生混，始過江，居晉陵郡丹徒縣之京口里，官至武原令。混生東安太守靖，靖生郡功曹翹，是爲皇考。」前第二十六卷論《漢·孔光傳》「光爲孔子十四世孫」，十四世乃連前後并及身而總言之，如此則當爲交二十二世孫，今云「二十一世」者，傳寫誤。武帝世貧賤，崩後猶藏微時耕具，以示子孫。《宋書》歷叙先世名位，皆未必可信。《南史》既已信用之，乃但及其祖，而於曾祖之始渡江居京口者反削其名不書，又獨於皇考爲添一字，皆非也。

校讀記

[一]「掾」原誤作「椽」，據《宋書》改。

宋武帝微時符瑞

《南史》最喜言符瑞，詭誕不經，疑神見鬼，層見疊出。《宋·武帝紀》歷叙其微時，竹林寺僧見其卧有五色龍章，孔恭占其墓，曰：「非常地。」行止見二小龍附翼。伐荻新洲，射大蛇，見青衣童子擣藥。下邳會一沙門，贈以黄藥傅創。沈約亦好言符瑞者，故此諸事雖不采入紀而别作《符瑞志》述之。射蛇事則《符瑞志》亦無，却見於任昉《述異記》上卷，但

《述異記》未必出任昉，恐後人假託。予直疑是李延壽附會漢高祖斬蛇事白譔出，[一]而後人反剿以入《述異記》。

校讀記

[一]李慈銘曰：「《南史》所載神異事固可厭，然延壽好奇，無識則有之，若謂其別無所據，白譔荒唐，延壽當不至此。」

武帝文帝孝武帝明帝稱諱順帝稱名

《宋書・武帝紀》始稱高祖，後乃稱公，後又稱王，即真後乃稱上，髣髴似陳壽《魏・武帝紀》之例。其書檄詔策等皆稱劉諱，此沈約本文也。而其間亦多有直稱裕者，則是後人校者所改，改之未浄，故往往數行之中忽諱忽裕，牽率已甚，[一]《南史》則槩稱帝，即真稱上。

《南史・宋武帝紀》「封彭城公義隆爲宜都王」，《宋》同，乃《宋》於此下又書「八月，西中郎將、荆州刺史宜都王諱進號鎮西將軍」，義隆即文帝也，故沈約稱諱，而忽稱諱、忽稱義隆，如此甚多，不可枚舉。亦後人校者改之而未浄，與武帝忽稱諱、忽稱裕同。

《宋書》於《文紀》元嘉十三年九月書「立第二皇子濬爲始興王，第三皇子諱爲武陵王」，第三皇子，孝武帝也，諱駿，因其爲帝，異於他子，故書諱。又「十六年閏月，以武陵王諱爲湘州刺史」，自後又三書「武陵王諱」。又《孝武帝紀》「孝建二年正月，以冠軍將軍湘東王諱爲中護軍」，湘東王即明帝彧，本淮陽王，元嘉二十九年改封，自後又再書「湘東王諱」。又《明帝紀》「泰始七年七月，以第三皇子準爲撫軍將軍」，此順帝也。似以其爲亡國之主，故書名不諱，此等似皆沈約原文，而裕與義隆之或名或諱，則校者之疏。

校讀記

［一］張元濟《校史隨筆·武帝名均作諱字》條引西莊此則云：「按《武帝紀》上元興三年下，『昨見劉諱風骨不恒』句，『非劉諱莫可付以大事』句，南監本、汲古本、殿本兩『諱』字均作『裕』。而『劉諱龙行虎步』句，『劉諱以寡制衆』句，又皆作『諱』，不作『裕』。《武帝紀》下永初元年下，『皇帝臣諱敢用玄牡』句，『諱雖地非齊晉』句，南監本、汲古本兩『諱』字均作『裕』，而『欽若景運以命于諱』句，又作『諱』，不作『裕』。是均見于同葉數行之内。王氏所斥必即指此，然宋本實一律作『諱』，王氏所見蓋補版也。」

全食一部

《宋紀》：「永初元年六月，封晉帝爲零陵王，令食一郡。」《南史》作「全食一部」，「令」

字、「部」字皆傳寫誤，當作「全食一郡」。[一]

校讀記

[一]李慈銘曰：「慈案：明北雍板作『全食一郡』，不誤。」

南海公義慶

《南史·宋武紀》「位南海公義慶爲臨川王」，《宋》作「立南郡公義慶爲臨川王」，「位」字仍「立」而誤，其實當作「封」，「南海」當依《宋》作「南郡」，[一]武帝之少弟道規封南郡公，無子，以兄道憐之子義慶嗣襲其封也。

校讀記

[一]李慈銘曰：「案北雍板作『封南郡公義慶爲臨川王』，不誤。」

宋紀誤闕

《宋紀》「隆安三年十一月，妖賊孫恩作亂於會稽，晉朝衛將軍謝琰、前將軍劉牢之東討」云云，「衛將軍」下注一「闕」字，連空三格，《南史》采用此段。此處本無闕也，此注及空不知何等妄人所爲。

後《劉勔傳》屢有旁注「闕」字處，而按其文義則無闕。大約《宋書》、《南齊書》旁注「闕」字者甚多，往往考之則本無闕，兩書校者尤甚粗疏。

丹徒京口京城北府京江北京

古人之文所以難讀者，一人一地而屢易其稱，如《左傳》於一人忽稱其名，忽稱其字，忽稱其謚，忽稱其姓氏，忽稱其封邑爵秩，一篇中每如此，所以讀者爲之眩目。「宣尼悲獲麟，西狩涕孔丘」，[一]「雖好相如達，不同長卿慢」。[二]在當日不以爲怪，其實乃甚拙耳。趙宋以下則無之矣。此當以後人爲得，不必法古也。至於地理沿革不常，分合時有，多其名稱，尤易牽混。《宋書·武帝紀》叙孫恩寇丹徒，即今鎮江府所治縣也，其下便云京口震動，此下歷叙討桓玄事，每以丹徒與京口相間言之，及叙至與何無忌等斬桓脩之下，乃云義軍初剋京城，又叙至劉毅搆隙事，則云「毅自謂京城、廣陵，功足相抗」，京城即京口也。脩乃桓玄之從兄，以撫軍將軍鎮丹徒，帝與無忌等斬脩，故云剋京城，而劉毅斬桓閎於廣陵，故以爲與裕斬桓脩之功相抗，但本是京口，忽又變稱京城，後第十五卷《禮志》中又屢稱京城。觀者能無混目乎？其上文叙桓玄篡位，脩自京口入朝，後還京，《南史》則作「還京口」，《南史》即采《宋書》，乃今《宋書》於此則直云「還京」，無「口」字，此乃鈔胥脱落，誠不足辨，然苟非善讀書人，又未免眩目矣。書經三寫，烏焉成馬，况史文本自多爲岐稱乎？考樂史《太平寰宇記》第八十九卷《江南東道・潤州》云：「後漢建安十四年，吴孫權自吴徙都于京口，十六年，徙都秣陵，復於京口置京口都督以鎮焉。又《吴志》云京都所統蕃會尤要，是爲重鎮。後爲南徐州，置刺史，鎮下邳，而京城有留局。其後徐州或鎮盱眙，或鎮姑熟，皆置留局于京口，至六代常以此地爲重鎮。」《文選》顔延年《車駕幸京口侍游蒜山》詩李善注云：「京口，在潤州。」京口之名甚著，誰人不知，但變稱京城則無識者，或誤認作彼時京城之建鄴，將奈何？甚矣，多其名者之無謂而易惑人也。桓脩，《宋書》皆作「脩」，而《南史》則作「修」，此等又何暇詳考。

桓玄與劉邁書曰：「北府人情云何，卿近見劉云何所道。」「劉云」，《南史》作「劉裕」，不知《宋書》之作「云」，是沈約又一避諱法乎，抑傳寫誤乎？且勿論，而此北府則又是京口一别稱，《世説・捷悟》篇：「郗司空在北府，桓宣武惡其居兵權。」注：「《南徐州記》曰：『徐州人多勁悍，號精兵。』」是也。建業在京口之西而稍南，《通鑑》一百十三卷：「桓玄遣吴甫之等相繼北上。」胡三省注：「自建康趣京口爲北上，故桓玄有北府之稱。」

《宋書》三十一卷《五行志》：「晉孝武帝太元四年六月，大旱。去歲，氐賊圍南中郎將朱序於襄陽，又圍揚威將軍戴逯於彭城。桓嗣以江州之衆次郡援序，[三] 北府發三州民配何謙救遁。」

《宋書》叙至破盧循事，於京口又别見京江一稱，又《文帝紀》元嘉二十六年又别見北京一稱。

校讀記

[一]劉琨《重贈盧諶詩》，見《文選》卷二十五。

[二]謝惠連《秋懷》詩，見《文選》卷二十三。

[三]「次郡援序」，據《宋書》，「郡」當作「都」。

建鄴京師京邑京都建康都下

建業本不當从邑，而《南史》皆作「建鄴」，翻似與河北之鄴相涉者，然此謬也。《宋書·武帝紀》或稱京師，或稱京邑，或稱京都，或稱建康，多其名稱，雖似無害，但京邑之稱與京口、京城易混，《宋書》紀於討桓玄移檄京邑，《南史》改作「都下」一稱，亦以京邑嫌涉京口故也。《南史》大槩多作「建鄴」，似較爲畫一矣。但《宋書·州郡志》云：「丹揚尹，領縣八，首建康，本秣陵，漢獻帝建安十六年置縣，孫權改爲建業，晉愍帝即位，避帝諱，改建康。」然則正當爲「建康」，何以反稱孫吴舊名乎？愚則謂直當槩稱京師。

宋武帝哭桓脩

宋武帝本爲桓玄所任使，玄篡，討誅之是也，無如欲自取何？初起第一功，先斬桓脩，哭之甚慟，厚加斂恤，以嘗參其軍故也。自殺之，自哭之，與劉項事等。

帝鎮石頭城

《南史·宋武帝紀》：「元興三年，討桓玄，三月庚申，帝鎮石頭城。」「鎮」字，《宋書》同，《通鑑》則作「屯」，其實當作「入」。

删改皆非

《南史·宋武帝紀》：「征慕容超，姚興遣使，聲言將涉淮左，帝笑曰：『羌若能救，不有先聲，是自彊也。』十月，張綱修攻具成，設飛樓縣梯，木幔板屋，冠以牛皮，弓矢無所用之。」案「是自彊也」，《宋書》云「是自張之辭耳」，較爲明析。「弓矢」之上，《宋》有「城上火石」四字，一經删削，使句意全晦。

闕句

《南史》：「盧循寇南康、廬陵、豫章諸郡，郡守皆奔走。時帝將鎮下邳，進兵河洛，及徵使至，即日班師。」「奔走」下闕一句，當補云「即馳使徵帝」。又「帝命衆軍齊力擊之，賊大敗，循單舸走，衆皆降」，「單舸走」下闕一句，當補云「遣劉籓、孟懷玉追之」。

蒼兕

《宋紀》加裕九錫文有曰：「倉兕電泝，神兵風掃。」裕平關中後，詔進王爵有曰：「倉兕甫訓，則許鄭風偃。」前篇《南史》節去倉兕句，後篇全删。《梁書·武紀》論曰：「高祖總蒼兕之師，翼龍豹之陣。」《陳書·衡陽獻王昌傳》曰：「蒼兕既馳，長虵自剪。」考古文《尚書·泰誓》云：「師尚父左杖黄鉞，右把白旄，以號曰：蒼兕蒼兕，總爾衆庶，與爾舟楫。」馬融注：「蒼兕，主舟楫，官名。」詳《後案》。郭璞《山海經序》云：「無航之津，豈蒼兕之所涉？」是蒼兕主舟楫也。

淮揚

《南史》：「進授相國，以徐州之彭城、沛、蘭陵、下邳、淮揚、山陽、廣陵，兖州之高平、魯、泰山十郡封公爲宋公。」案「淮揚」當作「淮陽」。[一]

校讀記

[一]李慈銘曰：「案北雍板作『淮陽』，不誤。」

左丞相大使奉迎

「置宋國侍中黄門侍郎尚書左丞相大使奉迎」，[一]案此多不可解，《宋書》作「左丞郎隨大使奉迎」，亦可疑。

校讀記

[一]李慈銘曰：「慈銘案：此上有『宋國置丞相以下』語，此處當作『置宋國侍中黄門侍郎句，尚書左丞句，即隨大使奉迎』，大使者，上文所遣持節往授印符之袁湛、范太二使也。蓋晉帝爲宋國置此三官，即隨大使奉迎宋公也。《宋書》誤『即』爲『郎』，《南史》又誤作『相』，又少一『隨』字，故不可解。慈銘案：霸府無尚書之官，而有尚書左丞。」

北爲正

《南史》於永初元年之末書「是歲，魏明元皇帝太常五年」，案《北史》帝紀不呼南朝諸帝爲皇，亦不紀其改元，獨詳於此者，李延壽欲以北爲正也。又景平元年之末書「是歲，魏明元皇帝崩」，《梁武帝紀》「天監十四年春正月丁巳，魏宣武皇帝崩」，亦尊之也。《北史》帝紀《南帝宋文帝紀》元嘉二年之末書「是歲，赫連屈丐死」，屈丐即勃勃，此魏明元帝所改，而《南史》乃遵用之，亦是尊魏。

北伐南，各書皆稱其姓名，如《南齊書·高帝紀》「元嘉二十七年，拓跋燾向彭城」之類。《南史》則改稱廟號，皆抑南尊北之意，延壽《序傳》自述其先人世爲北臣，故其言如此。

零陵王殂

《南紀》：「永初二年九月己丑，零陵王殂，宋志也。」愚謂前代禪位之君無遇殺者，劉裕首行大逆，既殺安帝，又立恭帝以應讖，而於禪後又弒之，其惡大矣，作史者似宜直書以正其惡，但假使當日竟書「九月己丑，弒零陵王」，而其下文却接云「車駕率百僚臨於朝堂三日，如魏明帝服山陽公故事。使兼太尉持節護喪事，葬以晉禮」，又其下書「十一月辛亥，葬晉恭皇帝於沖平陵，車駕率百官瞻送」，如此則上下語氣不倫不類，太覺可笑。今云「宋志也」，只避去一個「弑」字，而其爲弑固已顯然，望文可知，此則本紀之體。惟是「葬以晉禮」之上，當補一句云「謚曰恭皇帝」，今無此句，下文「恭皇帝」三字突如其來，毫無根蒂，欠妥。

「九月己丑」，《宋》本紀、《晉》本紀俱作「丁丑」，《通鑑》則無日，《考異》以爲二者皆可疑，故不書日。惟是《宋書》但書「零陵王薨」，無「宋志也」句，亦不書葬期，此則不及《南史》，且恭帝葬期即《晉》本紀亦無之，惟見於此，在延壽當別有據。延壽之書雖疵病百出，而仍不可廢者，爲有此等小小補益故也。

營陽王

《南史》：「廢少帝爲營陽王。」《通鑑》同，《宋書》作「滎陽」，未知孰是。

宋武帝勝魏晉

《南史・宋武帝》論曰：「夷凶剪暴，誅内清外，功格上下。樂推所歸，謳歌所集，校之魏晉，可謂收其實矣。」愚謂宋武帝功業，謂其遠過司馬懿則誠然矣，若云曹操亦不如，恐未爲平允。司馬温公《經進稽古録》第十四卷論云：「晉室渡江以來，禍亂相繼。至於元興，桓氏篡位，宋高祖首唱大義，奮臂一呼，兇黨瓦解，遂梟靈寶之首，奉迎乘輿，再造晉室，厥功已不細矣。既而治兵誓衆，經營四方。揚旗東征，廣固横潰；卷甲南趨，盧循殄滅；偏師西上，譙縱授首；鋭卒北驅，姚泓面縛。遂汛掃伊洛，修奉園陵。南國之盛，未有過於斯時者也。然區宇未一，蹂於天位，委棄秦雍，以資寇敵。使大功不成，惜哉。」此論殊得其實。

關中之失，以王鎮惡、沈田子、王脩三人相繼而死也，而罪首則在田子，以私怨無端妄殺有大功之鎮惡，因而脩殺田子，義真殺脩，使業敗已成，沈約欲曲護其先人之短，豈能掩哉？

裕所最忌者劉毅，故滅之，最倚任爲心腹者惟劉穆之，故北伐使穆之居東府統事。關中甫定，穆之遽卒，根本空虚，有内顧憂，故委之而去。張氏溥評《通鑑紀事本末》第一百四卷云：張氏更定，非原第。「裕既滅秦，設留長安，經略西北，功成一統。晉之版圖，其將焉往。然裕之自知深矣，夏或可兼，魏難猝滅。與其不得晉也，寧失關中，是以急行而不顧也。關中必危，義真將死，裕豈不念之？然孺子可亡，天位不可失，明知之而明棄之，其後義真逃歸，亦義真之幸，裕固無暇爲之計萬全也。裕初入長安，議遷都洛陽，王仲德止之，終於偏安江左。勃勃得長安，群下請都之，不從，既而勃勃殂，子昌立，魏取統萬，赫連氏竟奔亡。建國之地所係存亡廢興者大矣。」張氏此論亦佳。

少帝紀論

《南史》諸論皆襲舊文，從無自運。《宋武帝紀》論本襲沈約之詞，而以少帝附《武紀》，故論後半段論少帝，沈約則各爲一篇，而《少帝紀》獨無論，蓋傳寫脱落。[一]延壽《武紀》論後半段則約《少帝紀》論也。

校讀記

[一]錢大昕《廿二史考異》卷二十三論《宋書·少帝紀》云：「卷末無史臣論，其非休文書顯然。蓋此篇久亡，後人雜采它書以補之，故義例乖舛如此。」按繆荃孫《雲自在龕隨筆》卷一云：「《宋書·少帝紀》無論，《考證》、《考異》、《商榷》均同，遂以爲非沈氏原書，獨元修宋本缺第四葉，末葉獨存，則『創業之君，自天所啟，守文之主，其難矣哉』四句，的是《少帝紀》論，是憐之之詞。昔人云：『《南史》與武帝合論，均是取裁《宋書》，後云少帝體易染之質，禀可下之姿，外物莫犯其心，所欲必從，其令險系繼，非學而能，危亡不期而集，甚至顛沛，非不幸也。悲夫。』是詆之之辭，疑莫能明，安得宋刻宋印者出，一決此疑哉？」

徐傅兩人官名連書互異

《宋書·文紀》:「元嘉元年八月,司空、録尚書事、揚州刺史徐羨之進位司徒,中書監、護軍將軍傅亮加左光禄大夫、開府儀同三司。」司徒者,三公也。録尚書事者,宰相之職任,六朝人以此爲權要之極品,猶唐之尚書令,故每稱録公也。揚州刺史者,宰相攝京尹也。司徒在司空上,故進位也。中書監者,亦宰相之職,但其時傅亮已以尚書令兼中書監矣,不言尚書令,言其兼者,省文也。護軍將軍者,軍衛要職,與領軍並掌禁兵者也。左光禄大夫者,階也。開府儀同三司者,文散官也。其下文「二年正月,司徒徐羨之、尚書令傅亮奉表歸政」,書法與上文絶不同者,蓋三公最尊,無實職,但空加,録尚書、京尹、尚書令、護軍則兩人實職,故徐書一虚,傅書一實,互文以省文也。其下文「三年正月,司徒、録尚書事、揚州刺史徐羨之,尚書令、護軍將軍、左光禄大夫傅亮有罪伏誅」,羨之所書與元年同,亦非全銜,蓋羨之尚有永初元年所加鎮軍將軍,此乃加號,非如領、護有兵權,後雖遷鎮軍當如故,而此不具也。亮亦非全銜,中書監、開府儀同三司皆不具也,而與上文兩書法皆不同,於一連三年中書兩人銜,參差錯互如此,漢官制雖沿秦,尚覺分明,六朝及唐,其立制既極糾紛,作史者又無定例,書法參錯,不可爬梳,非善讀書人能無眩惑,乃知讀史之難，與治經等也。

《南史》則於元年徐止書司空，傳止書尚書令，二年、三年則徐書司徒，而傳仍書尚書令，雖似簡浄，且覺一律不混目，但兩人所處權要職任多失其實，使讀者不見其所處之地位矣。如徐之録尚書、揚州刺史乃其要也，三公虛名也，豈可但書司空、司徒乎？愚謂《南史》與《宋書》皆非也。元修《宋史》，觀者每恨其官銜繁重，然世間一切閑文浪費煙墨多矣，紀載實事何嫌太繁？鄙見以爲宜槩從全書爲是。

追尊章皇太后

《宋文帝紀》：「元嘉元年，追尊所生胡婕妤爲章皇太后。」按《宋書》云：「爲皇太后，謚曰章后。」如此方覺穩妥。《南史》省三字，而文義全不分明。

生存定廟祭

「元嘉九年二月，詔以衛將軍華容公弘、征南大將軍永修公道濟，配祭廟庭」，時王弘、檀道濟皆生存，而已定廟祭，其後道濟誅，其配祭想又去之矣。《齊武帝紀》：「永明十年，詔以褚彦回、王儉、柳世隆、王敬則、陳顯達、李安入配享太祖廟庭。」是時敬則、顯達皆現存，亦生而豫定也。

王弘書法

「元嘉九年三月庚戌，進衛將軍王弘爲太保。夏五月壬申，新除太保王弘薨」，案《宋書》「爲太保」下有「加中書監」四字，「新除」二字衍，當作「中書監、録尚書事王弘薨」。

大且渠茂虔[一]

「元嘉十一年，以大且渠茂虔爲征西大將軍、梁州刺史」，案「茂虔」，《北史》作「牧犍」。

校讀記

[一]李慈銘曰：「『且渠』，《晉書》、《宋書》、《魏書》、《十六國春秋》、《通鑑》俱作『沮渠』。慈按：《晉書》、《宋書》俱作『茂虔』，《十六國春秋》、《通鑑》俱作『牧犍』，以羌胡名義例之，當從『牧犍』爲正，『茂虔』乃音之轉，《魏書》亦作『牧犍』。」

立國子學

元嘉十九年，詔立國學。二十三年，車駕幸國子學，策試諸生。見《宋書》。《南史》俱删去，於後二十七年却書「廢國子學」，齊高帝建元四年，詔修建國學。是年武帝即位，罷國子學。《南史》删去建學，於後却書「罷學」，李延壽之粗疏如此。

潮熟

「元嘉二十二年冬，浚淮，起潮熟廢田千餘頃」，「潮」當作「湖」。[一]

校讀記

[一]李慈銘曰：「案北雍板作『湖孰』，不誤。」

太武興元

「元嘉二十九年，魏太武皇帝崩，殿中尚書長孫渴侯、尚書陸麗奉皇孫，是爲文成皇帝，改元曰興元」，案當稱太武帝，而紀中忽稱太武帝，忽稱太武皇帝，非是。「興元」當作「興安」。[一]

校讀記

[一]李慈銘曰：「案：北雍板作『興安』，不誤。」

宋文帝君臣

宋文帝一朝，君臣之間不可解者甚多，徐羨之、傅亮、謝晦等廢昏立明，忠也。然少帝已幽于吴，文帝已入，可無後慮，即有慮，應讓文帝自爲之，乃必弑少帝，何意？《左傳》：「爲存以力聞足矣，何必以弑君成名。」[一]吾於徐、傅等亦云。且并殺無過之廬陵王義真，又何意？其所以爲文帝地者周矣，帝不以其立己爲德而誅討之，正也。外有强敵而殺檀道濟，又何意？帝之爲少帝、義真報讐，似能友愛矣。彭城王義康已流之廣州，仍不免賜死，又何意？此皆不可解者。江左之政，元嘉爲美，不能保全謝靈運、范蔚宗，惜哉。

校讀記

[一]昭公二十三年文，「足」當作「可」。

文帝稱太祖

「元嘉三十年二月甲子，元兇劭構逆，帝崩于合殿，謚景皇帝，廟號中宗。孝武帝踐祚，追改謚曰文帝，廟號太祖。」案：「合殿」，《宋書》作「含章殿」，《南史》是也，觀《通鑑》亦作「合殿」，而小字注李延壽辨證之言於其下可見。又《宋書》直書「二月甲子，上崩于含章殿，時年四十七」，與善終者全無分別，雖於論中見之，而紀事失實，亦當以《南史》爲正。承統之君例稱宗，不稱祖，但此中宗是元凶劭所稱，故《宋書》及《南史》皆不用，而以孝武帝所改爲定，《通鑑》亦然。

南平王鑠

《宋孝武帝紀》直書「司空南平王鑠薨」，而鑠實爲孝武帝所毒死，書法如此，則何以傳信乎？

尹玄慶斬休茂

「大[一]明五年夏四月丙午，雍州刺史海陵王休茂殺司馬庾深之，舉兵反，參軍尹玄慶起義，斬之，傳首建鄴」，案《宋書・孝武帝本紀》作「義成太守薛繼考討斬之」。考彼書於《文五王・海陵王休茂傳》言：「休茂反，義成太守薛繼考爲休茂盡力攻城，殺傷甚衆。其日，參軍尹玄慶起義，攻休茂，生禽之，將出中門斬首。繼考僞云立義，自乘驛還都。尋事泄，伏誅。」彼書紀傳自相矛盾矣，《南史》是也。延壽書間亦不無可取處，觀此可見。

校讀記

[一]「大」，原誤「太」，今改正。

齃

《前廢帝紀》：「帝自以爲昔在東宫，不爲孝武所愛，及即位，將掘景寧陵，太史言於帝不利而止，乃縱糞於陵，肆駡孝武帝爲『齃奴』。」《説文》卷四上《鼻部》無此字，《通鑑》一百三十卷：「前廢帝令太廟畫祖考像，帝入廟，指世祖即孝武。[一]像曰：『渠大齄鼻，如何不齄？』立召畫工，令齄之。」注：「齄，壯加翻，鼻上皰也。柳宗元詩曰：『嗜酒鼻成齄。』」

校讀記

[一]小字爲西莊注。

劉昶奔魏

《前廢帝紀》[一]：「景和元年九月己酉，車駕討徐州刺史義陽王昶，内外戒嚴，昶奔魏。」案：蕭道成盡殺宋後，武帝子孫賴有昶之一奔，延其一綫。

校讀記

[一]「紀」字原無，據文意補。

劉矇

《南史·宋前廢帝紀》：「景和元年十一月丁未，皇子生，少府劉矇之子也。」《宋書》作「劉勝」，當是。

商豎

《南史·宋文帝紀》論：「言泄衾衽，難結凶豎。」《宋書》作「商豎」，謂商臣也。

魏和平六年

《宋明帝紀》云：「泰始元年即大明九年也。[一]魏和平六年。冬十二月丙寅，皇帝即位於太極前殿，大赦，改元。」案世祖孝武帝大明之號終於八年，是歲在甲辰，閏五月帝崩，子子業立，是爲前廢帝，明年乙巳春正月乙未朔，大赦，改元永光，秋八月癸酉又改元景和，十一月戊午被弑，十二月丙寅，叔父湘東王彧即位，是爲太宗明帝，改元泰始，是年凡一年而三改元，此見於《孝武帝》、《前廢帝》及《明帝紀》者，然則大明本無九年，何得自相矛盾？復以泰始元年爲即大明九年，此句謬不可言。至於「魏和平六年」，此五字亦屬無謂。

李延壽之意，雖以北爲正，但各紀中只有北主改元元年繫於南主一年之末，從無以北主尋常紀年冠於南主元年之首者，即如齊鬱林王隆昌元年即海陵王延興元年，亦即明帝建武元年，不但一年三改元，且一年三易主矣，而不冠北號，何獨於此冠之，顯屬冗贅。書年尚不能明析，而可以紀事乎？史裁如延壽，亦已疎矣。

再考此紀上文言前廢帝被弑爲十一月十九日戊午，既是十一月十九日，則丙寅合是十一月二十七日，當係傳寫誤爲十二月。

校讀記

［一］本條「大明」均誤作「太明」，兹據《南史》改正。

崇憲太后

「改太皇太后爲崇憲太后」，「憲」下當有一「皇」字。

子勛反

「江州刺史晉安王子勛舉兵反，郢州刺史安陸王子綏、會稽太守尋陽王子房、臨海王子頊並舉兵同逆。二年春正月乙未，晉安王子勛僭即僞位於尋陽，年號義嘉。」愚謂子勛，孝武次子，可繼子業，不得云「反」。子綏等俱孝武子，亦不得云「同逆」，僭僞之稱亦似未妥，但當云稱尊號。

魏天安元年

泰始二年之末云「是歲，魏天安元年」，「天安」之上少「獻文皇帝」四字。

帝疾間

「泰始七年八月庚寅，帝疾間」，上無有疾，突云疾間，非也。

顧命五人書法

「泰豫元年夏四月己亥，上疾大漸。加江州刺史桂陽王休範位司空，以劉勔爲尚書右僕射，蔡興宗爲征西將軍、開府儀同三司、荆州刺史，沈攸之進號安西將軍。袁粲、褚彦回、劉勔、蔡興宗、沈攸之入閤被顧命。是日，上崩」。愚考此條之謬不可勝言，何則？《宋書》本紀此條於「大漸」下云：「驃騎大將軍、江州刺史桂陽王休範進位司空，尚書右僕射褚淵爲護軍將軍，中領軍劉勔加尚書右僕射，鎮東將軍蔡興宗爲征西將軍、開府儀同三司、荆州刺史，鎮軍將軍、郢州刺史沈攸之進號安西將軍。袁粲、褚淵、劉勔、蔡興宗、沈攸之同被顧命。」夫所謂司空者，三公也。尚書僕射者，宰相也。驃騎大將軍者，亦宰執之加銜也。護軍將軍者，掌禁兵，亞于領軍，而中領軍則即領軍之資淺者也。鎮東將軍、征西將軍、鎮軍將軍、安西將軍者，此皆所謂雜號將軍，而亦往往爲宰執之加銜者也。《南史》之例惟揚州刺史則書，餘刺史皆不書，休範固以驃騎大將軍爲江州刺史矣，今方進司空，此所進者，進其加銜耳，非由刺史而進，則「驃騎大將軍」五字不可删也。休範非受顧命者，而褚淵受顧命，則其由右僕射而爲護軍將軍，亦不可删也。劉勔本中領軍，今加右僕射，此兼攝者，「中領軍」三字本不可去，况又改「加」為「爲」，則没其兼攝之實矣。此大誤也。蔡興宗本由鎮東將軍、會稽太守遷荆州刺史，征西、開府則其加號，沈攸之本是鎮軍將軍、郢州刺史，今進號安西將軍，兩人皆以外藩受顧命者，《南史》於興宗既不舉其鎮東，則征西之進號爲無根，且《南史》本例不書各州刺史，此時方欲言其入受顧命，尤不當贅及，是删其所不當删而存其所不當存。沈攸之本是郢州刺史，今由鎮軍將軍進號安西將軍，考《宋書》興宗、攸之本傳，興宗徵還都，攸之雖受顧命而不還都，在郢州如故。《南史》既於興宗書刺史矣，何於攸之反不言其刺史乎？且既並列袁、褚、劉、蔡、沈五人名，内惟袁粲爲尚書令，係前一年五月遷，餘四人皆當時所授，乃舉其三而獨遺一褚，又何也？又攸之既不入，而《南史》改「同被顧命」爲「入閤被顧命」，亦非。凡沈約所書，皆一字不可移易，一經李延壽删改，疵謬叢生。延壽唐初人，去六朝甚近，而下筆便誤，反不如我輩之追考於千載以下。身爲職官而竟如郙野細民，全不識朝廷官爵體制，殊可怪也。《新唐書·延壽傳》反謂「其書删落釀辭，過本書遠甚」，豈非耳食之論乎？《宋書》原非沈約一人之筆，集衆美而成，故頗詳確。

蕭道成雖徵還都，拜散騎常侍、太子左衛率，遺詔爲右衛將軍，加侍中，而不與顧命，蓋明帝之忌之久矣。

後廢帝紀脱文

《後廢帝紀》：「元徽二年，荆州刺史沈攸之、南徐州刺史建平王景素、郢州刺史晉熙王燮、湘州刺史王僧虔、雍州刺史張興世並舉義兵赴建鄴。」脱「王僧虔雍州刺史」七字。[一]「三年，征西大將軍河南王吐谷渾拾寅進號車騎征西大將軍」，脱「車騎」二字。

校讀記

[一]中華本已據《宋書》補此七字，惟不知西莊已先有此説。

後廢帝殺孝武帝子

《後廢帝紀》於元徽五年帝被弒之下，述其無道之行，而曰：「孝武帝二十八子，明帝殺其十六，餘皆帝殺之。」考孝武帝之子二十八人，長前廢帝子業，爲明帝或所弒，其餘始平孝敬王子鸞、南海哀王子師，先爲前廢帝所殺，其豫章王子尚、晉安王子勛、松滋侯子房、臨海王子頊、永嘉王子仁、始安王子真、邵陵王子元、淮南王子孟、東平王子嗣及未受封之子趨、子期、子悦共十二人，皆爲明帝所殺，此外安陸王子綏、南平王子産、廬陵王子輿並出繼，又有齊敬王子羽、晉陵孝王子雲、淮陽思王子霄，與夫未受封之子深、子鳳、子玄、子衡、子況、子文、子雍，俱早夭，此皆見於《宋書·孝武十四王傳》者。萬氏斯同《歷代史表》謂子綏、子産、子輿亦爲明帝所殺，當必有據。其以子嗣亦爲出繼，則誤也。然則孝武帝之子，前廢帝殺其二，明帝殺其十六。此事亦見《宋書》四十一卷《文帝路淑媛傳》。其餘皆夭亡，至後廢帝之時已靡有孑遺矣。後廢帝曾未殺一，何得云餘皆帝殺之乎？李延壽記事，信手妄載，毫不覈實如此。

宋書諱齊高帝名南史不諱

《宋書·順帝紀》「昇明元年七月，鎮軍將軍齊王出鎮東城」云云，自下屢稱齊王，又「十二月，録公齊王入守朝堂」云云，自下屢稱録公齊王，「二年三月，給太尉齊王羽葆、鼓吹」，三年正月又書「太傅齊王」云云，凡此皆蕭道成也。《南史》皆直書名，《宋書》而出於齊臣則當諱，出梁臣則不必諱，然沈約修《宋書》固在齊武代也。文惠太子宫伎尚識沈家令，約豈能不敬齊高哉？

南史宋齊紀書法不同

《宋書·順帝紀》：「昇明元年十二月，車騎大將軍、荆州刺史沈攸之舉兵反，内外纂嚴。」又：「司徒袁粲據石頭反，尚書令劉秉、黄門侍郎劉述、冠軍王藴率衆赴之。黄回及輔國將軍孫曇瓘、屯騎校尉王宜興、輔國將軍任候伯、左軍將軍彭文之密相響應。中領軍劉韞、直閤將軍卜伯興在殿内同謀。録公齊王誅韞等於省内。軍主蘇烈、王天生、薛道淵、戴僧静等陷石頭，斬粲於城内。秉、述、藴逾城走，追擒之，並伏誅。二年正月，沈攸之奔散，華容縣民斬之。同逆皆伏誅。」凡此皆宋室忠臣也，而書反、書逆、書伏誅，《南史》則書不從執政，或云貳於執政，此《南史》之改舊而最得者，但於《齊高帝紀》仍書諸人爲反，自相違則非，宜亦書舉兵不書反，書殺不書伏誅爲允。

十七史商榷卷五十五

南史合宋齊梁陳書三

齊高帝字紹伯

《南齊書·高帝紀》:「帝諱道成,字紹伯。」與十六世祖諱紹同,或以其代遠不避。若其父承之字嗣伯,而道成字紹伯,則父子同字矣,豈伯仲等字可無嫌乎?

太后執蒼梧王手

《南史·齊高帝紀》:「太后執蒼梧王手。」「太后」,《南齊》誤作「太祖」,此《南齊》傳寫之誤,非本文。

及至乃是帝

《齊高帝紀》:「桂陽王休範反,帝出頓新亭以當其鋒,築新亭壘未畢,賊已至,帝使高道慶等與賊水戰,破之,斬休範,臺軍及賊衆俱不知,宫内傳新亭亦陷。典籤許公與詐稱休範在新亭,士庶惶惑,詣壘期赴休範,投名者千數,及至乃是帝,隨得輒燒之。」「及至乃是帝」五字甚妙,得此覺情事如繪矣,此蕭子顯《齊書》所無而李延壽添入者,知延壽亦有可取處,但五字下宜重一「帝」字,則更分明。

諸軍善見觀

休範已斬,蕭道成登城謂亂者曰:「身是蕭平南,諸軍善見觀。」「軍」,《南齊》作「君」,是。「善見觀」則同,而語甚費解,當是如今俗言仔細識認。

白紗帽

《南齊書·柳世隆傳》:「沈攸之反,初發江陵已有叛者,後稍多,攸之日夕乘馬歷營撫慰,而去者不息,攸之大怒,召諸軍主曰:『我被太后令,建義下都,大事若剋,白紗帽共著耳。』」此云「共著」，則非必爲帝，似是親近貴臣之服，然《南史·宋明帝紀》：「壽寂之等弒廢帝於後堂，建安王休仁便稱臣，奉引升西堂，登御坐。事出倉卒，上失履，跣，猶著烏紗帽，休仁呼主衣以白紗代之。」又《齊高帝紀》：「蒼梧死，召袁粲等計議。王敬則乃拔刀，在牀側躍麾衆曰：『天下之事皆應關蕭公，敢有開一言者，血染敬則刀。』仍呼虎賁劍戟羽儀，手自取白紗帽加帝首，令帝即位，曰：『今日誰敢復動，事須及熱。』」《南齊書·倖臣·茹法亮傳》：「延昌殿爲世祖陰室，藏諸御服。二少帝並居西殿，高宗即位住東齋，開陰室，出世祖白紗帽、防身刀。」《梁書·侯景傳》：「景逼簡文帝幸西州，帝著下屋白紗帽。」又：「景自篡立後，時著白紗帽。」然則白紗帽爲帝者服甚明，蓋便服也。《宋》無《輿服志》，即在《禮志》，《南齊》有《輿服志》，皆不載白紗帽。[一]

校讀記

[一]洪頤煊《諸史考異》卷四《白帽》條引《宋書·明帝紀》及《南齊書·柳世隆傳》，云：「《禮志》、《晉書·輿服志》皆不言白帽之制，《唐六典》乘輿之服則有白紗帽，皇太子之服則有烏紗帽，宋制當亦相同。」

二吴

《南齊書·高帝紀》：「建元元年九月，詔：『二吴義興三郡遭水，減今年田租。』二年六月，詔：『曲赦丹楊二吴義興四郡遭水尤劇之縣。』」按前四十五卷據唐杜佑以爲晉、宋、齊皆以吴郡與吴興、丹楊爲三吴，若以《南齊》此條論之，似丹楊不在三吴之數，蓋如杜佑説，元年詔二吴是吴郡、吴興，添義興爲三郡猶可，二年詔既言丹楊，又言二吴，又言義興，又言四郡，若丹楊在三吴數内，何不直云三吴義興四郡乎？愚謂不然。吴郡、吴興皆有「吴」字，自當爲二吴，義興郡起於晉，未有此郡之前，此郡地不但即吴郡，并有屬丹楊者，故必重累舉之，且元年詔因丹楊稍高，水災淹浸不及，故言「二吴義興三郡」，二年災并及丹楊，詔即承上年詔文而言，故云「丹楊二吴義興四郡」也。仍以予前辨爲正。至於《南史》存元年詔，删去二年詔，或去或存，任意出入，毫無定見，李延壽之妄甚矣。

西貴

「帝與袁粲、褚彦回、劉彦節等更日直入決事，號爲西貴」，《南齊書》作「入直決事，號爲四貴」，監板《南史》亦作「四貴」，此誤。

一霍箭

「蒼梧王欲射齊高帝，王天恩曰：『不如一雹箭射之。』」「一」，監作「以」，是。

袁劉

九錫文前云：「袁、劉構禍，實繁有徒。子房不臣，稱兵協亂。」袁、劉謂義興太守劉延熙、晉陵太守袁標也。後云「袁、劉擕貳，成此亂階」，謂袁粲、劉彦節也。劉穆之曾孫祥傳：「齊建元中，爲正員郎。司徒褚彦回入朝，以腰扇鄣日，祥曰：『作如此舉止，羞面見人，扇鄣何益？』彦回曰：『寒士不遜。』祥曰：『不能殺袁、劉，安得免寒士？』」此袁、劉亦謂袁粲、劉彦節。

誅劉燮等

「汝陰王殂，齊志也。誅陰安公劉燮等」，案劉裕以永初元年六月丁卯受禪即位，至二年九月己丑方弑故主零陵王，相距尚一年餘三四月，蕭道成則於建元元年四月甲午即位，五月己未即弑故主汝陰王，辛酉又誅陰安公劉燮等，相距不及一月，而已盡夷前代之族矣，其慘毒若此。要之，裕實始作俑者，能無及乎？《齊書》無「齊志也」句，則大惡不彰，全失其實，而於劉夔等且書爲伏誅，吾不知夔等之罪爲何罪乎？此則《南史》之勝於本書者。

《陳高祖霸先本紀》：「永定二年四月乙丑，江陰王殂，陳志也。」江陰王即梁敬帝，禪位於陳者，書法前後一例，是也。獨梁武帝弑巴陵王與劉裕、蕭道成、陳霸先情事正同，書法不應有異，而《梁武紀》天監元年但書「巴陵王殂於姑孰，追謚爲齊和帝」，不云梁志，雖事已見《和帝紀》，究屬非是。

褚淵進司徒重出

《齊書·帝紀》「建元二年春正月戊戌朔，以司空、尚書令褚淵爲司徒」，而下文十二月戊戌又書「以司空褚淵爲司徒」，一事重出，疵病之大者。《南史》於各本書最喜以删節見長，乃於此前一條删「尚書令」三字，亦屬謬妄之至，而後一條則仍之，竟不能削正。

齊高帝紀增添皆非

《齊高帝紀》：「建元三年，烏程令吴郡顧昌玄，坐父法秀宋泰始中北征死亡，屍骸不反，而昌玄宴樂嬉游，與常人無異，有司請加以清議。」此條乃《南齊書》所無，李延壽添入者。雖其事他無可附，但入之本紀，語覺不倫，至紀末附益甚多，皆言符瑞，疑神見鬼，巫媪不經之談，嘵嘵不休，共約一千一百餘字，皆《南齊書》所無，此因增添而失者。即如其中一條云：「天雨石，墜地石開，中有玉璽，文曰：『戊丁之人與道俱，肅然入草應天符，掃平河洛清魏都。』」試問道成能掃河洛清魏都否，即此一句之妄説，其餘可知。[一]

校讀記

[一]按陳垣有此條書後，載《陳垣史源學雜文》，見本書附録二《評論》。

齊武帝

《齊武帝紀》：「仕宋爲贛令。江州刺史晉安王子勛反，上不從命，南康相沈肅之縶上郡獄，族人蕭欣祖、門客桓康等破郡迎出上，上遂率部曲百餘人起義。避難揭陽山，有白雀來集，聞山中有清聲傳漏響。又於山累石爲佛圖，其側忽生一樹，狀若華蓋，青翠扶疏，有殊群木。上將討戴凱之，大饗士卒。是日大熱，上各令折荆枝自蔽，言未終而有雲垂蔭，正當會所，會罷乃散。」案《齊書》本紀：「帝既得出，後生獲肅之，遂起義。子勛遣將戴凱之爲南康相，軍主張宗之助守，帝擊破凱之别將，追擊宗之，斬之，遂攻郡城，城陷，凱之奔走，即據郡城。」《南史》止云「將討戴凱之」，全無眉目，惟雜取妄誕語。

五十四言六十八十言九十

《南史·齊武帝紀》：「永明十一年秋七月，上不豫。戊寅，大漸。詔曰：『始終大期，聖賢不免，吾行年六十，亦復何恨』云云。是日，上崩，年五十四。」《宋書·王敬弘傳》：「元嘉二十三年，表曰：『臣雖懷犬馬之誠，遂無塵露之益。年向九十，生理殆盡。』明年，薨於餘杭之舍亭山，時年八十。」五十四而言六十，八十而言九十，古人重年如此。

蕭鸞殺高武子孫

齊高帝蕭道成有兩兄，道度、道生，俱早卒。道度無子，道生三子：長鳳，次鸞，次緬。道成以鸞少孤，撫育過於己子，厥後帝業皆道成所創，追封道度衡陽王，道生始安王，封鸞爲西昌侯，位郢州刺史。道成崩，子賾立，是爲武帝，以鸞爲侍中、驃騎將軍、散騎常侍、左衛將軍、尚書左僕射，領右衛將軍。又遺詔以爲尚書令，加鎮軍將軍，給班劍二十人。武帝崩，太子長懋已前卒，謚曰文惠太子。孫昭業立，年甫二十一，童呆無知，權盡歸鸞，遂弑昭業而僞立其弟昭文，又弑之而篡其位。高帝十九男，除武帝及豫章文獻王嶷、臨川獻王映、長沙威王晃、武陵昭王華、安成恭王暠、始興王鑑已前卒，其餘夭亡者凡四人，此外鄱陽王鏘、桂陽王鑠、江夏王鋒、南平王鋭、宜都王鏗、晉熙王銶、河東王鉉，并出繼道度之衡陽王鈞凡八人，皆爲蕭鸞所殺。又殺鉉之二子，武帝二十三男，除文惠太子及竟陵王子良已前卒，其餘夭亡者凡四人。又巴東王子響别自被殺，此外廬陵王子卿、安陸王子敬、晉安王子懋、隨郡王子隆、建安王子真、西陽王子明、南海王子罕、巴陵王子倫、邵陵王子貞、臨賀王子岳、蜀郡王子文、衡陽王子峻、南康王子琳、湘東王子建、南郡王子夏，并出繼道度爲孫之永陽王子珉共十六人，皆爲蕭鸞所殺。文惠太子四男，長即前廢帝鬱林王昭業，次即後廢帝海陵王昭文，次巴陵王昭秀、桂陽王昭粲，皆爲蕭鸞所殺。通計高帝之子孫及曾孫三世爲鸞所殺者凡二十九人，而鏘、鑠等之子，子卿等之子，見於史者獨有鉉之二子，在孩抱中見殺，其實所殺必不止此數，當以其幼稚而略之。《高帝諸子》論云：「齊受宋禪，劉宗盡見誅夷。」子倫臨死謂茹法亮曰：「積不善之家，必有餘殃。昔高皇帝殘滅劉氏，今日之事，理數固然。」見《武帝諸子傳》。天道好還，假手於鸞以償其孽報。

蕭鸞絶後

蕭鸞子惟寶夤逃入魏，功名顯赫，史述其賢行甚詳，終以殺酈道元謀反伏誅，長子亦伏法，次子爲其弟所殺，幼子以罪轘於東市，一門盡滅。此外則東昏侯妃吴氏入梁宫所生子，云是東昏子，即豫章王綜也，初名贊，《北史》於其傳稱病卒，而《梁書》云魏人殺之，當以《梁書》爲正。《梁書·綜傳》又云吴氏入梁宫七月始生綜，未必是東昏遺種，特因吴氏寵衰怨望，造疑似之説以惑綜耳。《北史》稱綜江南有子，在魏無後，然《梁書·綜傳》並不言其有子，則《北史》爲妄，就使綜有子，而綜之爲東昏子實不足信。再考《南齊書》，蕭鸞十一子，其子並無名贊及綜者，而十一子之中，梁武帝殺其六，見後。東昏殺其一，寶元。魏人殺其一，即寶夤。餘早夭者二，名未詳。廢疾無後而善終者一。寶義。然則鸞之子凡成人者皆不良死，蓋鸞之後已絶。

宣德太后令

《南史·廢帝東昏侯紀》：「直後張齊斬其首，送蕭衍。宣德太后令依漢海昏侯故事，追封東昏侯。」宣德太后者，即文安王皇后，齊世祖武帝之子文惠太子妃也。文惠未立而卒，武帝崩，孫文惠之子鬱林王昭業即位，尊文惠爲世宗，妃爲皇太后，稱宣德宫。蕭鸞廢鬱林王而弑之，假立海陵王昭文，又廢弑之而自立，皆託宣德太后令以行篡逆，是爲明帝。崩，子東昏立，無道被弑，蕭衍迎后入宫稱制，又假宣德皇后令以行篡事焉。一婦人也，而兩朝篡奪皆託其名以欺人，真如兒戲。《文選》第三十六卷任彦升《宣德皇后令》一篇即是進衍爲相國，封十郡爲梁公，僞讓不受而假爲后令勸令受之也。

沈約勸殺巴陵王

《齊和帝紀》：「中興二年，遜位於梁。奉帝爲巴陵王。梁武帝欲以南海郡爲巴陵國邑而遷帝，以問范雲，雲未對，沈約曰：『不可。慕虛名受實禍。』於是遣鄭伯禽殺焉。」愚謂沈約《佛前懺悔文》云：「暑月寢卧，蚊虻嗜膚。手所殲殞，略盈萬計。手因怒運，命因手傾。爲殺之道，事無不足。又追尋少年，血氣方壯，習累所纏，事難排豁，淇水上宫，誠無云幾，分桃斷袖，亦足稱多。」約歷事齊朝，年至六十餘，乃爲梁武畫篡奪之策，又力勸帝殺其故主，其所爲如此，懺悔中何不及之，乃自認撲蚊虻、淫僮女諸罪乎？梁武帝本齊明帝之謀主，代爲定計，助成篡弑，《文學傳》：「吴均撰《齊春秋》，稱梁武帝爲明帝佐命，帝惡其實録，使中書舍人劉之遴詰問數十條，焚其書。」後竟弑其子東昏侯寶卷，僞立其弟寶融，而又弑之、篡之，并盡殺明帝之子寶源、寶修、一名寶攸，見《南齊書》。寶嵩、寶貞，又納東昏侯之妃吴氏、余氏以爲妃，乃捨身奉佛，以麵爲郊廟犧牲，一何可笑。宋明帝頗好玄理，引周顒入殿講論，帝所爲慘毒之事，顒輒誦佛經中因緣罪福之説，帝亦爲之小止，見《顒傳》。愚謂宋孝武帝二十八子，明帝殺其十六，尚云小止乎？奉佛者之謬如此。以宋明帝較梁武帝，則梁武差優。

《江革傳》：「梁武帝惑於佛教，朝賢多求受戒。革精信因果，而帝未知，謂革不奉佛法，乃賜革《覺意》詩五百字，云：『唯當勤精進，自彊行勝修。豈可作底突，如彼必死囚。』又手敕曰：『果報不可不信。』」愚謂帝之信果報，正爲於心有所不能釋然者，故欲以奉佛禳之，侯景之亂，一家慘戮，果報仍在。人慎勿作惡，惡非奉佛所能解也。蕭子恪，豫章王嶷之子，齊高祖之孫。梁武謂曰：「建武屠滅卿門，我起義兵，亦是爲卿兄弟報仇。」見《梁·子恪傳》。愚謂明帝子固應殺，梁武似未可爲應殺明帝子之人。

天監十三年，築淮堰以灌壽陽，役人死者既已不可勝計，堰成之後，又召還康絢，致堰復壞，緣淮城戍邨落十餘萬口皆漂入海，如緣坻之蟻，沈於流潦之中。帝之殘民命多矣，乃以不殺生爲奉佛，君子之於物也，愛之而不仁，於民也仁之，今恩足以及禽獸，而功不至於百姓，何與？

蕭氏世系

《南史·梁武帝紀》：「梁與齊同承淮陰令整，整生皇高祖鎋，鎋生皇曾祖副子，副子生皇祖道賜，道賜生皇考順之，於齊高帝爲始族弟。」案《齊高紀》亦從淮陰令整叙起，整生儁，儁生樂子，尚與副子排行，樂子生承之，承之生道成。竊疑道賜與順之似是倒誤，[一]

當爲副子生順之，順之生道賜，道賜於齊高帝爲始族弟，如此方合。六朝人兄弟排行者多也，雖姚思廉《梁書》與《南史》同，然大可疑。始族弟者，《齊·宗室傳》衡陽公諶、臨汝侯坦之皆高帝絶服族子。絶服族子謂始無服之姪，而始族弟則謂始有服之弟，緦麻兄弟也。《北史·劉芳傳》：「齊使劉纘至，芳之始族兄也。」始族兄弟較絶服族兄弟猶稍親，然則梁武與齊服屬尚近，以衍篡寳融，與以鸞篡昭文何異。既非更姓改物，何必易齊爲梁。夫齊武帝之統不可絶也，而鸞公然曰：「爲高帝第二子。」史作「第三子」，誤。假令梁武斥鸞而復爲齊高后，不易代號，則齊之建國凡七十九年，書之史册，不稍足觀乎？

《南齊書》三十八《蕭景先傳》景先爲太祖高帝道成之從子，而其祖名爰之，其父名敬宗。敬宗與道成爲兄弟，爰之與道成父承之爲兄弟，已可證蕭氏一門羣從自道字以上一輩皆以之字排行，然猶可云之字可不拘。同卷《蕭赤斧傳》赤斧爲太祖道成之從祖弟，而其祖名隆子，其父名始之，可見此二代皆以子字、之字排行，子字行下即是之字行無疑，斷非副子生道賜，道賜生順之也。[二]

《齊》、《梁》二書言漢相蕭何至太傅望之，望之至整，姓名爵里歷歷分明，不知《漢書·望之傳》但云東海蘭陵人，徙杜陵，家世以田爲業，不言何後，望之子育，自稱杜陵男子，何得如《齊》、《梁書》言世世居東海蘭陵直傳至整方渡江居武進爲南蘭陵人邪？顔師古已斥其非矣。然則《齊》、《梁書》叙蕭氏譜系附會錯謬正多。《梁書》叙望之至清陰太守闡，闡生吴郡太守冰，冰生中山相苞云云，「冰」，《齊書》作「永」。

校讀記

[一]李慈銘曰：「慈按：順之爲武帝父，名位顯赫，史文甚明，何得云誤？惟樂子、副子、道成、道賜，自是兄弟排行。蓋《梁書》叙世系於副子下脱去一代，其人亦當以『之』字系名，則順之乃高帝族子也。史稱順之爲齊高帝族弟，疑其文既脱，而後人妄改『子』字爲『弟』以實之耳。六朝子孫，數世以『之』字系名者屢見，不足怪也。」

[二]李慈銘曰：「然則道賜是何人乎？順之爲武帝父，《齊》、《梁》兩書及《南史》紀傳中不知幾見，何得據排行以强斷乎？王氏此條實不可解。」

梁武紀事南史較詳

《南史》於《梁高祖武帝紀》叙皇考順之事極詳，凡十六行，而《梁紀》所載不及兩行，此《南史》之勝於本書處。考順之以殺魚復侯子響爲齊武帝譴怒，以憂死，事見《齊·子響傳》。梁武語蕭子恪亦云：「我起義兵，自雪門耻。」[一]見《梁書·子恪傳》。自雪門恥，自是雪順之憂死之耻，因子恪是豫章王嶷之子，非齊武帝之子，故語及之。又《梁紀》但言「隆昌初，明帝輔政，起高祖爲寧朔將軍，鎮壽春。服闋，除太子庶子、給事黄門侍郎，入直殿省，預蕭諶等定策勛」，如此而已。《南史》則有帝爲齊明帝畫佐命秘策事，此正吴均據事直書，武帝惡其實録，遣人詰問，毁其書者也。自是實事。《梁》皆不載，此又《南史》之遠勝本書處。通計此篇，《南史》多四五百字，竊謂《梁武紀》一篇，《南史》所添疑神見鬼語，此李延壽之恒態，誠無足取，其他所添頗有功。予於延壽惡而知其美也。若向來人推重其遠過本書，彼實未嘗將兩邊對勘一番，隨聲附和耳食而已。

順之以子響謀反，奉齊武帝令討之，子響死而齊武悔殺子響，反歸怨於順之，譴責之，順之以憂死，故梁武助齊明帝，爲之謀主，代畫篡奪之策，傾齊武之嗣，此爲父報仇也。又梁武之兄長沙宣武王懿有平崔慧景大功，東昏侯聽羣小讒譖，忌其功高，又慮其廢立，無故殺之，梁武起兵誅東昏，廢其子，立其弟，而旋篡之弑之，此又爲兄報仇也。梁武之於齊，約略如伍員之於楚。[一]

校讀記

[一]李慈銘曰：「慈案：『自雪門恥』下云『亦爲卿家兄弟報仇』，是梁武明言所殺皆齊明帝之子，故爲高武子孫報仇也。王氏云云，似未見下文，一何粗疏乃爾。」

［二］慈銘案：「梁武所謂『自雪門恥』者，雪其兄懿冤死之耻也。觀其所殺，皆齊明諸子，而不及高武子孫，可見無憾於武帝矣。至爲明帝畫佐命策，乃六朝常事，以此爲復父仇，恐非本心。若《南史·梁武紀》有『欲助齊明傾齊武之祚，以雪家憤』云云，恐是延壽附會。」

梁武帝生年

《梁武帝紀》：「宋孝武大明元年，歲次甲辰，生帝於秣陵縣同夏里三橋宅。」「元年」，《梁書》作「八年」，是。

百僚致敬

《梁書》：「宣德皇后令授高祖中書監、都督揚南徐二州諸軍事、大司馬、録尚書、驃騎大將軍、揚州刺史，封建安郡公，食邑萬户，給班劍四十人，黄鉞、侍中、征討諸軍事並如故，依晉武陵王遵承制故事。」此下《南史》有「百僚致敬」一句，《梁書》無。觀其下文「宣德皇后臨朝，入居内殿。拜帝大司馬，解承制」之下，《南》與《梁》各有「百僚致敬如前」一句，則知上文一句不可少，《南史》爲得。若各書中都督某某幾州諸軍事某州刺史，《南史》一槩改爲都督某州刺史，爲欲省此幾字，生出種種語病，使讀者不明，甚至「都督揚南徐二州諸軍事」一句亦爲删削，直作「都督揚州刺史」，尤屬大謬，别見。

梁武即位事梁書南史叙次不同

《梁紀》天監元年四月，既書即位，告天下，大赦，改元，普加賜賚恩澤，其下書追尊皇考妣，追謚妃郗氏，其下書追封兄懿、敷弟暢、融爲王，其下書「封文武功臣夏侯詳等十五人爲公侯」，其下書「封弟宏等爲王」，其下書「加領軍將軍王茂鎮軍將軍，以中書監王亮爲尚書令、中軍將軍，相國左長史王瑩爲中書監、撫軍將軍，吏部尚書沈約爲尚書僕射，長兼侍中，范雲爲散騎常侍、吏部尚書」，其下書放遣後宫樂府、西解暴室拘逼幽厄者，其下書：「車騎將軍高句驪王高雲進號車騎大將軍，鎮東大將軍百濟王餘大進號征東大將軍，安西將軍宕昌王梁彌頜進號鎮西將軍，鎮東大將軍倭王武進號征東將軍，鎮西將軍河南王吐谷渾休留代進號征西將軍。」此内惟封兄懿等之下，即應繼以封弟宏等，乃以封文武功臣一節間厠于其中爲不可解，其餘所書似有條理。《南史》改爲大赦改元恩澤之下，即繼以進王亮、沈約官，其下繼以封弟宏等爲王，其下繼以放遣後宫、封外國諸王，其下雜叙他事甚多，自此以上並是四月一月内所行，其下書閏月。是年閏四月也。閏月凡三事，首書以行宕昌王梁彌邕爲安西將軍、河涼二州刺史，正封宕昌王，次書正憲綱詔，末〔二〕乃書追尊皇考妣，諡郗氏。輕重緩急先後之次，實出情理之外。諸臣進位自當在封兄弟之後，乃反在其前，至追尊考妣及元妃并在放遣後宮、封外國諸王之後，相距甚遠，乍觀之，無不疑延壽妄改者。考《南史》於《長沙宣武王懿傳》云：「天監元年，追崇丞相，封長沙郡王，諡曰宣武，給九旒鑾輅、黄屋左纛，葬禮依晉安平王故事。懿名望功業素重，武帝本所崇敬，帝以天監元年四月丙寅即位，是日即見褒崇。戊辰乃始贈第二兄敷、第四弟暢、第五弟融，至五月，有司方奏追皇考皇妣尊號，遷神主于太廟，帝不親奉，命臨川王宏侍從。七月，帝臨軒，遣兼太尉、散騎常侍王份奉策上太祖文皇帝、獻皇后及德皇后尊號。既先卑後尊，又臨軒命策，識者頗致譏議焉。」然則《梁書》因梁代史臣諱飾，延壽别有所據，當以《南史》爲正，但《南史》止書封弟宏等，其封兄懿等弟暢等不載，何意？封夏侯詳等亦不載，又何意？進位有王亮、沈約，删王茂、王瑩、范雲，又何意？外國加號有高麗、百濟、倭，删宕昌、吐谷渾，又何意？若云西北非南朝所能封，何以下文仍有宕昌，任意去取，仍屬大謬。凡人無學則心粗，小有才則膽大，延壽學淺心粗極矣，幸其無才，膽不甚大，〔二〕未敢憑臆欺人，但以描頭畫角了事，間有有據而增改者，尚爲有益而可信。

王亮改爲以兼尚書令爲尚書令，沈約改爲以兼尚書右僕射爲尚書僕射，皆不同，未知孰是。《梁書》「尚書僕射長」，「長」字疑衍。

校讀記

［一］「末」原誤作「未」，今改正。

［二］李慈銘曰：「慈案：《南》《北史》固不得爲良史，然亦何至如此醜詆，王氏之言毋乃太過。」

删沈約去職句

《梁書》於《武帝紀》天監二年春正月乙卯，以尚書僕射沈約爲尚書左僕射，吏部尚書范雲爲尚書右僕射。夏五月丁巳，尚書右僕射范雲卒。六月甲午，以中書監王瑩爲尚書右僕射。冬十一月乙亥，尚書左僕射沈約以母憂去職。三年春正月癸丑，以尚書右僕射王瑩爲尚書左僕射，太子詹事柳惔爲尚書右僕射，前尚書左僕射沈約爲鎮軍將軍。約之爲鎮軍將軍乃其進號，《南史》删去似尚可，其删去「以母憂去職」一句則非。

臨川王喪師

《梁紀》「天監四年十月，北伐，以中軍將軍、揚州刺史臨川王宏都督北討諸軍事」云云，愚謂是役也，喪師辱國，皆臨川一人爲之。試觀其下文，於明年三月有劉思效之捷，五月有張惠紹、韋叡、裴邃、桓和等之捷，［一］自去年十月出師以來，所向皆克也。至九月，以都督北討之臨川王挫置乖方，怯懦無能，師以大潰。《南史》於三月、五月等捷皆不書，未免太略，而於九月大潰而還則書之，《梁書》乃詳書其攻拔諸城，而於臨川王之大潰逃還則竟諱而不書，大約如姚思廉輩修史，悉以當日史臣紀載爲粉本，己所增改甚少，惟《通鑑》一百四十六卷書臨川喪師之罪最得其實，且《南史》臨川本傳言其惡逆多端，全無人理，實爲罪不容誅，《梁書》本傳大加褒美，已爲可笑，乃於《本紀》亦遂諱其惡如此，異哉！

校讀記

[一]《梁書·武帝紀》書桓和之捷於六月。

各帝書諱

《梁書》：「天監五年正月，立皇子諱爲晉安王。」簡文帝綱也。愚謂《梁書》於諸帝名皆稱諱，紀中甚多，不悉出。此書唐人所修，何必如是？《南史》直書爲得。

大舉北侵

「天監七年冬十月丙子，詔大舉北侵」，愚謂梁與魏爲敵國，而《南史》於「北伐」改爲「北侵」。「中大通二年夏六月丁巳，遣魏汝南王悦還北主魏。庚申，以魏尚書左僕射范遵爲司州牧，隨悦北侵」，此「侵」字，《梁書》紀作「討」，亦是《南史》所改。李延壽之意以北爲正，南爲僞也。

開府儀同三司

「天監十一年冬十月己酉，降太尉、揚州刺史臨川王宏爲驃騎將軍、開府同三司之儀。十二年秋九月，以司空王茂爲驃騎將軍、開府同三司之儀。十四年夏四月丁丑，驃騎將軍、開府同三司之儀、江州刺史王茂薨」，其他尚有見者甚多，今不悉出。愚考儀同三司，從來以此作官名，三司者司徒、司馬、司空，即三公，謂儀與之同也。今改爲「同三司之儀」，義固可通，但其文特殊，甚覺無謂。《梁書》如此而《南史》仍其謬。[一]各書中如此者似亦有，未能詳考。

校讀記

[一]王懋竑《讀書記疑》卷八《南史》云：「儀同三司，歷代以爲官名，《梁書》於臨川王宏及王茂俱云同三司之儀，意雖不異而於前後則不合矣。《南史》因之，蓋偶未察耳。」

號取寺名詔用佛語

「大通元年正月，開大通門，對同泰寺南門，取反語以協同泰」，「大同十一年七月，詔民用九佰錢，佰減則物貴，佰足則物賤，非物有貴賤，是心有顛倒」，[一]此佛語也。夫紀年建號而取寺名，行政下詔而用佛語，帝之流蕩甚矣。自創同泰寺，時時設講，歲歲鑄像，甚且捨身，乃中大同元年，此寺遽被天灾，化爲一炬，侯景尚未來降，而天意已如此，佛不足信明矣。

校讀記

[一]按事見中大同元年七月，「大同」前脱「中」字。

爾朱榮復據洛陽

《梁書·武紀》：「大通二年十月，以魏北海王元顥爲魏主，遣東宫直閣將軍陳慶之衛送還北。中大通元年五月，尅大梁，尅武牢城。魏主元子猷[一]棄洛陽，走河北，元顥入洛陽。閏六月，魏爾朱榮攻殺元顥，復據洛陽。」「復據洛陽」四字，《南史》作「京師反正」，竊謂作史自有體裁，此本梁人與元顥通謀，欲取洛陽，使陳慶之帥兵往，與元顥共事，斯時元顥亦幾爲梁臣矣。北魏主出奔矣，乃爾朱榮攻殺元顥，而洛陽復爲魏有，魏主還宫，故《梁書》書之曰「復據洛陽」，蓋既作《梁書》，則應以梁爲主也。《南史》乃云「京師反正」，夫謂之京師，誰曰非京師，謂之反正，誠可云反正，但此語如何書之於《南史》本紀乎？詞氣大不倫矣。李延壽以北爲正，但既南北分列，而措詞如此，一何武斷，爾朱何物，不必加以美名，當以《梁書》爲得。

梁武一意取魏，奄有南北，當天監中尚未鋭志於此，及後魏事日衰，而帝心愈侈，一改普通，二改大通，三改中大通，四改大同，五改中大同，觀其號，其心可見。無奈魏衰而齊周並興，梁不能取，陳慶之喪師，單騎逃回，復加封賞，如此用人，豈能成功？

校讀記

［一］「子猷」應作「子攸」。子攸，北魏孝莊帝名。《梁書》諸本均誤。

左隣

《梁紀》元帝論曰：「以世祖《梁》稱世祖，《南》稱元帝。神睿特達，留情正道，不怵邪説，徙蹕金陵，左隣彊寇，將何以作。」西魏在江陵之西，何以言左隣？《敬帝紀》末魏徵總論曰：「元帝怵於邪説，即安荆楚。雖元惡克翦，社稷未寧，而西隣責言，禍敗旋及。」意與前論正同，

「左隣」當作「西隣」。

或疑西魏在江陵之西，而江陵當與北齊連界，西魏則又在北齊之西矣，當元帝承聖三年十一月，西魏攻江陵，歲次甲戌，時西魏恭帝廓元年，實宇文泰執權統事，而是年亦北齊文宣帝高洋天保五年，齊與西魏爲仇，而齊人方睦于梁，西魏人何得越齊而攻江陵？考江陵，今湖北荆州府治，北則襄陽府，又北與河南南陽府接，南陽府之西北則與河南府接矣。南陽，河南地，梁末大約皆爲北齊之西南邊境，而齊都在鄴，遠隔河北，不能遏周師，若襄陽則彼時已爲蕭詧所據。見《周書》十五卷《于謹傳》。詧因元帝殺其兄河東王譽結仇，導周師以入，周人出潼關，由新安一路向東南行，不過千餘里，可至襄陽矣，若從北道鄖陽府來，亦可抵襄陽，然皆山險，周人行師必不取此路。

梁紀論稱鄭文貞公

李延壽論贊全是勦襲，不以爲耻，獨於《梁紀》末稱鄭文貞公論云云，姚思廉、魏徵本無差别，姚則奪之，魏則讓之，于意云何？

陳高祖其本甚微

《陳書·高祖紀》直云「漢太丘長陳寔之後也」，以下歷叙世系，此與宋祖漢、蕭祖何同，不足爲異。《南史》乃云「其本甚微，自云漢太丘長」云云，夫謂之甚微，誰曰非微者，謂之自云，實衹自云耳。但於劉、蕭獨不用此兩句輕薄語，厚於彼苛於此，吾所未喻。

劉、蕭、陳三帝世系皆當日史官緣飾，沈約、蕭子顯、姚思廉一槩因仍不改，所以劉則從劉交起，蕭則從蕭何起，陳則從陳寔起，歷歷鋪叙，三家如出一手，李延壽覺之，欲矯其失，乃三處分作三種筆墨，事同而例異，胸中擾擾，本無定見，率爾操觚，所以至此。於劉則仍用沈約漢楚元王交叙起，其下卻盡削去，直從皇祖叙起，竊謂人家墓誌品官封贈皆有三代，何至帝王無曾祖名？蕭則盡削去蕭何云云、望之云云，從皇高祖叙起，陳則先下輕薄兩句，其下卻直抄《陳書》，歷歷鋪叙，共十四代，無一删者，愚謂惟叙蕭氏最得法，宜依此一律。

東揚州刺史

《陳高祖本紀》：「侯景廢簡文，立豫章嗣王棟，帝遣兼長史沈衮奉表於江陵勸進，承制授帝東揚州刺史，領會稽太守。」案江陵，元帝也。姚思廉《陳書》作「承制授高祖使持節、都督會稽東陽新安臨海永嘉五郡諸軍事、平東將軍、東揚州刺史，領會稽太守、豫章内史，餘並如故」，若依《南史》例，當作「都督東揚州刺史」，今但云「東揚州刺史」，則與其平日所立都督、刺史書法之例又變矣，李延壽胸無定見，下筆時率爾而已。

大寶三年

《南史·陳高祖紀》：「三年，帝帥師發自豫章。」此帝從嶺外入討侯景也。《陳書》略同。此三年謂大寶三年也。大寶本無三年，簡文帝已於去年被弑矣，是年實元帝之承聖元年，但爾時尚未即位，事無所繫，史家姑就陳高祖語，故書大寶三年。

改大寶爲承聖

《陳書·高紀》：「湘東王即位於江陵，改大寶三年爲承聖元年。」湘東王未嘗稱大寶號也，當日所改實稱太清六年，此書法是在《陳高紀》，不得不依陳高語，讀者宜善會。《通鑑》一百六十四卷書此事，胡三省注云：「改太清爲承聖。」《梁書·世祖元帝紀》云：「大寶元年，世祖猶稱太清四年。」自此以下，每年皆如此書之。

陳高祖害王僧辯

「承聖二年，陳霸先爲南徐州刺史，鎮京口，王僧辯鎮石頭城。三年十一月，魏陷江陵，元帝被殺，霸先、僧辯奉元帝子晉安王方智承制于建康。明年三月，齊送貞陽侯淵明還主社稷，王僧辯納之，淵明即位，改元天成，以晉安王爲皇太子，霸先固争以爲不可，不從，憤嘆曰：『嗣主高祖之孫，元皇之子，竟有何事，坐致廢黜，假立非次，此情可知。』九月壬寅，霸先夜發南徐州討僧辯。甲辰，至石頭，僧辯就禽，縊殺之。廢貞陽侯，奉晉安王即位，改元紹泰，是爲敬帝。」愚謂霸先與僧辯同起兵討侯景，侯景之滅，僧辯之力爲多，奉立方智，兩人亦同其功，淵明之納，迫於齊人，不得已耳，霸先借此爲名，譎而害之心乎？篡梁所忌者，惟僧辯故也。與劉裕殺劉毅情事如一。憤嘆之言，乍觀之似若發於忠義者，試問霸先後日篡弑高祖之孫、元皇之子，竟有何罪乎？猜忍乃爾，固宜身嬰焚骨之慘，見《孝行·王頒傳》。子罹溺江之酷也。見《陳·諸王傳》。

僧辯威名久著，陳高特嶺外一荒徼將領，征景之時，本是僧辯主兵，陳高特其副貳，平景之後，兵權皆在僧辯，僧辯鎮石頭，陳高鎮南徐，威聲勢位在其下，未能相及，忌之極矣。僧辯竟認作同心合力之人，不相疑猶可，納淵明既執異議，尚不防制，全無備禦，霸先從南徐猝然而來，僧辯束手就縛，如在夢中。僧辯老於兵事，屢破强敵，此時建康全局皆入掌握，若稍稍知備，何成擒如此之易邪？以納淵明爲假立，霸先之使方智返正，假乎，真乎？此情可知者，一若僧辯有篡情，而霸先破其奸謀，倘此言出王琳一輩人口，幾令人以爲忠梁矣，奈自作地步何？《戰國策》樓緩述公甫文伯母之言，母言之爲賢母，婦言之爲妬婦，令人捧腹絶倒。

霸先使侯安都夜潛至石頭城下，僧辯不之覺，雉堞不危峻，安都被甲帶刀，軍人捧之投女垣内，衆隨入，遂直逼僧辯卧室，見《陳書·安都傳》。此種舉動與吕蒙之白衣摇櫓作商賈服譎取關公，同一盗賊伎倆。

九錫禪位即位等文

《陳紀》載梁敬帝九錫詔曰：「彊臣放命，黜我沖人，顧影於荼孺之魂，甘心於寧卿之辱。却按下髻，求哀之路莫從；竊鈇逃責，容身之地無所。公神兵奄至，不日清澄，惟是孱蒙，再膺天録。」又策曰：「群胡孔熾，藉亂乘間，推納藩枝，盗假神器。冢司昏撓，旁引寇仇，既見貶於桐宫，方謀危於漢閣。皇運已殆，何殊贅旒，中國摇然，非徒如綫。公赫然投袂，匡救本朝，復莒齊都，平戎王室。朕所以還膺寶歷，重履宸宫。」又禪位詔曰「爰至天成，重竊神器」云云，又策曰「乃衆天成，輕弄龜鼎」云云，「彊臣放命，冢司昏橈」云云，指王僧辯納蕭淵明，改元天成，立敬帝爲太子也。文皆徐陵作，載《文集》。前此陵在齊，爲淵明與僧辯書，往復數千言，論淵明宜歸爲梁主，亦載《文集》，至此則自相背矣。此紀下篇即位告天文亦陵作，有云：「承聖在外，非能祀夏，天未悔禍，復罹寇逆，嫡嗣廢黜，宗枝僭祚，天地蕩覆，紀綱泯絶。」前不過詈淵明，此則并斥元帝矣。文人筆端顛倒如此。

王琳奉蕭莊

《南史·陳紀》：「高祖永定二年三月，王琳立梁永嘉王蕭莊以奉梁後，即位於郢州。」考何之元以陳臣修《梁典》，爲蕭莊作《後嗣主紀》，見《陳書·文學傳》。《梁書》與《南史》去之。愚謂梁末忠臣惟王琳、王僧辯二人，忠于梁，實忠於元帝者，琳奉蕭莊，僧辯納蕭淵明，欲力存梁祀之心同。琳不得已而歸齊，心雖可諒，不如僧辯之死於陳霸先手爲得死所。僧辯奉淵明，乃武帝兄懿之子，係旁支，雖仍立敬帝爲太子，不如琳奉莊是元帝嫡長子方等之子，所奉較爲得正。

陳文帝尊皇太后

《陳文帝紀》:「永定三年六月丙午,武帝崩,皇后稱遺詔,徵帝入即位。秋七月丙辰,尊皇后爲皇太后。」案文帝乃武帝之姪,武帝惟有一子衡陽王昌,在荆州爲西魏所俘入周,文帝既立而昌乃還,文帝使人殞之江中,見《陳諸王傳》。文帝尊皇太后詔,徐陵所撰,詞云:「朕以虚薄,竊守籓維。皇嗣元良,邈在崤渭。二臣奉迎,淹留永日。今國圖無主,家業事隆,升纂帝基,彌增號懼。若中流静宴,皇嗣歸來,輒當解紱箕山之陽,歸老琅邪之國。復子明辟,還承寶圖。若問與夷,無愧園寢。」吁,文帝之愧此詔甚矣。此文正宜載入本紀,《陳書》既不采,《南史》又不能補。

北周爲正

《陳本紀》永定三年書「齊文宣殂」,天嘉元年書「周明帝崩」,李延壽意以北周爲正,北齊爲僞,蓋唐承隋,隋承周故也。

陳文帝無年數

《陳書》本紀，世祖文帝之崩獨不言年數，《南史》同。即如其子廢帝，僅二年而廢，尚有年數，在帝何以獨無？姚察身爲陳臣，修《陳書》無容不知，此不可解。《建康實録》亦獨闕陳文帝年數。

伯宗凶淫

《陳廢帝紀》「光大二年，慈訓太后令曰：『伯宗昔在儲宮，本無令問，及居崇極，遂騁凶淫』」云云，愚謂文帝奪衡陽王昌之位而殺之，崩後骨肉未寒，其子伯宗即爲弟頊所廢而代立，改元太建，是爲宣帝。以伯宗之仁弱而目爲凶淫，欲加之罪，何患無詞。太建二年四月，伯宗遽薨，年十九，果良死乎？

《陳紀》論廢帝「混一是非，不驚得喪，蓋帝摯、漢惠之流」，甚確。紀中載慈訓太后令，比《南史》爲詳，臚列罪狀皆屬虚誣。紀末載世祖即文帝。疾大漸，召高宗，即宣帝。欲遵太伯事。論末又謂「世祖知神器之重，諒難負荷，深鑒堯旨，弗傳寶祚」，此沿陳代史臣曲筆，其實文帝何常不傳位廢帝，宣帝奪之耳。《南史》於紀末[一]删文帝遺命，似有裁斷，乃論末又謂文帝法殷傳弟，則仍是矮人看場之見。

校讀記

[一]「末」原誤作「未」，今改正。

淮南

《陳書·宣帝紀》：「梁室喪亂，淮南地併入齊，高宗太建初，志復舊境，乃運神略，授律出師，至於戰勝攻取，獻捷相繼，遂獲反侵地，功實懋焉。及周滅齊，乘勝略地，還達江際矣。」愚謂此段宜著眼觀淮南數百里間梁、陳、周、齊地理沿革，大略可見，而委曲則難以詳考。

陳氏子弟安全

《陳後主紀》叙至亡國被俘至隋之下云：「隋文帝以陳氏子弟既多，恐京下爲過，皆分置諸州縣，每歲賜以衣服以安全之。」愚謂隋文帝篡周，盡滅宇文氏之族，與蕭道成同，乃毒於周而獨慈於陳，何也？周，其得位所從來，心所最忌；陳，俘虜之餘，不爲嫌耳。後煬帝又以陳後主第六女媯爲貴人，絶愛幸，悉召陳子弟至京官之，亡國之後，陳爲多幸矣。

十七史商榷卷五十六

南史合宋齊梁陳書四

南北史志

偶見近儒考史者，内有一條曰：「《金史・蔡珪傳》珪合沈約、蕭子顯、魏收《宋》、《齊》、《魏》三書作《南北史志》，惜已亡失。然《梁》、《陳》與《北齊》、《後周》各志皆已收入魏徵《隋書》，不知當時曾彙而成志否？」愚謂蔡珪之書料無足觀，其亡亦不足惜。

宋志叙首誤

《宋書》志叙首文多樛葛，如《史記》有《貨殖傳》，班氏因之，《史記》有《河渠書》，班改名《溝洫志》，此何乃言班氏「易《貨殖》、《平準》之稱，革《河渠》、《溝洫》之名」乎？古人文義疏拙，詞不能達意，往往如此，唐人漸明順，自宋以下則更了了矣。

宋志詳述前代

從來史家作志之體，惟詳當代，前事但於每志叙首略述，以爲緣起而已。惟沈約《宋書》志述魏晉甚詳，殆意以補之，猶唐作《隋書》，并南北朝制度皆收入志也。但陳壽不作志，固宜補，《晉書》則予前於第四十三卷備考原委，各家雖似皆未有志，而王隱則有志，觀《州郡志》所引可見，但非晉全書，若臧榮緒則固晉全書，明明有志矣。約詞人尚華藻，榮緒詩賦文筆皆不傳，意者守樸愛素，爲約所鄙故邪？然約又自作《晉書》，卷數之緐與榮緒等，必有志矣，何煩補也？考約《自序》，作《晉書》本在《宋書》之前，則更無庸冗贅矣。今之《晉書》唐人改修，并非榮緒與約之舊，予讀《宋志》與《晉志》犯複者頗多，蓋典故只有此，固不能憑空别造，彼此兩載，殊恨其徒煩簡牘也。

高堂隆改正朔議

《宋·禮志》魏高堂隆改正朔議曰：「《易通卦驗》曰：『王者必改正朔，易服色，以應天地三氣三色。』《書》曰：『若稽古帝舜曰重華，建皇授政，改朔。』」「《書》曰」下當更有一「曰」字，傳寫脱落。此高堂隆所引《尚書》逸文，只可存疑。[二]蓋孔壁所得古文《尚書》增多二十四篇，其中本有《舜典》，魏時未經永嘉之亂，或高堂隆得見之，亦未可知，但東晉晚出古文分「慎徽」以下爲《舜典》，實皆《堯典》也。姚方興又造「曰若稽古帝舜曰重華協於帝」十二字冠之，梁武時爲博士議曰伏生所合等篇，既云以文相承接而誤，若《舜典》有「曰若稽古」，伏生雖惛眊，何容合之？厥後劉炫又造「濬哲」等十六字，固不必論，而如梁武議，知「慎徽」直至「陟方」本皆《堯典》矣。近儒又欲取高堂隆所引冠于月正元日之上，以爲《舜典》，則愚更不能知其爲何說也。[二]

陳壽于《高堂隆》評中許其忠，而特指摘其欲改正朔一事，以爲意過其通，故于傳中及此事甚略，而于此議盡削不載。

校讀記

[一]按西莊以此爲《尚書》逸文者非是。《廿二史考異》卷二十三云：「考《太平御覽》八十一卷引《尚書中候·考河命》篇云：『曰若稽古帝舜曰重華，欽翼皇象。』又李善《文選》注引《尚書中候》云：『建黄授政改朔。』是此一十五字皆出《中候》，高堂隆所引偶脱『中候』二字。」

[二]李慈銘曰：「近儒云云，蓋指閻氏若璩。閻氏《古文尚書疏證》似有此説，客中無此書，姑取輝按：『取』疑當作『識』。于此。辛酉三月，慈銘識。」輝按：西莊所謂近儒蓋指朱彝尊，見《經義考》卷二百六十。李慈銘誤記。

宋禮志淆亂粗疏

《宋·禮志》第一卷始言正朔及所尚之色，次言冠禮，次言昏禮，次拜皇后三公冠皇太子拜藩王儀，朝會儀，次朝日儀，次殷祭儀，次祭大社儀，次耕耤儀，次太學，次治兵，已覺錯襍。至第二卷中所叙更爲淆亂無章，第三卷載永初元年即位告天策文，已載本紀，又複見於《禮志》，不但複前史，本書又自相複，更覺粗疏。

魏人七廟

「魏明帝太和三年六月，又追尊高祖大長秋曰高皇，此下脱「帝」字。夫人吴氏曰高皇后，並在鄴廟廟所祠」，則文帝之高祖處士、曾祖高皇、祖當作「皇高祖」。太皇帝共一廟。考太祖武皇帝特一廟，百世不毁，然則所祠止於親廟四室也。至明帝太和三年十一月，洛京廟成，則以親盡遷處士主，置園邑，使令丞奉薦，而使行太傅太常韓暨、行太廟宗正曹恪持節迎高皇以下神主共一廟，猶爲四室而已。至景初元年六月，羣公有司始更奏定七廟之制，曰：「大魏三聖相承，以成帝業。武皇帝肇建洪基，撥亂夷險，爲魏太祖。文皇帝繼天革命，應期受禪，爲魏高祖。上集成大命，清定華夏，興制禮樂，宜爲魏烈祖。」更於太祖廟北爲二祧，其左爲文帝廟，號曰高祖，昭祧；其右擬明帝號曰烈祖，穆祧。三祖之廟，萬世不毁，其餘四廟，親盡迭遷，一如周后稷、文、武廟祧之禮。《通鑑》第七十一卷書此事云：「太和三年十一月，洛陽廟成，迎高、太、武、文四神主於鄴。」胡三省註：「高帝漢人長秋曹騰，太帝漢太尉曹嵩。裴松之曰：『魏初唯立親廟四祀四室而已，至景初元年始定七廟之制。』」愚謂魏人欲仿周七廟，無如閹宦凶醜，乞丐攜養，斷不能奉爲不毁之祖，只得當叡世，强以操、丕及己身充后稷、文、武，但景初雖立制，亦只豫作地步，直至齊王芳方能備七世，而節、騰、嵩、操、丕、叡亦只六世，所謂節者，即所謂文帝之高祖處士也。節之父則何名乎？名且無之，事蹟更茫茫矣。在當時想必代爲追造一名，而史文不載，亡是公、烏有先生，誠堪嘔噱。

禮志與本紀不合

「宋武帝初受晉命爲宋王，建宗廟於彭城，依魏晉故事，立一廟。初祠高祖開封府君、曾祖武原府君、皇祖東安府君、皇考處士府君、武敬臧后，從諸侯五廟之禮也。既即尊位，乃增祠七世右北平府君、六世相國掾府君爲七廟」，本紀皇考翹爲郡功曹，此云處士，不合。又此言七世、六世，皆以連己身數，而追溯其上爲七、爲六，與《漢·孔光傳》同，與以裕爲楚元王二十一世爲不合。

符瑞不當臚列前代

《五行志》本《洪範五行傳》，臚列《春秋左傳》災異，并及秦漢下事，以爲應驗。凡唐以前各史類然，此乃不得不如此，然已覺饒舌可厭。至於符瑞，本不當有志，即欲志之，亦惟志一代可耳，前事但於叙首中略述以爲引子足矣，沈約乃直追溯至五帝三代，一一臚列之，枝蔓斯極。

十七史商榷卷五十七

南史合宋齊梁陳書五

州郡叙首言漢制誤

《宋書·州郡志》叙首言：「漢武帝開地斥境，南置交趾，北置朔方，改雝曰涼，改梁曰益，連舊所有之冀、幽、并、兗、青、徐、揚、荆、豫，凡爲十三州，而司隸部三輔、三河諸郡。東京無復朔方，改交趾曰交州，凡十三州，司隸所部如故。」案西漢十三州，數司隸不數朔方，此志乃數朔方，而以司隸在十三州之外，誤與《晉書》同，説已見前第十四卷。東漢既已省朔方，則當言凡十二州，連司隸爲十三部矣。今乃仍言凡十三州，而亦以司隸爲在外，則更誤中之誤，爲有此大誤，下文言魏、蜀、吴、西晉州數皆誤，作多一州筭。

宋志據大明昇明

沈約《宋・州郡》大校以大明八年爲正，内史侯相則以昇明末爲定，此亦法班固《地理》之據元始、司馬彪《郡國》之據永和也。内史侯相必以昇明爲定者，分封王侯國，昇明方備也。

南北地理得其大槩不必細求

晉武帝天下一統，爲二十州，司、冀、雝、涼、秦、青、并、兗、豫、幽、平、徐、揚、荆、江、梁、益、寧、交、廣也。後南北分裂，新置之州更多，展轉改易，迷其本來，況又有每州各自析爲南北，再加以僑置、寄治之名，糾纏舛錯，不可爬梳，其勢然也。《宋書・志》總叙首云：「地理參差，事難該辨。魏晉以來，遷徙百計，一郡分爲四五，一縣割成兩三，或昨屬荆、豫，今隸司、兗，朝爲零、桂之士，夕爲廬、九之民，去來紛擾，無暫止息，版籍爲之渾淆，職方所以不能記。自戎狄内侮，有晉東遷，中土遺氓，播越江外，幽、并、冀、雝、兗、豫、青、徐之境，幽淪寇逆。自扶莫而裏足奉首，免身於荆、越者，百郡千城，流寓比室。人佇鴻雁之歌，士蓄懷本之念，莫不各樹邦邑，思復舊井。既而民單户約，不可獨建，故魏邦而有韓邑，齊縣而有趙民。且省置交加，日回月徙，寄寓遷流，迄無定託，邦名邑號，難或詳書。大宋受命，重啓邊隙，淮北五州，翦爲寇境，其或奔亡播遷，復立郡縣，斯則元嘉、泰始，同名異實。」此段論作志惟地理最難，又《州郡志》叙首云：「地理參差，其詳難舉。寔由名號驟易，境土屢分，或一郡一縣，割成四五，四五之中，亟有離合，千回百改，巧曆不筭，尋校推求，未易精悉。」此段即總叙意而言之重複如此，約身居齊梁猶如此，況去之又千餘年乎？得其大槩可耳，不必細求。

宋州郡所據諸書

《宋書·州郡志》云「今以班固馬彪二志、太康元年定户、王隱《地道》、晉世《起居》、《永初郡國》、何徐《州郡》及地理雜書，互相考覆」云云，又云「今唯以《續漢·郡國》校《太康地志》，參伍異同，用相徵驗」云云，太康，晉武帝號，元年定户，當即下所謂《太康地志》之一門也。王隱《晉書》已詳前《晉書》中，觀此則知隱書有志，志中有《地道志》也。「起居」下省「注」字也。何是何承天，徐是徐爰，志中所引有董覽《吴地志》，有《永寧地志》，永寧，晉惠帝號。有賀《續會稽記》，有《吴記》，有張勃云，即《吴録》，而志或稱張勃云，或稱《吴録》。又有《晉地記》，《太康地志》，志中往往稱《太康地記》，此《晉地記》未知即《太康地記》否。又有《廣州記》，即所云

「地理雜書」也。

揚州刺史治所

揚州刺史一條下云：「前漢刺史未有所治，沈約自注：「它州同。」後漢治歷陽，魏晉治壽春，晉平吴治建業。」案沈約所舉揚州刺史治所尚未備，馬端臨《文獻通考》卷首自序云：「漢分天下爲十三州，晉分州爲十九，實不止十九。自後爲州寖多，建治之地亦不一所，姑以揚州言之，自漢以來，或治歷陽，或治曲阿，或治合肥，或治建業，而唐始治廣陵。」馬所舉又漏却壽春。愚考歷陽、壽春、合肥三縣，《漢・地理》、《續漢・郡國》皆屬九江郡。與今江西九江府無涉。歷陽今爲安徽布政司直隸和州，壽春今爲壽州，屬安徽鳳陽府，合肥今爲安徽廬州府治，《續漢》於歷陽下司馬彪自注云：「刺史治。」壽春下劉昭注云：「《漢官》云刺史治，去雒陽千二百里，」與志不同。《漢官》當即衛宏作，疑是後漢初制，而司馬彪則據永和也。至馬端臨又以爲在合肥者，《三國・魏志・劉馥傳》：「孫策所置廬江太守李述攻殺揚州刺史嚴象，太祖方有袁紹之難，謂馥可任以東南之事，遂表爲揚州刺史。馥受命，單馬造合肥空城，建立州治，數年中，恩化大行，興治芍陂及茹陂七門。吴塘諸堨以溉稻田，又高爲城壘，爲戰守備。」又《滿寵傳》：「太和三年秋，曹休從廬江南入合肥。是歲休薨，寵以前將軍代都督揚州諸軍事。四年，拜寵征東將軍。其冬，孫權揚聲欲至合肥，寵表召兗豫諸軍皆集，賊尋退，寵以爲今賊大舉而還，必欲僞退以罷吾兵，表不罷兵。後十餘日，權果更來，到合肥城，不克而還。時權歲有來計，青龍元年，寵上疏曰：『合肥城南臨湖，北遠壽春，賊攻圍之，得據水爲勢，宜移西三十里，有奇險可依，更立城以固守，引賊平地而掎其歸路。』詔聽。其年權自出，欲圍新城，以其遠水，積二十日不敢下船。寵謂諸將曰：『權得吾移城，大舉來，雖不敢至，必當上岸耀兵，以示有餘。』乃潛遣步騎六千，伏肥城隱處以待之。權果上岸耀兵，寵伏軍卒起擊之，斬首數百。明年，權自將，號十萬，至合肥新城，寵馳往赴，放火燒賊攻具，射殺權弟子孫泰，賊引退。」然則揚州刺史治合肥乃漢季建安及魏制也。又云在曲阿者，樂史《太平寰宇記》云：「案輿地志，曲阿縣雲陽，地屬朱方，南徐之境。」在今日爲江蘇蘇松等處布政司鎮江府所屬丹楊縣，此處本無丹楊之名，而唐人忽改稱之，想必因揚州刺史曾治於此，而屬郡首丹楊，故以名之，但揚州刺史治曲阿，書傳無所見，惟李吉甫《元和郡縣志》二十五卷《江南道》：「揚州故理在上元縣東百步，後漢理壽春，劉繇爲揚州刺史，移理曲阿。」李吉甫此言必有據也。吉甫於此下又言「孫策定江東，置揚州於建業」，後孫權徙都之，刺史治此，并爲京尹矣。晉、宋、齊、梁、陳皆因之也。若云唐始治廣陵，則別是一説，州大郡小，刺史尊，郡守卑，隋唐改州爲郡，郡守即名刺史，唐之揚州絶非漢以來之揚州，唐之刺史亦迥非漢以來之刺史矣，而移揚州之名於江北江都，亦自隋平陳始。兩漢揚州刺史皆治江北，吴及東晉、南朝皆治江南矣。

西漢刺史無治所，然亦有之，必無傳車周流，終年僕僕道路，無處駐足之理。予前已據《朱博傳》論之，衛宏云「揚州刺史治壽春」，此必西漢已有此制，而東漢特因之也。揚州之境日漸恢拓，東至海，南盡閩越，控制數千里，壽春地在西北，鞭長莫及，故東漢永和以後徙治歷陽，在壽春之東南約八九百里，且直臨江岸，烏江亭下一葦可杭，於制馭江南爲便矣。漢季大亂，而孫氏勃興，駸駸有進逼中原之勢，魏人相度地利，移治合肥，反退至歷陽之西北三四百里矣。以《劉馥》《滿寵傳》證之，魏時揚州始終治合肥，沈約以爲壽春，非也。吴人所據者揚荆，揚治自在江南，永嘉南渡沿之，但立國江南者必跨江而有，淮南方足自立，故晉宋以後，漢之揚州治皆變而爲豫州治矣。唐復移揚州於江北，而又以漢之廣陵國江左稱爲南兖州者當之矣。即一揚州刺史治所，上下千餘年，其變遷無定如此。論古須援據，無一語落空方爲實學，又須以己意融會貫穿，得其大要，方爲通儒。徒執印板死册子逐槪看去，則何益矣。

丹楊尹

「丹楊尹，秦鄣郡，治今吴興之故鄣縣。漢初屬吴國，吴王濞反，敗，屬江都國。武帝元封二年爲丹楊郡，治今宣城之宛陵縣。晉武帝太康二年，分丹楊爲宣城郡，治宛陵，而丹楊移治建業。元帝太興元年，改爲尹」，愚謂此今江蘇江淮等處布政司治江寧府治上元縣也。刺史治此，太守亦治此，太守而改爲尹者，欲以比漢京兆尹也。晉人稱爲揚都以此，宋因晉稱尹，齊、梁、陳則復爲丹楊郡矣。餘辨已見前第十七卷。

宋州郡令多長少

漢制，大縣爲令，小縣爲長。《宋書・州郡志》純是令，而長僅十百中一見。其上卷中所載近地惟東莞之莒令、濟陰之定陶令，皆孝武大明五年改爲長，其餘並是令。山陰縣令，衍「縣」字，新昌縣下不言或令或長，疑亦衍「縣」字，脱「令」字。

宋志以度爲改

《宋・州郡志》以「度」字代「改」字用，亦見《沈攸之》《王景文傳》，《南史・恩倖・茹法亮傳》亦有此訓，他書則無之。

晉分永世

「義興又有平陵縣，晉分永世」，下脱「置」字。

去州去京都若干

「會稽太守，去京都水一千三百五十五，陸同」，司馬彪各郡國有去雒陽里數，雒陽是京都，此京都建康也。省「里」字，不言可知，各郡同，亦是一例。此是丹楊尹所領，獨言去京都，其餘自南徐州以下各州下先列去京都里數，其所領之郡則先列去州里數，後言去京都里數，其南東海郡無去州若干者，此郡即刺史治也，無去京都若干者，上文州下已見也，下凡郡爲刺史治者放此。南蘭陵以下十三郡，陽平以下三郡，南沛以下六郡皆無去州去京都里數，他郡如此尚多，不可枚舉，又有有水無陸者，未暇詳考。

分元程分烏程

「東遷令，分元程立」，「元」當作「烏」。「長城令，分烏程」，下脱「立」字。

歷敘豫州治所

《宋·州郡志》於南豫州刺史一條下，先述其緣起云：「晉江左胡寇强盛，豫部殲覆。元帝永昌元年，刺史祖約始自譙城退還壽春。成帝咸和四年，僑立豫州。」此言南豫州之所由始。漢豫州刺史本治沛國譙縣，祖約自譙退還壽春，故治陷没，成帝僑立治壽春也。此下即歷叙晉刺史治所，或治蕪湖，或治邾城，或治武昌，或治牛渚，或治壽春，或治歷陽，或治馬頭，或治譙，或治姑孰。除壽春、歷陽已見前外，譙，《續漢·志》本沛國屬縣，至《宋·志》有南譙郡，屬有譙縣，又有譙郡，屬無譙縣，其南譙郡下云：「晉孝武太元中於淮南僑立郡縣。」《輿表》第三卷滁州全椒縣下辨之，而不能定其爲南譙、北譙，但今全椒實在淮南，其爲晉太元僑立之南譙無疑，非沛國之譙明矣。蕪湖即今縣，屬安徽太平府邾城，據胡三省《通鑑注》，爲今湖北黄州府治黄岡縣。武昌，今爲府治江夏縣，屬湖北。牛渚，今太平府當塗縣地。馬頭，郡名，《宋志》云：「故淮南當塗縣地。」《輿表》云：「淮南之當塗乃今鳳陽府地。」與太平府治當塗縣無涉，而馬頭實土則無考。姑孰亦即今當塗縣。譙治久陷，而復有治譙者，當晉穆帝升平初，桓温已北平洛陽，謝奕繼其兄尚爲豫州刺史，故得進而治漢舊治之譙也。見《晉書》列傳第四十九卷。此下入宋事云：「宋武帝欲開拓河南，綏定豫土，義熙九年，割揚州大江以西、大靁以北，悉屬豫州，豫基址因此而立。十三年，刺史劉義慶鎮壽陽。永初二年，分淮東爲南豫州，治歷陽，淮西爲豫州。」此下則又反覆辨明二豫之屢分屢合，及其界址。《南齊書·州郡志》叙豫州始末，大意與《宋書》此志叙南豫州略同，亦從刺史祖約避胡賊自譙還治壽春叙起，及叙至義熙十二年劉義慶鎮壽春之下，却添三句云：「後常爲州治，撫接遐荒，捍禦疆埸。」以下即無文，但言領郡如左，蓋豫本一耳，若以漢制論，惟有譙城一治方是真正豫州，東晉以下所立皆南豫耳。永初以後，於其中又分爲二，以淮東西爲别，東爲南豫，治歷陽，西則北豫，不言治所，大約進則治汝南，退則治壽春，而壽春其常也。於是《宋》、《齊》二志並列二豫，而叙法各自不同。《宋書》先叙南豫州，後叙北豫州，却將二豫始末一並叙在南豫篇中，前半篇叙不治譙城而退治各處，緣由此總説，無所謂二豫之分也，直叙到永初二年分列淮東西二豫之下，然後再詳辨二豫分合及其界址，而歸於以歷陽爲治，故云去京都水一百六十。其所以如此之近者，此志雖據大明，而於南豫則又以泰始爲斷，泰始已失淮西，退治歷陽，今和州，故去江寧府治如此之近也。至其叙北豫州則甚略，但云晉江左所治，已列於前，如此而已，志於其屬郡首列汝南，則是刺史治，但此據大明則然，泰始則退治壽陽矣。《南齊書》先叙北豫州，後叙南豫州，却暗暗取《宋書》南豫之前半篇意叙在北豫州，後半篇意叙在南豫州，大抵二豫分置，總以壽春爲樞紐，北豫進則治汝南，而退則治壽春，南豫本治壽春，而退則治歷陽也。二豫界址毋庸細考，略考其治所，則當日情事瞭然矣。

義熙關洛尚爲裕取，況汝潁乎？永初雖無關，然淮汝潁洛皆在，故分二豫，而胡三省以爲南豫治歷陽，北豫或治壽陽，或治汝南也。說見後。元嘉、泰始，北境日削，然終宋世，二豫並建，故齊承宋而王儉議二豫不可并。說亦見後。大約南豫是實土，北豫是虚名。

《宋書·裴松之傳》：「元嘉三年，誅司徒徐羨之等，分遣大使巡行天下，前尚書右丞孔默使南北二豫州。」觀此則知元嘉三年已分置南北二豫州。《梁書·韋叡傳》天監中出爲豫州刺史，領歷陽太守。此後叡破魏軍，遷豫州於合肥，大約其時仍以壽陽、歷陽分建南北二豫。

南豫爲要南雍次之

南朝州郡僑治雖多，大約總以南豫州爲最要，南雍州次之。南豫宋治歷陽，今和州。齊梁治壽春今壽州。南雍則宋、齊、梁皆治襄陽也。今縣府治。以上俱詳《通典》一百七十一卷，然《通典》亦言其略，實則宋初豫治汝南，後分二豫，始以南豫治歷陽，北豫治壽春。惟陳無此二州，《陳書·高宗宣帝本紀》云：「梁室喪亂，淮南地併入齊。高宗太建初，志復舊境。授律出師，戰勝攻取，獻捷相繼，遂反侵地，功實懋焉。及周滅齊，乘勝略地，還達江際矣。」《陳書》此段雖專指陳將吴明徹取淮南，暫得復失，以廣陵爲江際，其實周滅齊後，荆襄亦入於周，綜計陳一代始末，僅畫江爲界，江北固非陳人有，此隋取陳所以易也。大約立國於東南者，西必據襄樊，北必控淮汝，進有窺取關洛之意，然後退而足以自守。守江則危矣。若以進取而論，關公攻樊，曹議徙許都，雍似不在豫下，但南朝既都建康，則豫尤近。《通鑑》第一百四十四卷魏車騎大將軍源懷於南齊東昏末上書請南伐云：「壽春之去建康纔七百里，山川水陸皆彼所諳，彼若乘舟藉水，倏忽而至。」源懷言南之易往，則可知北亦易來，若襄陽相距有二三千里矣，故曰南豫爲要，南雍次之。

豫治無定壽春爲主

豫州刺史治所無定，要以壽春爲主，蓋此爲南北交兵必争之地也。《南齊書·州郡志》上云：「齊太祖時欲省南豫，左僕射王儉啓：『江西連接汝潁，土曠民希，匈奴越逸，唯以壽春爲阻。若使州任得才，虜動要有聲聞，豫設防禦，此則不俟南豫。假令或慮一失，醜羯之來，聲不先聞，胡馬倏至，壽陽嬰城固守，不能斷其路，朝廷遣軍歷陽，已當不得先機。戎車初戒，每事草創，孰與方鎮常居，軍府素正。』」愚案宋末雖失淮西，而南齊初淮東尚全南屬，太祖惜費，意欲省置南豫於歷陽，獨置一豫於壽春，王儉雖勸歷陽不可省，然亦可見彼時壽春爲要，歷陽特其輔耳。《陳書》第九卷《吴明徹傳》：「太建五年，詔曰：『壽春者，古之都會，襟帶淮汝，控引河洛，得之者安，足稱要害。』」合而觀之，可見以雍較豫，豫尤要，豫諸治，壽春尤要。

魏源懷上書有云：「蕭衍内侮，寶卷孤危，斯天啓併吞之會，宜東西齊舉，以成席捲之勢。若使蕭衍克濟，豈惟後圖之難，亦恐揚州危逼。」此所謂東西，正指南豫、南雍，此所謂揚州，是魏之揚州，故胡三省於此下注云：「魏置揚州於壽春。」此上魏鎮南將軍元英請帥步騎三萬直指沔陰，據襄陽之城，又命揚徐二州俱舉，胡注云：「魏揚州治壽陽，徐州治彭城。」愚謂壽春在漢爲揚州刺史治者，約有二三百年，東晉簡文帝鄭太后諱春，改名壽陽，永嘉南渡，以建康爲揚都，故予前言晉宋以後漢揚州治變爲豫州治，乃不意南北兵争壽陽時而屬南者亦時而屬北，於是南朝之豫州治又或變爲北朝之揚州治。略見《通鑑》一百四十三卷胡三省注。又《文學何之元傳》：「王琳召爲記室參軍。琳敗，北齊主以爲揚州別駕，所居即壽春也。」地理之紛更幾同夢幻之無定矣。此等不必細求，而大關目則不可不知。要之，如此紛更，靡所底止，至唐宋斷斷不可不盡革古州名，改爲某道某路，不然，則稱謂格於口吻，紀載混於簡牘，將無以爲治。

前引《通鑑》魏源懷請南伐之下，又有魏東豫州刺史田益宗上表，稱二豫之軍云云，胡三省注云：「二豫，謂魏置豫州於汝南，第一百四十三卷胡注：「魏豫州治懸瓠城，領汝南新蔡弋陽等郡。」東豫州於新息也。」是魏已有二豫矣，故有時得壽陽則不名爲豫而名爲揚；晉宋以下揚治總在江南矣，故凡江北揚治皆改爲豫治。《通鑑》第一百二十四卷胡三省注云：「宋高祖永初二年，分淮東之地爲南豫州，治歷陽，淮西爲豫州，或治壽陽，或治汝南。」胡氏此注本之《宋書》、《南齊書·州郡志》也。觀此知淮西爲豫，淮東爲南豫，壽陽介東西之間，故爲最要，而《宋·齊志》又並言自晉義熙中劉義慶爲豫州刺史，鎮壽春，後常爲州治。今詳考南北兵争始末，愈知當日情形，總以壽陽爲關鍵，蓋當晉末劉、石、苻、姚、慕容俱敗，魏都遠在平城今山西大同府，劉裕直取關洛，所向無前，關中得而旋失，乃分置二豫，説見上。裕崩，魏遂盡取司兖豫三州地，然河南洛汝雖失，淮北猶宋有。宋文帝頻舉兵，皆不利，乃議和，明帝又啓兵釁，敗亡相繼，泰始三年，并淮北四州及豫州淮西地皆失之，然壽陽猶南屬，故南齊初太祖欲併二豫爲一，王儉議勿併，帝不從，後永明仍分置二豫。明帝蕭鸞建武元年，魏孝文帝遷都洛陽，是冬即入寇，四年又入寇，取樊鄧，南雍州入魏矣。東昏侯永元中，壽陽亦爲魏取，南齊江北城戍惟廣陵淮陰矣。梁武帝志欲恢拓，天監元年至八年年年舉兵，十二年，壽陽因大雨城壞，而魏揚州刺史李崇堅守不去，十三年，梁人遂築浮山堰，堰淮水以灌壽陽，十五年四月，堰成，九月，大水堰壞，築堰本康絢功，衹因信讒召還絢，代以張豹子，不修堰，故壞。當堰之成也，魏師大潰而歸，魏人深以爲憂，假令堰不壞，可取壽陽而逼汝洛矣，可見壽陽之要也。至梁普通五年，以豫州刺史裴邃督征討諸軍事伐魏，遂取壽陽，汝潁響應，詳見《通鑑》第一百五十卷。時魏方衰亂，故梁人得志，乃復以壽陽爲豫州，改合肥爲南豫州，後元顥入洛，梁之開境幾埒永初，此後約計淮西屬梁三十餘年，直至侯景大亂後復陷北齊，入陳三世不能復。太建五年，吴明徹始擊齊取江北數郡，瓦梁、廬江、歷陽、合肥皆降於陳，進逼壽陽，擒王琳，殺之，傳其首，拜明徹豫州刺史，功亦奇矣，其時明徹固鎮壽陽也。後明徹攻吕梁，大敗，爲周所俘，則豫州又入於周，計陳得之不及數年，《陳書》本傳史臣論云：「氵豊境喪師，金陵虛弱，禎明淪覆，蓋由其漸焉。」綜而論之，江左之興亡繫乎壽春之得失，故知豫治無定，必以壽春爲主。

宋州郡國相

揚州、南徐州諸州但有令長，自南豫州以下始有國相，然甚少。江州一州各郡所屬之縣，幾盡是公侯伯子男國相，令但一二見矣。此下青冀司仍多是令，其下荆、郢、湘、雍四州令與相相間，其下梁州、秦州、益州、寧州、廣州、交州、越州又純是令長，而國相偶一見焉。若云近于京都者不以封，國遠者則封之；或云有實土者不以封，寄治假立之名則以封。二者皆不然也，凡此諸國皆是空封，不之國也，而其立制之意則似是隨便取其縣名以封之，而未必有一定之成例者。

王公等國視守令之例

封國之制，王國之相名内史，公侯伯子男國之相名相。王公等皆不治民，但食其禄耳，相則治民，内史治民視太守公侯等，相治民視令長，就《州郡志》約之，當如此。以内史治郡而所屬之縣有國相者，如南平，如長沙，如衡陽，如零陵，如臨慶，如始建是也。以太守治郡而所屬之縣有國相者，如鄱陽，如廬陵，如安城，如宜都，如新興，如永寧，如武寧，如江夏，如竟陵，如武陵，如巴陵，如武昌，如西陽，如桂陽，如營陽，如湘東，如邵陵，如南陽，如新野，如順陽，如始平，如南上洛，如河南，如義成，如南天水，如建昌是也。以公相治郡而所屬之縣有國相者，如巴東，如廣興是也。若豫章，若南郡，若建平以太守治郡而所屬之縣又有公相，若南康以公相治郡而所屬之縣又有公相，此則例之變者。

無屬縣之郡

《宋志》有無屬縣之郡，如南豫州之南陳左郡太守是，此等只可闕疑，不必致詳。至越州所領之郡凡九郡，只有合浦一郡領縣七，其餘八郡皆無屬縣，蓋在荒外，不可以内地常例論，且此州是明帝泰始七年方立，屬郡亦多有「新立」字，規制殆皆未定。

司州縣數不合

「武帝北平關洛，河南底定，置司州刺史，治虎牢，領河南、滎陽、弘農實土三郡。河南領洛陽、河南、鞏、緱氏、新城、梁、河陰、陸渾、東垣、新安、西東垣凡十一縣，滎陽領京、密、滎陽、卷、陽武、苑陵、中牟、開封、成皋凡九縣，弘農領弘農、陝、宜陽、黽池、盧氏、曲陽凡七縣，三郡合二十七縣」，案合二十七縣，則弘農當七縣，今此雖云七縣，實六縣。又「河内寄治河南，領温、野王、軹、河陽、沁水、山陽、懷、平皋、朝歌凡十縣，東京兆寄治滎陽，領長安、萬年、新豐、藍田、蒲阪凡六縣，合十六縣」，案合十六縣，今河内十縣實九縣，東京兆六縣，實五縣，合之實只十四縣。

真陽令麾

「真陽令麾」，必有脱誤。

雍州

前言僑治南豫爲要，南雍次之，《宋·州郡志》叙至雍州刺史，亦追述其緣起云：「晉江左立。胡亡氐亂，雍秦流民多南出樊沔，晉孝武始於襄陽僑立雍州，并立僑郡縣」云云。《通鑑》：「宋高祖永初三年，秦雍流民南入梁州，遣使漕荆雍之穀以賑之。」胡三省注：「秦雍之雍，古雍州也，關中之地。荆雍之雍，晉末所置南雍州也，治襄陽。」[一]謂此也。此州不加南字，以豫有二，雍惟一故，然襄陽而被雍名，非南而何？所領有京兆、扶風、馮翊等，蓋除襄陽外，其餘諸郡多空稱。

校讀記

[一]見《通鑑》卷一百一十九。

江左不可無蜀

梁州、益州二刺史所領，則三國時蜀境也。江左不可無蜀，蓋其爲國，東則倚淮南數郡爲屏蔽，中則資荆、襄、樊、鄧爲藩籬，而西則巴蜀亦其右臂。險既足恃，吴楚泝流直達，由漢中可窺關陝。晉滅蜀，吴不能救，失犄角之勢，晉之取吴易矣。自晉惠帝時蜀爲李特所據，後爲桓温所滅，義熙中又暫爲譙縱所據，約九年，旋爲朱齡石所滅，自此歷宋、齊、梁，蜀長爲江左有矣。《梁書·武帝紀》天監元年六月，前益州刺史劉季連據成都反，二年五月，益州刺史鄧元起克成都，曲赦益州。此當梁武初受禪，小有反側而旋定。天監四年，魏王足攻涪城，邢巒規定巴西，已而自却，蜀仍梁有，梁武享國最久，勢頗雄盛，蜀之南屬久矣，直至侯景大亂後，而武陵王紀尚據有全蜀，前後在蜀十七年，南開寧州越嶲，西通資陵吐谷渾，士馬殷富，若梁之子弟多賢，有此藩翰，國豈易亡？無奈紀與元帝同一無人心，侯景之難不赴援，侯景已平，反率兵東下，欲圖即尊坐，使骨肉相殘，爲元帝所誅，西魏乘其國中空虚，遂取蜀矣。西魏太師泰問大將軍代人尉遲迥以取蜀方略，迥曰：「蜀與中國隔絶百有餘年。」計蜀自東晉穆帝永和三年入晉，至梁元帝承聖二年入西魏，實二百有七年，迥言百有餘年者，豈以譙縱稱藩於姚秦，除去數年，不滿二百之數乎？且迥方言蜀之易取，應屬中國，欲言其竊據之日淺，不欲言其久也。此二百年中，晉、宋、齊、梁立國不全恃蜀，而蜀實足以壯其形勢，譬常山率然之蛇，擊首尾應，擊中首尾皆應，吴楚蜀實然，陳承梁，土宇迫陋，東既無淮肥，西又失蜀，文軌所同不過江外，故隋之取陳勢如破竹，與晉取吴同，信乎江左不可無蜀也。厥後趙宋南遷，猶賴吴玠保蜀焉。

廣州刺史多一郡

「廣州刺史，領郡十七」，而今數之實十八，多一郡。又凡各州所領之郡皆書某太守，不言郡，獨此州之末書樂昌郡，不言太守，皆未詳。

建安十六年交州治番禺

「交州刺史，漢武帝元鼎六年開百越交趾，刺史治龍編。漢獻帝建安八年，改曰交州，治蒼梧廣信縣，十六年，徙治南海番禺縣」，案「十六年」，司馬彪《續漢書》劉昭注及《晉書·地理志》俱作「十五年」。

交州刺史少一郡

「交州刺史，領郡八」，而今數之只七郡，少一郡。

通鑑注與宋志不同

《通鑑》第一百二十九卷於孝武帝大明八年之末云：「宋境内，有州二十二，郡二百七十四。」胡注云：「此大較以沈約《宋志》爲據，沈約《志》大較以是年爲正。」此下胡即歷舉各州所領郡名，而與沈《志》頗有不同，不知何故，未能詳考。

宋百官無裝頭

凡每志之首必有總叙，述其緣起，各史皆然，《宋・百官志》獨無裝頭，竟從太宰直起。

將軍加大章服略同

《宋書》卷十八《禮》五：「大司馬、大將軍、太尉、凡將軍位從公者，金章，紫綬，給五時朝服，武冠，佩山玄玉。驃騎、車騎將軍，凡諸將軍加大者，征、鎮、安、平、中軍、鎮軍、撫軍、前、左、右、後將軍，征虜、冠軍、輔國、龍驤將軍，金章，紫綬，給五時朝服，武冠，水蒼玉。」愚謂大將軍乃三公之職，禮絶百僚，與凡諸將軍迥別，今《宋志》以凡諸將軍加大者，其章綬、冠服、佩玉皆與大將軍小異而大同，則其品秩疑亦相等，蓋所重在加大，一加大則雖雜號將軍亦居然一大將軍矣。《宋·百官志》以一切將軍皆叙次於大將軍之後，此下方及九卿，儀同三司之名原從諸將軍起也。

十七史商榷卷五十八

南史合宋齊梁陳書六

班志不載漢禮

《南齊書·禮志》叙首云：「漢初叔孫通制漢禮，而班固之志不載。」案此説詳見前第十一卷《漢無禮樂》一條。

何佟之議雩祭

「建武二年，祠部郎何佟之議雩祭曰：『皇齊以世祖配五精于明堂，今亦宜配饗于雩壇。周祭靈威仰若后稷，各用一牲，今祀五帝、世祖亦宜各用一犢。』從之」，蕭鸞盡殺太祖高帝、世祖武帝子孫，却以己身充太祖之第二子，固不能斥太祖而以己之父道生代之，若世祖乃鸞之從兄，且世祖自有子孫，今觀佟之議明堂及雩祭，尚以世祖配饗五帝，則當時太廟之中亦必不廢世祖之祀可知。夫子稱：「人而不仁，如禮何？」此爲魯三家發耳。以鸞之逆惡無人心，亘古少有倫匹，較之三家則又判若霄壤矣。想其入廟奉祀，對越駿奔，依然不愧不怍，此等人何必更以聖賢之所責者責之。惟是鸞祀太祖可也，祀世祖則義何所取，禮何所據，祝史如何告，儀節如何行，木主如何題署，主祭者之位次如何安頓措置，其名如何稱，蕭子顯《禮志》一篇全不分明，千載而下爲之揣度情形，不覺令人駭詫。

以婦人爲一世

「宋臺初立五廟，以臧后爲世室。夫妻道合，非世葉相承。若據伊尹之言，必及七世，則子昭孫穆，不列婦人。若依鄭玄之説，廟有親稱，妻者言齊，豈或濫享」，愚按古者夫妻同一主，觀蕭子顯此段，宋初竟以臧后爲一世，但臧后是宋武帝元配，不知何以得爲一世。考予前所引《宋·禮志》「宋武帝初受晉命爲宋王，建宗廟於彭城，祠高祖開封府君、曾祖武原府君、皇祖東安府君、皇考處士府君、武敬臧后，從諸侯五廟之禮」，[一]其時武帝現存而臧后已没，故即以充一世數，蓋五廟之制原應奉其先之有功者一人爲百世不遷之太祖，其下則高、曾、祖、禰四親，是爲五廟。劉氏之先既無有功者可奉爲太祖，但有四親而已，惟武帝有大功，當比周文武世室，而身又現存，遂以臧后充數，《南齊書·禮志》所説即此事，但蕭子顯措詞繚曲，未易瞭耳。要之，此真大可異事，厥後武帝崩，徐羨之等請以武帝配天南郊，以武敬皇后配地北郊。武敬即臧后也。亦見《宋禮志》。此種典禮皆堪駭人。

《隋書》第七卷《禮儀志》：「中興二年，梁武初爲梁公，乃建臺，於東城立四親廟，并妃郄氏爲五廟。」郄氏即梁武之元配，其禮與宋武帝同。又第六卷云：「後齊圜丘祀昊天上帝，以高祖神武皇帝配。方澤禘當作「祀」。崑崙皇地祇，以武明皇后配。」此亦與宋制同。至其述後周之制，南郊以始祖獻侯莫那配所感帝靈威仰，北郊方丘則以神農配后地之祇，神州則以獻侯莫那配。隋高祖受命，爲圜丘，冬至祀昊天上帝，以太祖武元皇帝配；方丘，夏至祀皇地祇，以太祖配。周、隋之制較宋與後齊爲得其正矣。

校讀記

［一］參見本書卷五十六《禮志與本紀不合》條。

南齊州郡所據之書

《南齊·州郡志》有永明三年户口簿，有永元志，永元，東昏號。有永明郡國志，有元嘉計偕，亦猶《宋書·州郡志》自稱采地理雜書。

京口名義

《南齊·州郡志》云：「南徐州鎮京口，孫權初鎮之。《爾雅》曰：『絶高爲京。』今京城因山爲壘，望海臨江，緣江爲境。」案此段釋京口名義最爲精確，樂史《太平寰宇記》第八十九卷亦用之。在無學識者必疑其穿鑿，而以京口爲京都之口，不知從北朝來當於瓜步渡江，在今六合縣，不由丹徒，即在南朝本國而論，江州、荆州、湘州、益州皆在建業之上游，而京口則在其下流，惟吴會等在京口之下耳，何得以爲京都之口乎？且京口之名不始於南北朝，孫吴已有，故唐許嵩《建康實録》：「權自吴遷京口，築京城，即今潤州城也，因京峴立名。」[一]詳見前第四十二卷。然則京城者，猶言高城也。愈見《南齊書》釋義之確。

校讀記

[一]《實録》卷一云：「權始自吴遷於京口而鎮之。」注引《地志》云：「吴大帝親自吴遷朱方，築京城，南面西面各開一門，即今潤州城也，因京峴立名。」西莊混正文、注文引之。

江都浦水

「南兗州鎮廣陵，漢故王國。有江都浦水，魏文帝伐吴出此，見江濤盛壯，嘆云『天所以限南北也』」，愚謂江都浦水與《漢志》廣陵國江都渠水首受江者，疑皆即邗溝，亦即瓜洲，但此道直至隋煬帝始開，曹丕征吳時尚淺狹，可見後第七十九卷。彼欲親御龍舟，率水師入江，此道不能容也。《魏志》述丕之臨江觀兵，水道冰，舟不得入江，仍謂舟不能取瓜步路入江，非謂瓜洲。

南朝官録尚書權最重

相國、三師、三公、大將軍、特進、開府儀同三司及一切將軍之下，方次以九卿，九卿之下方次以尚書，次侍中，次中書秘書御史謁者，次領、護二衛及六軍等，此《宋》、《齊志》所同也。而《齊志》於「尚書」中又特標「録尚書」一目，前未有如此特標一目者。夫公、師等在漢皆宰相也，其職要重無比，況三公中之太尉本掌禁軍，大將軍亦掌武，故每連大司馬，可見總統文武，其後權移於尚書、侍中、中書而一切尊官顯號皆爲空名矣。馴至南朝，惟録尚書權最重，此志所以特標之，又其時兵權盡歸領、護，恐一切將軍又成空名矣。官制無定如此。

《宋·彭城王義康傳》：「爲侍中、司徒、録尚書事，領揚州刺史。既專朝權，事決自己，生殺大事皆以録命斷之。」録命者，録公之命也。録權之重久矣，然單拜録則自齊始，《南齊書·褚淵傳》:「太祖崩,遺詔以淵爲録尚書事。江左以來無單拜録者,有司疑立優策。尚書王儉議,以爲『見居本官,别拜録,推理應有策書,而舊事不載。中朝以來,三公王侯則優策並設,官品第一,策而不優。優者褒美,策者兼明委寄。尚書職居天官,政化之本,尚書令品雖第三,拜必有策。録尚書品秩不見,而總任彌重,前代多與本官同拜,故不别有策。即事緣情,不容均之,凡僚宜有策書,用申隆寄。既異王侯,不假優文。』從之。」觀此,則知録始於齊,權最重,有録而令權又分。

十七史商榷卷五十九

南史合宋齊梁陳書七

語多通用

《南史》各傳語多通用，如《后妃傳・宋文帝潘淑妃傳》帝乘羊車經諸房，淑妃密令左右以鹹水灑地，帝每至户，羊輒舐地不去，帝曰：「羊乃爲汝徘徊，況於人乎？」與晉武帝事同。宋武帝之子彭城王義康傳：「文帝元嘉二十八年，遣中書舍人嚴龒《宋書》作「嚴龍」。持藥賜死，義康不肯服藥，曰：『佛教自殺，不復人身。』」與晉恭帝臨終語同。謝靈運之孫超宗傳褚彦回墜水，超宗拊掌笑曰：「落水三公。」彦回怒曰：「寒士不遜。」超宗曰：「不能賣袁、劉，焉免寒士。」與劉祥譏彦回之言同。《劉湛傳》湛入獄見弟素曰：「乃復及汝邪？相勸爲惡，惡不可爲。相勸爲善，正見今日如何。」與《後漢書》范滂之言同。《張敷傳》狄當、周赳詣敷就席，敷呼左右移席遠客，與《江斆傳》紀僧真詣斆事同。《王敬則傳》齊高帝受禪，敬則將輿入宮，逼宋順帝升輿，順帝泣而彈指，唯願後身生生世世不復天王作因緣，與隋皇泰主爲王世充所弒時之言同。《劉懷珍傳》附《劉杳傳》：「卿有古人之風，故遺卿古人之器。」與本卷上文《孔珪傳》齊高帝餉珪父靈産白羽扇等曰：「君有古人之風，故贈君古人之服。」《傅昭傳》：「齊明帝賜昭漆合燭盤，敕曰：『卿有古人之風，故賜卿古人之物。』」並同。《謝朓傳》：「江祏等構朓下獄死。初，朓告王敬則反，敬則女爲朓妻，臨誅，嘆曰：『天道其不昧乎？吾雖不殺王公，王公因我而死。』」與《晉書》王導悔不救周顗語同。《陰鏗傳》：「與賓友宴，見行觴者，回酒炙授之，坐皆笑，鏗曰：『吾儕終日酣酒，執爵者不知其味，非人情也。』侯景之亂，鏗爲賊禽，或救之獲免，問之，乃前行觴者。」與《晉書》顧榮事同。

以家爲限斷不以代爲限斷

八代逐代各斷，不宜牽連，延壽書各傳中於一家父子兄弟子姓及其後裔歷仕各代者，輒連述之，不以各代爲限斷，而以各家爲限斷，惡乎可？[一]薛居正《舊五代史》逐代各斷，是也。而《新史》變爲錯綜穿插類叙，總因薄班固而欲上法馬遷，故致斯弊。

其所以以家斷不以國斷者，總以遷移見長耳。不知此國史，非家乘也，何爲必以一家貫數代乎？即如褚淵、王儉兩人，齊朝佐命，實宋之至戚，讀史者讀至齊事，未有不急欲觀此二人之傳也，乃王儉則附《王曇首傳》，褚淵則附《褚裕之傳》，分散其事，使讀者茫然不測津涯，其實遷移有何難事，如此作史，無理取鬧而已。又齊人本少，王融、謝朓，文學之士致顯位而死於非命，此天然合傳，《南齊書》搭配最爲得宜者，乃《南史》則融入《王弘傳》，朓入《謝裕傳》矣。又柳世隆，齊之開國功臣也，而《南史》則已入之其伯父《元景傳》矣，將齊人一槩提入宋傳而齊幾無人，不過王敬則、張敬兒寥寥數武臣而已。夫一家之人聚於一傳，史家恒有之，然必其在一朝者也，亦必可聚則聚，若父子各有大關繫事蹟，猶須各列傳，不可混合，况一家數世歷仕各代者乎？乃併其羣從子姓總爲會萃，此不過欲掩蓋前作以成己名，豈紀事之道當然乎？

凡在一家者皆聚於宋，至齊寥寥無多人，齊歷年少，猶差可，梁年與宋相等，宋除宗室、諸王之外，尚有傳二十六卷，梁除諸王衹有十卷，何其多少之懸絶如此乎？自九品中正之法行，六朝人皆重門閥，延壽立意爲人作家傳，盡提入宋，故偏枯如此。

柳慶遠、蕭穎達與兄穎胄、柳世隆之子惔皆梁之開國功臣也，故《梁書》以慶遠與王茂、曹景宗同傳，穎達兄弟與夏侯詳等同傳，柳惔與席闡文、韋叡同傳，皆搭配停匀，而《南史》則以慶遠與惔皆入之《元景傳》，以穎達等入之《齊宗室》其父南豐伯赤斧傳矣。陳朝文士獨一徐陵，《陳書》云「國家大手筆，皆陵草之」，《南史》從其父摛又提入梁，而陳之文臣幾無人矣。

劉懷珍本將門，其從父弟峻孝標獨爲文人，故《梁書》入《文學傳》，《南史》不顧其隔代，亦不問其人之臭味差池，以孝標入《懷珍傳》，延壽欲爲六朝人作家傳一部耳，何嘗是國史邪？

諸王中若陳之王沖、王通，一生庸碌，歷事兩朝，富貴壽考，無福不備，傳中只有官銜，毫無事蹟，使王氏而盡如此輩之無善可紀并無惡可指者，則概用李延壽法，叙於一處何妨？不然，稍有事蹟如王質者，其人固無足取，而其事不可不存，事在梁末陳初，忽然盡抽入前半部，使人讀之而宋齊未了，忽見梁陳，既以眩目爲苦，讀至後半部，顧此失彼，又以檢閲爲勞。考家世誠便，考國事則甚不便，有心改舊，李延壽之痼疾在此。

如《陳書》蔡景歷與其子徵必分二傳，此類太煩瑣，則不如《南史》合之爲善。

校讀記

［一］孫志祖《讀書脞録續編》卷三、錢大昕《潛研堂答問》九并謂《南》、《北史》爲史例之變，不可輕議其失。

后妃傳叙首

《后妃傳》叙首自「晉武帝采漢、魏之制」云云至「備置内職焉」一段，皆沈約《宋書》舊文，自「及齊高帝建元元年」云云至「位在九嬪焉」一段，本之蕭子顯《南齊書》而法稍參差，自「梁武」云云至「不建椒閫」一段，本姚思廉《梁書》而略有增益，自「陳武」云云以下本《陳書》而删節之，延壽才太短。

孝穆趙皇后傳當補

《后妃傳》宋孝穆趙皇后「追封父裔臨賀縣侯」之下當補云：「子宣之早卒，以弟孫襲之繼宣之紹封，襲之卒，子祖憐嗣。齊受禪，國除。宣之弟倫之，自有傳。」此但云「子倫之，自有傳」，太略。然宣之等竟不載，固爲太略矣。而倫之與其子伯符别爲專傳，則又非，其説詳後。

明帝所生沈美人

《文帝元皇后袁氏傳》云：「明帝所生沈美人嘗以非罪見責，應賜死，從后昔所住徽音殿前度。此殿有五間，自后崩後常閉，美人至殿前流涕大言曰：『今日無罪就死，后若有靈，當知之。』殿户應聲豁然開，職掌者遽白文帝，驚往視之，美人乃得釋。」《宋書》叙此事則云「沈美人者，太宗所幸也，嘗以非罪見責」云云，太宗即明帝，亦太祖文帝子，其時方爲皇子也。若美人果係明帝所幸，則此時明帝應在别宫，所幸美人獲罪，應即是獲罪於明帝，今此文所叙則其獲罪賜死得釋皆出於文帝，而所居亦在文帝宫中，安得以爲明帝所幸？《宋書·文九王傳》明帝之母沈倢伃，即此美人也。《南史》改作「所生」，極是。

袁皇后傳衍文誤字

「大明五年，孝武乃詔追后之所生外祖親王夫人爲豫章郡新滏平樂鄉君」，「外祖親」三字衍，「滏」，《宋書》作「淦」，是。凡衍誤脱不可勝摘，聊偶見之。

文帝路淑媛被酖

文帝路淑媛生孝武帝，孝武帝討元凶劭即位，尊爲皇太后，宫曰崇憲。孝武帝崩，子前廢帝即位，號太皇太后，明帝弑前廢帝，自立號崇憲太后。明帝少失所生，爲太后所養，即位後，供奉禮儀不異孝武帝時。此《宋書》所載也。此下又歷叙其崩後尊崇之禮甚詳。

據《南史》，太后欲毒死明帝，爲明帝所覺，即以所賜毒酒酖殺之，而沈約不書，約每爲宋諱其惡，如此非一，然如孝武帝以義宣女爲夫人，諱而不書，惟見《南史》，乃前廢帝納文帝之女新蔡公主，則又詳書之本紀與《后妃傳》，且屢見焉。或諱或不諱，其例不一，則又何說哉？

孝武帝之子，明帝殺其十六人，兄弟骨肉之間，翦屠甚於寇仇，何有於孝武帝之母。況孝武帝本無人理，路亦素有醜聲，此種猜忍逆亂之舉，想必有之。《南史》爲得其實，勝於本書，固知《南史》不可盡廢。

孝武文穆王皇后

《孝武文穆王皇后傳》但云「諱憲嫄，瑯琊臨沂人」，考《宋書》，后爲王導之七世孫，此竟不叙其家世，亦太略。傳末云：「父偃，别有傳。」考《宋書》偃事即附后傳，此則附《王誕傳》，故云「别有傳」。

殷淑儀

「孝武殷淑儀，南郡王義宣女也。義宣敗後，帝密取之，寵冠後宫，假姓殷氏」云云，案義宣與文帝嫡兄弟，孝武帝，文帝之子，與義宣之女乃從兄妹，沈約《宋書·后妃傳》竟無殷淑儀傳，約歷事齊梁，何必諱宋之大惡，《南史》爲勝。文帝子竟陵王誕傳：「孝武遣車騎大將軍沈慶之討誕，誕自申於國無負，并言帝宮闈之醜。」謂此事也。《宋書·后妃傳》既不載，而五十九卷《江智淵傳》中載寵姬宣貴妃殷氏卒，智淵議謚曰懷，上以不盡嘉號，甚銜之。但稱寵姬殷氏，亦絶不云是義宣女。又《宋書》目録於孝武文穆王皇后之下固附有宣貴妃，即此殷氏也，乃目有而傳則無，此更可怪。下文孝武之子前廢帝何皇后傳又叙前廢帝納文帝第十女新蔡公主於後宮，則其親姑也，洵可云家法相承，是父是子，宋中冓之不可道一至於此。

宣孝陳皇后

《齊高帝之母宣孝陳皇后傳》「諱道止」，《南齊書》作「道正」，其下注云：「宋本作『止』。」案母名道正，子名道成、道度、道生，可疑。

后妃無東昏潘妃

凡史家之例，皇后雖無事迹，必有傳，妃嬪則必有事者方作傳。《南史·后妃傳·齊東昏褚皇后》之下應有潘妃傳，雖本紀已有，然宜分見於此，今竟無傳，何也？若於《王茂傳》又見潘妃事，則甚屬無謂，宜摘出别爲《潘妃傳》，入《褚后傳》之後，且如宋文帝潘淑妃、陳後主張貴妃，《南史》皆有傳，何以東昏潘妃獨無，詳略不得其平。論云：「東昏喪道，哲婦傾城。」論有而傳無，豈不偏枯失體？

《南齊書》本無《潘妃傳》，《南史》仍之，并論語亦皆鈔襲而不能補其漏。

郗后化龍

梁武帝皇后郗氏祖紹，即作《晉書》者，見《徐廣傳》。郗氏死，化爲龍，《梁書》本傳無之，唐之去梁未遠，如此大變異事，姚思廉無容不知，李延壽好語怪，許嵩《建康實録》、張敦頤《六朝事迹》又摭拾唾餘詳述之，皆妄也。

阮太后與金樓子互異

「文宣阮太后本姓石。[一]初，齊始安王遥光納焉，遥光敗，入東昏宫，建康城平，爲梁武帝采女。天監六年八月，生元帝，拜爲修容，賜姓阮氏。隨元帝出藩，大同六年六月，薨於江州正寢，年六十七。其年十一月，歸葬江寧，謚曰宣。元帝即位，追崇文宣太后」，《梁書》同。按元帝所撰《金樓子》第二卷《后妃》篇叙述其母梁宣修容事甚詳，此書第一卷《興王》篇述梁高祖武皇帝甚詳，云即位五十年，似元帝已即位後語，而於太后仍稱修容，不言尊號者，蓋未及追改也。又言齊世祖因荀昭華薦以入宫，及隆昌中，少帝失德，太后以端正反獲賜與，建武中，遥光聘焉。又歷叙在遥光府諸善行，是太后先事二帝一王，然後爲梁武帝所納，《金樓子》初不諱言，而無入東昏宫事，又生於宋順帝昇明元年丁巳六月十一日，大同九年癸亥六月二日薨於江州内寢，春秋六十七。自丁巳至癸亥正六十七年，則非大同六年，皆當以《金樓子》爲是，《南史》、《梁書》皆誤。

此傳云元帝以天監六年八月生，本紀則云七年，《梁書》紀傳亦如此互異。案帝於承聖三年十一月爲魏人所戕，《梁書》云年四十七，《南史》削去其年數。帝王年數必應見於紀，舊史有之而反削去，是誠何心？李延壽删削不當，往往如此，從是年逆溯至天監七年，恰四十七，若以六年生則不合，當以紀爲正。

校讀記

［一］李慈銘曰：「慈銘案：《梁書》、《南史》皆言『修容爲餘姚人』，《金樓子》言『爲上虞人，本姓石』，亦當以《金樓子》爲是。」

元帝徐妃南史較詳

《南史》於《梁元帝徐妃傳》述其淫亂之事甚詳，其文參倍於《梁書》。考《梁書》於《忠壯世子方等傳》中已言元帝述徐妃穢行，牓於大閣，則於《后妃傳》何以隻字不及，此不及《南史》。又：「帝製《金樓子》述其淫行，初，妃嫁夕，車至西州，而疾風大起，發屋折木。無何，雪霰交下，帷簾皆白。及長還之日，又大雷震西州聽事兩柱俱碎，帝以爲不祥，後果不終婦道。」考《金樓子》第五卷《志怪》篇述丙申歲婚日妻至門而大風雪等事甚詳，與史合，獨無所爲述其淫行者，此書久亡，吾友邵太史晉涵抄得，鮑文學廷博刻之，已非足本。

沈皇后從駕

「陳後主沈皇后，國亡，與後主俱入長安。後主薨，隋煬帝每巡幸，恒令從駕。煬帝被殺，后爲尼，貞觀初卒」，愚謂后之從駕辱哉。陳亡後，世祖文帝蒨沈皇后、廢帝伯宗王皇后、高宗宣帝頊柳皇后及後主叔寶沈皇后四后累累入長安，無一人引決者，若張麗華不斬，恐亦未必能爲潘貴妃之死。

劉道憐年

《南史·宋長沙景王道憐傳》不載其薨年若干，《宋書》則云年五十五。上文太后曰道憐年出五十，此當云五十五。

道憐等配祭廟庭

《南史·道憐傳》：「文帝元嘉九年，詔故太傅長沙景王、故大司馬臨川烈武王、故司徒南康文宣公劉穆之、開府儀同三司華容縣公王弘、開府儀同三司永修縣公檀道濟、故青州刺史龍陽縣公王鎮惡，並勒功天府，配祭廟庭。」此事已載本紀，似可省，若見之《檀道濟傳》，亦爲有意。

鮑照爲文帝中書舍人

臨川烈武王道規嗣子義慶傳附云：「鮑照，字明遠。文辭贍逸，文帝以爲中書舍人。上好文章，自謂人莫能及，照悟其旨，爲文多鄙言累句，咸謂照才盡，實不然也。臨海王子頊爲荆州，照爲前軍參軍。」案文帝，《宋書》作世祖，乃孝武，好爲文章，自謂人莫能及，非文帝也。子頊出爲荆州，正是孝武時事，孝武好文章，見《王儉傳》，好書，王僧虔不敢顯跡，見《僧虔傳》。

皇子槩作合傳爲非

凡諸皇子，各書皆按其年代先後與諸臣相間厠，此法《漢書》也。而《南史》則提出聚於《后妃》下諸臣前，亦尚可，但如宋武帝《宋書》稱高祖，廟號也；《南史》稱武帝，謚也。各帝及齊、梁、陳皆如此，《北史》與各書亦皆如此，例發于此，觀者詳之。七男，除少帝、文帝外，餘五人《南史》合爲一篇，《宋書》則抽出義康、義宣别爲一篇，蓋七人中雖只有義季一人善終，餘俱不得其死，似可合傳，而義康、義宣以反逆誅，故抽出以示别異，《南史》則惟圖省浄，不用區别，甚至如文帝之子元凶劭、始興王濬亦不依《宋書》另列《二凶傳》。試觀《漢書》於每一帝之子作合傳一篇，而篇首先叙明某帝幾男，某后某妃生某，使觀者瞭然，如《高五王傳》高皇帝八男，吕后生孝惠帝，曹夫人生齊悼惠王肥，薄姬生孝文帝，戚夫人生趙隱王如意，趙姬生淮南厲王長，諸姬生趙幽王友、趙共王恢、燕靈王建，此下却云淮南厲王長自有傳，長别傳者，以其反也。《宋書》遵用此例甚合，延壽併合爲非，霍去病與霍光、盧奕與盧杞、賈涉與賈似道不可合傳，今李延壽於人臣尚一家併一傳，何况皇宗，然非史法。

前於《晉書》論八王别爲傳，得史法之變，徐陵《爲貞陽侯與太尉王僧辨書》有「《八王故事》」，吴兆宜注：「書名也，紀晉事。」可見八王宜抽出爲傳，此法史家多遵之，獨延壽不用。梁豫章王綜、武陵王紀、臨賀王正德、河東王譽皆是亂臣賊子，何得與他王同傳？故姚思廉抽出附於卷末，與侯景同科，是也。李延壽一槩攙入宗室及諸王，毫無涇渭，史法亂矣。愚謂《漢書》吴王濞與劉賈無别，尚有微嫌，《梁書》頗佳，延壽則鹵莽滅裂矣。凡史宜據事直書，不必下褒貶，然分析倫類則不可無。

潘淑妃生始興王濬

《宋文帝諸子傳》云：「潘淑妃生始興王濬。」案濬母卒，潘淑妃母之，非親生，此誤。《通鑑》一百二十六卷亦云：「潘淑妃生始興王濬。」《考異》曰：「《太子劭傳》云：『濬母卒，使潘淑妃養之。』《濬傳》及《宋九王傳》皆云濬實潘子，今從濬本傳。」愚謂劭謂濬曰：「潘淑妃遂爲亂兵所害。」濬曰：「此是下情由來所願。」濬雖悖逆，但禽獸不知父，猶知母，濬當猶可及禽獸，似非親生之母。

射氏爲謝氏

《晉熙王昶傳》：「昶奔魏。明帝以第六皇子燮繼昶，封晉熙王。乃詔：『晉熙國太妃謝氏，還其本家。』先是，改射氏爲謝氏。元徽二年，復昶所生射氏爲晉熙國太妃。齊受禪，燮降封安陰縣公，謀反，賜死。」案改「謝」爲「射」，《宋書》甚明，此互倒，當由傳寫之謬。齊受謀反是齊人曲筆，《南史》仍而不改，亦非。至於《宋書·明四王傳》於齊受禪降封公之下屢書謀反賜死，此沈約於齊永明中所修。《南齊書·宗室傳》安陸昭王緬之子寶晊，於東昏廢，梁王當國，寶晊謀反伏誅，又《明七王傳》亦屢書謀反伏誅，此反梁，非反齊也，蕭子顯在梁所修，皆其宜矣。

休範以我故富貴

《南史·桂陽王休範傳》：「休範素凡訥，少知解，不爲諸兄齒遇，明帝常指左右人謂王景文曰：『休範人才不及此，以我故，生便富貴。釋氏願生王家，良有以也。』」「我」下當有「弟」字，不可省。又：「越騎校尉張苟兒直前斬休範首。」「苟兒」當作「敬兒」。

武陵王贊薨

《宋·孝武諸子傳》:「武陵王贊字仲敷,小字智隨,明帝第九子也。明帝既誅孝武諸子,以智隨奉孝武爲子,封武陵郡王。順帝昇明二年薨,國除。」愚謂南雍本贊在明帝諸子之列,而汲古閣本則在孝武諸子之列,南雍本是也。明帝乃孝武之嫡弟,孝武二十八子,夭亡者十,其餘十八人,前廢帝殺其二,明帝殺其十六,却將己子爲孝武子,此真奇絶之事,正如唐太宗殺弟元吉并及其子,又納其妃而生子,却即以爲元吉後,誠可駭笑。厥後贊亦仍爲蕭道成所殺,而此傳乃書薨,竟與善終者無異,大謬。

明帝子出繼者四

《宋書·明四王傳》:「明帝十二子,陳貴妃生後廢帝,謝修儀生皇子法良,陳昭華生順帝,徐婕妤生第四皇子,鄭修容生皇子智井,次晉熙王燮,與皇子法良同生,泉美人生邵陵殤王友,次江夏王躋,與第四皇子同生,徐良人生武陵王贊,杜修華生隨陽王翽,次新興王嵩,與武陵王贊同生,又泉美人生始建王禧。智井、燮、贊並出繼,法良未封,第四皇子未有名,早夭。」始建王禧當云與邵陵殤王友同生,文法方一律,《南史》與《宋書》同,皆非。

《宋書》於此下列諸王傳十二人，中惟四人，友也、翽也、嵩也、禧也，此外八人，爲帝者二、未封者一、未有名者一，其餘出繼者當更有四，而此但云智井、燮、贊，惟三人，尚有躋一人竟無著落，《南史》則燮之下躋亦出繼，《南史》是。

宋書應立公主傳

《宋書》應作《公主傳》。臨川公主之很妬，[一]新蔡公主、海鹽公主之亂倫，山陰公主之醜穢，皆自古少有，豈可不立傳以爲炯戒？考《宋書》臨川事見《后妃傳・孝武帝王皇后傳》，新蔡事見《前廢帝紀》及《帝何皇后傳》，海鹽事見《趙倫之傳》，山陰事亦見《前廢帝紀》，故不另立，然愚意以爲宜另立，而於他處則云見《公主傳》。

校讀記

[一]「很妬」兩字據廣雅書局本《商榷》補。

經略趙魏

《劉穆之傳》：「穆之，義熙十三年卒。帝在長安，本欲頓駕關中，經略趙魏，聞問驚慟，以根本虛，乃馳還彭城。」愚謂劉裕之武功，誠足爲南朝生色，但此時拓跋甚强，夏赫連勃勃正當盛時，裕之力亦豈能遂圖此二國乎？「經略」云云，裕之侈心而史家誇言之耳。裕即真僅三年，其子廢帝營陽王景平元年夏，魏遂盡取司兗豫諸郡縣矣，距裕定關中不過六七年耳。胡三省曰：「司州地盡入魏，兗州自湖陸以南，豫州自項城以南仍爲宋守。」[一]

觀穆之所自效及高祖委任之意，居然荀彧、賈詡一流矣。然彧能止操之九錫，而穆之以失請九錫，遂愧懼而死，見《王弘傳》。則其人出彧之下甚遠。

校讀記

[一]見《通鑑》卷一百十九注。

徐湛之爲子劭所殺

《南齊書·徐孝嗣傳》：「祖湛之，爲子劭所殺。」「劭」下注：「宋本作『太祖』。」太祖，文帝也。其事甚明，當從宋本，乃作「子劭」而以宋本附注，何爲者？[一]

校讀記

[一]李慈銘曰：「慈銘案：徐湛之於文帝被弒時，爲劭所殺。《南齊書》南北監本及官本皆作爲太子劭所殺，汲本於《南》、《北》等史，刻最草率，全不校對，其偶注一二，或曰宋本作某，或曰一作某，亦多舛誤，此處注蓋本云宋本作『太子』，當在『劭』字之上，而誤在『劭』字之下，又譌作

『太祖』，王氏云云，殊不可解。」

王鎮惡

觀《王鎮惡傳》叙襲殺劉毅事，知鎮惡劉裕之腹心而晉之蟊賊也，如胡藩輩皆然。然鎮惡雖爲裕腹心，而殺鎮惡者即裕。裕得關中，皆鎮惡功，將還，留子義真與鎮惡及沈田子守之，而又私謂田子曰：「鍾會不得遂其亂者，爲有衛瓘等也。卿等十餘人，何懼王鎮惡？」未幾，田子遂誘鎮惡殺之。裕之梟雄猜忍，亦難與共事哉。

誦觀世音

《王玄謨傳》：「蕭斌將殺玄謨，玄謨夢人告曰：『誦《觀世音》千遍則免。』玄謨夢中曰：『何可竟也。』仍見授。既覺，誦之且得千遍。明日將刑，誦之不輟，忽傳唱停刑。」「《觀世音》」，《宋書》作「《觀音經》」，是。

趙倫之蕭思話臧燾合傳爲非

臧燾有經學，故《宋書》與徐廣、傅隆同傳。《南史》以其爲外戚，改爲與趙倫之、蕭思話同傳，已失《宋書》本意。且趙倫之毫無事功，亦無罪惡，《南史》既不立《外戚傳》，此等只可於《后妃傳》附見，何得與蕭、臧比？李延壽有心立異，多事紛更，而未必確。

「倫之以軍功封閬中縣五等侯，累遷雍州刺史」，此本《宋書》文，時倫之以征虜將軍爲雍州刺史，見《宋書》末卷《自叙》，傳省文耳。

海鹽公主

「倫之之孫倩，尚文帝第四女海鹽公主。初，始興王濬以潘妃之寵，故得出入後宫，遂與公主私通。及適倩，倩入宫而怒，肆詈搏擊，引絶帳帶。事上聞，有詔離婚，殺主所生蔣美人。」此《宋書》倫之子伯符附倩傳文。濬與公主嫡兄妹也，事上聞，不殺濬及公主，反殺公主之生母美人，殊不可解。然沈約每爲宋諱惡，而於此直書之，常得實。《南史》乃云：「倩尚公主，甚愛重。倩嘗因言戲，以手擊主，事上聞，文帝怒，離婚。」李延壽任意竄改，必不可信。

蕭介傳删諫納侯景語

蕭思話之孫介傳雖載諫納侯景事，而其語一槩删去，《梁書》則詳載其表，李延壽任意去取，處處不當。《通鑑》第一百六十一卷仍詳載介語，後人動稱《通鑑》專取《南》《北史》，不采各書，殊不然。司馬君實之雅善裁鑒，劉道原之詳究古今，豈肯偏狥李延壽哉？

臧燾等傳論南史删棄

《宋書》以臧燾、徐廣、傅隆同傳，以三人皆儒者也。論一篇，窮原究委，尤覺卓然。論冒先言：「選賢於野則治身業弘，求士於朝則飾智風起，」此言用人當求其實而考實必據鄉評也。次言：「《六經》奥遠，方軌之正路；百家淺末，捷至之偏道。」此言取士當以經術而諸子詩賦不足尚也。分明兩意並提，而兩意實即一意，大抵經之明否，必據鄉黨評議也。此下云：「漢世登士，閭黨爲先，崇本務學，不尚浮詭，然後可以俯拾青組，顧蔑籯金。於是人厲從師之志，家競專門之術。藝重當時，所居一旦成市；贇舍塹啟，著録或至萬人。是故仕以學成，身由義立。」案漢取士猶有古鄉舉里選之法，詳見《通典》第十三卷及第二十四卷舉賢良、第二十五卷選郎諸條，蓋兩漢經術盛，故人才盛，觀鼂錯、公孫弘、董仲舒等傳，當時推擇薦辟，必據鄉黨評議可知，後漢學校尤興舉，安、順以下，累葉童昏，國統屢絶而歷年四百，大命不傾，光武、明、章尊經崇儒力也。《宋書》於此下遂言：「自魏氏膺命，主愛雕蟲，家棄章句，人重異術。又選賢進士不本鄉閭，銓衡之寄任歸臺閣。以一人之耳目，究山川之險情，賢否臆斷，萬不值一。由是仕憑借譽，學非爲己，崇詭遇之巧速，鄙稅駕之遲難，士自此委笥植經，各從所務，早往晏退，以取世資。庠序黌校之士，傳經聚徒之業，自黄初至于晉末，百餘年中，儒教盡矣。」説已略見前第四十卷，「植經」，「植」當作「置」，謂棄置也。上文「浮」指詩賦，「詭」指諸子，二字括盡衆家流弊，不浮不詭，舍經無由。黄初至晉末無儒教，真痛快之論，切中魏晉兩朝弊病，但陳羣立九品官人法，置州郡中正，則選賢於野，而不徒求士於朝，此制方從魏始，魏夏侯玄、晉劉毅方且極陳其敝，謂銓衡當專於臺閣，不當使中正撓其權，今此反言魏晉之敝在選賢不本鄉閭銓衡，任歸臺閣，二者正相反，何也？魏雖置中正，尚沿漢末黨人餘氣，但主不好經，太學之衰實自魏始，見前第四十卷《諸生避役》一條。學衰經廢，異端熾盛，孟子所謂上無禮、下無學，中正之設，何足遂大扶儒教乎？《宋書》於此下表元嘉之興學，此乃聊作抑揚，其實元嘉亦未能崇儒，即臧燾等經學，何敢望漢人萬一，想作者胸中有此一番好議論，姑借題以發之。

韓昌黎云：「黄老於漢，佛於晉、魏、梁、隋之間。」漢初開建經學，武帝罷黜百家，黄老不能爲害，後漢佛入中國而經益明，儒教益盛，佛亦不爲害也。曹氏始好詞賦，晉人專祖玄虛，佛乃熾矣。然晉、魏、梁、隋，佛雖横恣，傳注義疏猶相承不絶。作者貶黄初至晉末而申元嘉，假臧燾等三人以立論，其意可見，竊疑沈約文體頗近輕薄，又創論四聲，沾沾自喜，又於《謝靈運傳》論備陳音韻聲響之妙，乃於臧、徐等論痛詆黄初之愛雕蟲，棄章句，恐此論非出約手，特前史舊文，約仍之耳。即如是，約亦尚爲有識。夫所謂專門之術者何也？即兩漢經師訓詁相傳家法也。彼時訓詁未亡，故周孔之道有所依憑而立，不似趙宋人以訓詁與詞章一例訶黜，延至唐初，賈公彦、孔穎達輩掇拾補綴，尚粲然可觀。李延壽者與賈、孔同時，而學淺識陋，全不知經，以臧燾與趙倫之同傳，以傅隆入《傅亮傳》，皆非其類，惟一徐廣與范泰等同傳，而於《卓然之論》删棄無存，予辨之，使後之考史者知南北朝事斷不可獨倚李延壽也。

謝王聚於一處

《南史》以諸謝、諸王聚於一處，江左最重門閥，兩家門閥，當世所少，四代卿相多出兩家，李延壽竟以兩家貫四代，而四代似變爲一代矣。齊、梁、陳皆統歸於宋，此飽彼飢，偏側斯極，但向來皆稱王謝，此獨先謝後王，謝則冠以晦，王則冠以弘，豈以晦優於弘乎？李延壽初無此意也，不過聊示翻新耳。

王融屢陳北伐

王融屢陳北伐之謀，見《南齊》本傳。《南史》盡削去，其時魏方强盛，而齊武帝豈能辦此，宋文帝尚且敗辱頻頻，況齊武帝乎？文人輕躁急功名，如謝靈運亦有此陳請，正融之類也。

謝玄語當從宋書

《謝靈運傳》：「祖玄，晉車騎將軍。父瑍，生而不慧。靈運幼便穎悟，玄甚異之，謂親知曰：『我乃生瑍，瑍兒何爲不及我？』」案《宋書》作「瑍那得生靈運」。考此語亦見《晉·謝玄傳》，彼「生」字上有「不」字，《宋書》脱耳。疑唐本已如此，李延壽不解其意，故易之，但一經竄改，使妙語頓成鈍語。

忠義感君子

「靈運被收，爲詩曰：『韓亡子房奮，秦帝魯連恥。本自江海人，忠義感君子。』」何氏焯曰：「《北史·魏孝静帝紀》『忠義』作『志義』。」愚考毛氏刻《魏書》本紀仍作「忠義」，何氏蓋據宋板。

沈約重文人

一部《宋書》以一傳獨爲一卷首，謝靈運之外，惟顔延之、袁淑、袁粲而已。二袁忠義，固當詳叙，顔、謝則惟重其文章。范蔚宗譔《後漢書》，而不得比顔、謝之獨占全卷，沈約重文人如此，抑古來史家作傳載著述全篇者多矣，獨《宋書·靈運傳》載其《山居賦》，乃并其自注載之，此尤例之特殊者。《南史》芟削，僅存十之二，太略，末段附孟顗，亦覺不倫。

靈運傳論

論一切不論，獨論其文，於文獨論其詩，并且不專論靈運，直以己意歷評古來作者，落到宋代，又以顔、謝並舉，不分賓主偏正，此論雖繫《靈運傳》後，實非但爲靈運發者，又史論之變體也。至此後一大段則并將前半篇所評撇過一邊，蓋前半篇之意言若論其詞義之美，則漢、魏、晉、宋諸家各有可取，後半篇之意則約直自寫其胸中所獨得之見，而以爲騷人以來此秘未睹。又云「張、蔡、曹、王，曾無先覺；潘、陸、謝、顔，去之彌遠」，則竟一齊抹倒矣。約所作《四聲》一卷已亡，竊謂約所論者古詩耳，彼時未有律體，不比沈佺期、宋之問之研揣聲病，今但云「前有浮聲則後須切響，一簡之內，音韻盡殊；兩句之中，輕重悉異。妙達此旨，始可言文。」[一]此外尚有陸厥與約書論此事，見《南史·厥傳》，然吾輩從千載下，曲意想像，終不知此旨何由而達也。靈運死時元嘉十年，年四十九。下「年」字脱。論「虞夏以前，遺文不睹」，「前」字脱，從馮惟訥《古詩紀》校。「遺風餘烈，事極江右」，「右」誤作「左」，從張溥《百三家集》校。

校讀記

[一]李慈銘曰：「慈銘案：休文所言，乃雙聲疊韻、陰陽輕重之指。」

謝朏

《梁書》以《謝朏傳》獨爲一卷，《南史》入《謝弘微傳》。朏歷仕宋、齊、梁三朝，以此編入其祖弘微傳中，誠爲宜矣。而鄙意則謂婦人三嫁，終以末後之夫爲定，故入《梁書》爲是。《南史》攬和各史，以異代之人入一家之傳，乃史家之變例而不得其當者，不可以訓。

姚察以謝朏爲宋代忠義，朏於宋亡，不過不與其事，齊平定後遂出仕齊，於齊亡，於梁興皆然，此等忠義，可發一笑。然蕭子顯於褚彦回尚有恕詞，況朏乎？察云「極出處之致矣」，譽之乎，刺之乎？察亦歷仕三朝，極出處之致者，必不怪朏。察，隋臣也，猶朏之當入

梁臣，其子仍題爲陳吏部尚書姚察，異哉。[一]

校讀記

[一]劉咸炘《史學述林》卷二《南北史家傳釋非》有詳釋。

十七史商榷卷六十

南史合宋齊梁陳書八

王弘傳自相違反

以一家物又與一家，南北朝爲人臣者之慣態，若王弘，導之曾孫也，晉之世臣而竟爲宋佐命，無恥已甚，傳多褒揚太過，而末一段云「弘既人望所宗，造次必存禮法」，其下文又云「輕率少威儀」，何其言之自相違反與？

《宋書》以劉穆之、王弘同傳，以兩人皆佐命也，而論於王弘竟隻字不及，雖《宋書》全部論皆如此，然弘佐命並無功業，不過諂附而已，實無可論也。李延壽一切論贊皆鈔襲舊文，至弘既遷入諸王首，而其論亦居然自下筆矣。褒休元爲棟樑，殊嫌溢美。

西昌侯固争王融

《王融傳》：「魏軍動，竟陵王子良於東府募人，板融寧朔將軍、軍主。融文辭捷速，子良特相友好。晚節大習騎馬，招集江西傖楚數百人，並有幹用，融特爲謀主。武帝疾篤暫絶，子良在殿内，太孫未入，融戎服絳衫，於中書省閤口斷東宮仗不得進，欲矯詔立子良。詔草已立，上重蘇，朝事委西昌侯鸞。俄而帝崩，融乃處分以子良兵禁諸門，西昌侯聞，急馳到雲龍門，不得進，乃曰：『有敕召我。』仍排而入，奉太孫登殿，命左右扶出子良，指麾音響如鐘，殿内無不從命。融知不遂，乃釋服還省，歎曰：『公誤我。』鬱林深怨融，即位十餘日，收下廷尉獄。子良不敢救，西昌侯固争不得，詔於獄賜死。」按「融乃處分」至「無不從命」一段，《南齊書》無，《南史》所添也。描摹情事，頗覺如繪，但李延壽既知此，則下文「西昌侯固争不得」一句亦《南齊書》所無，延壽何意又添此一句乎？武帝疾篤，太子前死，太孫幼戇，鸞篡奪之謀已定，若融計得成，鸞事敗矣，恨融刺骨，必欲殺之，安肯争其死乎？[一]「西昌侯」下省「鸞」字，亦非。

校讀記

[一]李慈銘曰：「慈銘案：鸞此時方務爲名譽，以融有人望，故争其死，亦情事之恒耳。」

作唐侯相

《王籍傳》:「爲作唐侯相。」《梁書》作「湘東王引爲諮議參軍,帶作唐令」,當從之。

左佐

《王筠傳》:「筠自撰其文章,以一官爲一集,自《洗馬》、《中書》、《中庶》、《吏部》、《左佐》、《臨海》、《太府》各十卷,《尚書》三十卷。」「中庶子」省「子」字亦通,「佐」上《梁書》無「左」字,筠嘗爲司徒左長史,當作「左佐」。

王華等傳分散非是

多人作傳,論中只論一人,一部《宋書》率犯此病,其因事配合牽搭則往往有意,非漫然也。如第六十三卷以王華、王曇首、殷景仁、沈演之同卷,《華傳》中又附以孔甯子,而論則以元嘉誅滅宰相徐羨之、傅亮、謝晦爲王華、孔甯子之力,《王曇首傳》中則云:「誅徐羨之等,平謝晦,曇首及華之力也。」然則論之不及曇首者,圖省文耳。至殷景仁則傾劉湛而殺之,沈演之則傾范蔚宗而殺之,論之不及,亦圖省文耳。聚於一卷,搭配甚妙,夫太甲復位，昌邑善終，羨之等固不可與伊、霍同年而語，要無反心，亦差可謂之志安社稷，湛罪亦不至於死，范蔚宗則更枉矣。惜沈約尚未能力表其誣，要其比類爲傳，意旨顯然，若《南史》則更改遷移，刊削顛倒，王華在第二十三，王曇首在第二十二，殷景仁在第二十七，沈演之在第三十六，原書旨趣蕩然無可窺尋矣。幸而原書具存耳。歐陽永叔請取唐人《九經義疏》删去讖緯，若其言得行，斯文喪矣。吾於南北諸書亦同此幸，要之，李延壽之所以必分散者，亦因欲使聚族故也，却使因事類敘之法盡廢。

又如《宋書》第七十一卷以徐湛之、江湛、王僧綽三人同傳，以此三人皆是爲元凶劭所殺，固宜同傳，第八十四卷以鄧琬、袁顗、孔顗三人同傳，以此三人皆是從晉安王子勛反見殺，固宜同傳，兩論只論一事而三人皆偏，亦得法。《南史》則總以一家爲斷，不以事類爲敘，徐湛之入《徐羨之傳》，江湛入《江夷傳》，王僧綽入《王曇首傳》，袁顗入《袁湛傳》，孔顗入《孔琳之傳》，《宋書》類敘之法被伊一齊打散，此國史也，豈家譜乎？不以事類爲敘，而必使以族屬爲敘，則作史專爲欲明人家世次譜牒乎？大謬之尤者。

惟朱齡石、超石、毛脩之、傅弘之四將，皆西征關中，軍敗陷虜，三見殺、一降，似乎恰好同傳，天造地設，故李延壽不能違異，而其實毛當專歸《北史》，此又仍《宋書》而誤者。

以僧爲名

甚矣南朝人之佞佛也，即如「僧」字，《説文》卷八上《人部》無，《新附》云：「浮屠道人也。」僧既浮屠之稱，何得用爲名？今散見各傳者，不可枚舉，而王氏尤覺糾紛，如王僧達、王僧祐、王僧綽、王僧虔，此王導之一族，如王僧孺則王肅之八代孫，又是一族，如王僧辨、王僧智則王神念之子，不知其所自出，又是一族。實非一宗而皆以僧爲名，《殷鈞傳》有宋尚書僕射琅邪王僧朗，至於《侯景傳》有王僧貴，則不足論。遂致讀者易於混亂，幾疑爲兄弟行者，至此却思李延壽於國史中作家傳，反覺不爲無功，爲之失笑。

唐陸龜蒙《小名録》采各書中所載南朝人小名，用僧名、佛名亦多。

又有父子同名僧者，殆如羲之、獻之之類，未暇詳考。

王儉首倡逆謀

劉裕簒晉，王弘爲佐命，蕭道成簒宋，弘弟曇首之孫儉首倡逆謀，王氏世以君國輸人者也。劉祥、謝超宗譏褚淵而不譏儉，何哉？

儉自幼篤學，手不釋卷，觀其引述《漢書》、《三都賦》、《晉百官表》，腹笥便便，專以學術爲佞諛之資。華林宴集，跪齊高帝前誦相如《封禪書》，其諂彌甚，殆不知人間有羞恥事者。

儉弟遜，昇明中爲丹楊丞，告劉彥節事，不蒙封賞。建元初，爲晉陵太守，有怨言。儉慮爲禍，因褚淵啟聞，伏誅。又劉祥撰《宋書》，直書禪代事，儉又密以啓聞，武帝銜之，致流竄死，見《南齊・祥傳》。儉真小人。

王儉嫡母武康主

《王儉傳》「儉嫡母武康主」云云，案儉父僧綽傳：「尚東陽獻公主。」此云「武康」，有誤。

虞祭明堂

「王儉議：『正月宜饗禮二郊，虞祭明堂。』」愚謂明堂安得稱虞祭？北雍本誤同，《齊書・禮志》作「虔癸」，尤非。彼本傳不載，疑當爲「虔祭」。

王儉年四十八

「永明七年，儉薨，年四十八」，案《齊書》儉薨年三十八，《南史》蓋誤以褚淵之年爲王儉之年。

儉、淵皆以宋世臣爲齊佐命，儉三十八，淵四十八，皆不壽。齊臺初建，淵啓高帝，引何曾自魏司徒爲晉丞相之例，求爲齊官，其無恥若此。淵子賁以父失節，深執不同，終身愧恨之，而淵拜司徒，其從弟炤嘆曰：「彦回少立名行，何意披猖至此。門户不幸，乃復有今日之拜。使彦回作中書郎而死，不當是一名士邪？名德不昌，遂有期頤之壽。」四十八而死，何云期頤？思之有味。

王阮亭《論詩絶句》云：「十載鈐山冰雪情，青詞自媚可憐生。彦回不作中書死，更遣匆匆唱《渭城》。」[一]刺嚴嵩也。今以《南史》褚淵從弟炤譏淵之言考之，乃是使彦回作中書郎而死云云。《通鑑》同。中書郎者，謂中書之郎官耳。考《淵傳》，淵生平未嘗爲中書令，阮亭誤記淵爲中書令，故遂誤云「不作中書」，若改「不作三公」則妙。

校讀記

[一]《戲仿元遺山論詩絶句三十二首》，西莊所引爲第二十首，見《漁洋山人精華録》卷五。

永嘉末

王儉之子騫傳：「永嘉末，召爲侍中。」監本作「永元」，是。永元，東昏號。

王僧虔論書誡子

《南齊書·王僧虔傳》載其論書一篇，偏論漢、魏、晉、宋書家凡二十七家，而獨不及羲之、獻之者，雖是因其名重，人所共知，無勞品評，如宋人選唐詩不收杜工部，然亦自有不滿羲之之意，其論亡曾祖領軍書云：「右軍云『弟書遂不減吾』，變古制，今唯右軍、領軍，不爾，至今猶法鍾張。」觀此可見。韓昌黎云「羲之俗書趁姿媚」，意與僧虔同。其論王平南廙云「右軍叔過江之前以爲最」，言廙是右軍之叔，其書過江之前爲最佳也。《南史》改爲「過江右軍之前以爲最」，如此則有推尊右軍意，其實不然。亡曾祖領軍者，名洽，字敬和，導之第三子，又有亡從祖中書令者，名珉，字季琰，珣之弟，二人皆附《晉書·導傳》，各家皆稱名，獨二人稱官。凡此所論皆指隸草，無大小篆法，隸始於秦，行之二千年，若欲廢隸用篆，斷斷不可，但書體淆訛已極，幸而《説文》尚存，天之未喪斯文也。學者必須尊信推崇，於隸中識篆意爲善。又僧虔誡子一篇，中多格言至論，而艱晦難讀，試觀宋時涇明董漢策所刻二王帖語多蹇澀費解，甚至不可句，可見當時簡牘本自如此，不盡由傳寫之誤，而傳寫脱謬者亦有之，《南史》惟任意删削，往往失其本來面目，而於其脱謬，則全不能有所是正也。如云：「曼倩有云『談何容易』，見諸玄，志爲之逸，腸爲之抽，專一書，轉誦數十家注，自少至老，手不釋卷，尚未敢輕言。汝開《老子》卷頭五尺許，未知輔嗣何所道，平叔何所説，馬鄭何所異，《指例》何所明，而便盛於麈尾，自呼談士，此最險事。設令袁令命汝言《易》，謝中書挑汝言《莊》，張吴興叩汝北雍本有「言」字。《老》，端可復言未嘗看邪？談故如射，前人得破，後人應解，不解即輸賭矣。且論注百氏，荆州《八袠》，又《才性四本》、《聲無哀樂》皆言家口實，如客至之有設也，汝皆未經拂耳瞥目，豈有庖厨不修，而欲延大賓者哉？就如張衡思侔造化，郭象言類懸河，不自勞苦，何由至此。」此段甚佳，凡爲子弟者當手録一通，懸之座右，《南史》盡削去，大非。馬鄭自是馬融、鄭玄，然二人未嘗注《老》，此言大可疑，恐上文「老子」當作「老易」，觀下并言《易》、《莊》、《老》則可知。荆州謂劉表。又云：「吾在世雖乏德素，要復推排人間數十許年，故是一舊物。」《南史》删「數」字，此字斷不可省，《南史》之妄如此。

耶耶

《王彧傳》：「子絢，讀《論語》『周監于二代』，何尚之戲曰：『可改耶耶乎文哉。』」尚之意以下文「郁郁乎」，「郁」與「彧」通故也。唐無名氏《古文苑》第九卷《木蘭詩》：「軍書十二卷，卷卷有耶名。阿耶無大兒，木蘭無長兄。願爲市鞍馬，從此替耶征。旦辭耶孃去，暮宿黄河邊。不聞耶孃唤女聲，但聞黄河流水鳴濺濺。」宋章樵注：「耶，以遮切。今作『爺』，俗呼父爲爺。」杜甫《兵車行》：「耶孃妻子走相送，塵埃不見咸陽橋。」又《北征》詩：「見耶背面啼，垢膩脚不襪。」以父爲耶，六朝及唐多有，其實古只作「邪」，譌爲「耶」，俗妄誠可笑，然如遼耶律氏未可改爲邪，則知古不容泥，若於耶上又加父，則誤中之誤，至如《梁書·始興忠武王憺傳》：「民爲之歌曰：『始與王，民之爹。』」姚氏自注：「徒可反。」左圭《百川學海》所采戴埴《鼠璞》辨荆土方言，爹徒我反，今浙人以父爲爹，字同音異，亦隨土聲而變爲陟斜切。[一]是爹與爺音同矣。

校讀記

[一]引《鼠璞》止此，見卷上《呼父爲爹》條。

童烏

楊子《法言》：「育而不苗者，吾家之童烏乎？九齡而與我《玄》文。」[一]童烏，子雲之子，而或以「童」字句絶，「烏乎」爲嘆詞。《南史》王彧之子絢，小字童烏，見《王藴傳》，亦見《南齊書·高帝紀》，又《宋書·范泰傳》云「揚烏豫《玄》，實在弱齒」，則童烏爲小字無疑。

校讀記

[一]見《問神》。按袁文《甕牖閒評》卷三載《步里客談》之説,「謂『童』下合有一點,蓋子雲之意,歎其子童蒙而早亡,故曰烏乎,是即『嗚呼』二字。」王楙《野客叢書》卷八載一老先生讀《法言》,亦謂「烏」連「乎」字作「嗚呼」字讀,王楙又曰:「僕觀後漢《鄭固碑》曰:『大男有揚烏之才,年七歲而夭。』蘇順賦:『童烏何壽之不將。』是時去子雲未遠,所舉想不謬,是童烏爲子雲之子小名。」另詳楊樹達《古書句讀釋例》。

王晏傳删非

《王晏傳》云:「仕宋,初爲建安國左常侍,稍至車騎。」《宋書》作「臨賀王國常侍,員外郎」,二者不同,《南史》於傳末一段追叙其爲員外郎時事,則前删「員外郎」三字,使後文爲無根。

三年喪請用鄭氏

《王淮之傳》:「武帝受命,拜黄門侍郎。永初中,奏曰:『鄭玄注《禮》,三年之喪,二十七月而吉,古今學者多謂得禮之宜。晉初用王肅議,祥禫共月,故二十五月而除,遂以爲制。江左以來,準晉朝施用,搢紳之士多遵玄義。夫先王制禮,以大順羣心。喪也寧戚,著自前經。今大宋開泰，品物遂理，愚謂宜同即物情，以玄義爲制，朝野一禮，則家無殊俗。』從之。」此《南史》用《宋書》文，乃於本紀刪去此事，豈以紀傳不可重出邪？紀中事不與志、傳重者無幾，史家紀載之體應爾，不嫌重也。黜王扶鄭，自此永爲定制，禮之至大者，紀中豈可不載？李延壽任意刪削，舛謬之極。

諸到傳位置皆非

《南史》到彥之孫撝，撝子沆，沆從兄溉、洽，洽子仲舉同傳。傳中叙彥之之長子元度，少子仲度，並早卒。仲度子撝，撝子沆，字茂瀣。若溉字茂灌，洽字茂沿，則皆撝弟坦之子。《梁書》皆與之合，但《梁書》以洽在二十七卷，溉在四十卷，沆在四十九卷《文學傳》。愚謂《南史》、《梁書》皆非也。到溉、到洽當時目爲兩到，乃嫡兄弟，而仕同時，官位事業、人品學問俱相等，皆無事蹟，不過平平人物，此必當合傳，萬萬無分理者，乃分爲二篇，溉兄洽弟，此何以先洽後溉。鄉貫及曾祖、祖父三代，兩傳重複叙入，即沆亦儘可同傳，乃必别爲《文學》，瓜區而芋疇之，姚氏父子兩世修史，乃略無裁斷至此。李延壽之以一家穿貫似矣，但彥之宋臣，撝齊臣，沆、溉、洽梁臣，仲舉陳臣，《南史》則以彥之作提頭，凡彥之子孫歷仕宋、齊、梁、陳者一并穿入《南史》，竟作成一部南北朝人家傳矣。只因魏晉以來官人以世，專用門閥品量天下士，李延壽又師心自用，必欲力矯前人之失，遂成此蔽。乃嘆茫茫千載，著述家家有病，甲既失矣，乙又未必得也。且莫講到詞義考據，只此卷第分配之間，皮毛之事而疵累已如此。

到溉顯貴

《梁書》論云：「溉遂至顯貴。」案溉官至侍中、散騎常侍。黄門侍郎與散騎常侍侍郎，當時以爲黄散，徐羡之委蔡廓典選，令其專主，不必關白，則非顯貴，其顯貴在侍中耳。

袁顗盛稱太子之美

袁顗當孝武帝大明末年，帝欲廢太子子業而立新安王子鸞，顗盛稱太子好學日新而止，但子業之不肖，人所共知，顗若以子鸞爲不可立，則勸其廢昏立次，可也，何反盛稱子業之美乎？及子業立，改元景和，是爲前廢帝，顗果以不見容而出，子業旋以無道，爲其叔父彧所殺而自立，改元泰始，是爲明帝。顗於此時始奉晉安王子勛即大位，旋敗走被殺，能無追悔前言否？子勛，孝武之子，顗奉之而史乃書反，亦非。《褚淵傳》中於順帝末袁粲欲圖誅蕭道成之事，反書粲爲懷貳，其謬亦同。

文帝諱日

《袁粲傳》："宋孝武孝建元年，文帝諱日，羣臣並於中興寺八關齋，中食竟，粲與黄門郎張淹更進魚肉食。御史中丞王謙之糾奏，免官。""文帝諱日"四字，《宋書》作"世祖率"三字，世祖即孝武也。粲後日能死忠，必不於君諱進肉，當從《宋書》。

何澗

《袁彖附宗人廓之傳》："時何澗稱才子。"《何遜傳》作"從叔僴，字彦夷"，作"澗"誤。

袁昂馬仙琕

《袁昂傳》載永元末，梁武帝起兵，州郡望風皆降，昂爲吴興太守，獨拒境，帝手書諭之，昂答書洋洋幾百言，絶大議論，無非説節義，及建康城平，遂受梁官，後遷吏部尚書，武帝謂曰："齊明帝用卿爲黑頭尚書，我用卿爲白頭尚書，良以多愧。"對曰："臣生四十七年矣。四十以前，臣之自有，七年以後，陛下所養。七歲尚書，未爲晚達。"其諂至此。馬仙琕爲齊豫州刺史，梁武起兵，使其故人姚仲賓説之，仙琕先爲設酒，即斬於軍門以徇，後爲梁軍所執,至石頭而脱之,帝勞之曰:「射鉤斬袪,昔人弗忌,卿勿自嫌絶。」謝曰:「小人如失主犬,後主飼之,便復爲用。」帝笑而美之。六朝人節義類此者頗多。論褒粲是也,譽昂則愚矣。

宋書有關民事語多爲南史删去

《宋書》有《良吏傳》,而孔季恭《南史》作「孔靖」。及其子靈符,羊玄保及其兄子希并沈曇慶諸人共爲一卷,皆取其治民有惠政者,《靈符傳》載山陰湖田議,議者十三人全載,《玄保傳》載吏民亡叛罪同伍議,《希傳》載占山澤以盜論議,皆因其有關於小民生養之計,載之極詳。論則言「江南爲國,雖南包象浦,西括邛山,至於外奉貢賦,内充府實,止於荆揚二州」,因而極論「田家作苦,役難利薄,亘歲從務,無或一日非農,而經税横賦之資,養生送死之具,莫不咸出於此。穰歲糶賤,糶賤則稼苦;饑年糴貴,糴貴則商倍」,此段言農民之苦已自惻然,此下言「常平之議,行於漢世。元嘉十三年,東土潦浸,民命棘矣,太祖省費減用,開倉廩以振之,病而不凶,蓋此力也。大明之末,積旱成灾,雖敝同往困,而救非昔主,所以病未半古,死已倍之,并命比室,口減過半。若常平之計,興於中年,遂切扶患,或不至是」,此段以元嘉、大明相較,見倉儲之爲急,而欲行常平,常平行則商賈不得操其奇嬴，而無糶賤糴貴之患矣。常平説已詳前第十二卷，而《宋書》此篇誠爲卓然至論，《南史》既遷移其篇次，而於湖田議竟盡削去，羊玄保、羊希二議亦僅存什一，其論贊每襲取舊文，而於此篇之卓然者反棄不用，《南史》意在以删削見長，乃所删者往往皆有關民生疾苦國計利害，偶有增添，多諧謔猥瑣或鬼佛誕蔓，李延壽胸中本不知有經國養民遠圖，故去取如此。又《宋書·孔琳之傳》桓玄欲廢錢用穀帛，琳之議錢不可廢，論則先言食貨兩不可無，繼又言兩者之交病，而末段又推論之云：「先宜削華止僞，還淳反古，抵璧幽峰，捐珠清壑。然後驅一世之民，反耕桑之路，使縑粟羨溢，同於水火。既而蕩滌圜法，銷鑄勿遺，立制垂統，永傳于後，比屋稱仁，豈伊唐世。桓玄知其始而不覽其終，孔琳之覩其末而不統其本。」此段尤爲探本之論，恐沈約不辨有此，當是前世名臣之言，約仍之耳，抑約亦通敏能見及此，若李延壽則無學識陋儒也，於琳之議削去十之八九，論亦棄不用，予今讀之，乃不覺反覆賞嘆，而深有味乎其言。

南齊書不譏褚淵

《南齊書·褚淵傳》叙其爲齊佐命，至建元二年進位司徒之後云：「輕薄子頗以名節譏之，以淵眼多白精，謂之『白虹貫日』，言爲宋氏亡徵也。」如此負國懷奸，而猶以譏之者爲輕薄子，蕭子顯是道成孫，其言自合如此，《南史》以「白虹貫日」云云爲袁粲之言，與《南齊書》不同，《南史》又添「粲語淵毋爲竹帛所笑」云云，又添「王儉欲加道成黄鉞，任遐譏淵保妻子愛性命」云云，皆《南齊書》所無，此則《南史》之勝於本書者。又謡云：「寧爲袁粲死，不作彦回生。」亦《南史》有《南齊》無，此篇所添頗有意。

《南齊》於淵論贊尤多恕詞，至云：「貴仕素資，皆由門慶，平流進取，坐至公卿，則知殉國之感無因，保家之念宜切。市朝亟革，寵貴方來，陵闕雖殊，顧盼如一。」此論亦可解嘲，六朝、五代皆如置棊，然五代諸臣何難行遯，六朝則欲遯無從，不可與馮道例。

褚賁傳互有短長

《南齊書》叙淵之長子賁歷官云：「解褐秘書郎。昇明中，爲太祖太尉從事中郎、司徒右長史、太傅户曹屬、黄門郎、領羽林監，齊世子中庶子，領翊軍校尉。建元初，仍爲宫官，歷侍中。」《南史》則其首先冠以「少耿介。父背袁粲等附高帝，賁深執不同，終身愧恨之，有棲退之志」，皆《南齊書》所無，此下却突接云「位侍中」，竟不知其何由而得侍中也。據《南齊》則賁在宋末已歷任高帝、武帝官屬，革命後仍爲宫官，然後遷爲侍中，侍中是尊顯權要之職，賁固久爲齊臣矣。《南齊》於此下但言：「淵薨，服闋，以爲侍中，領步兵校尉、左民尚書、散騎常侍、秘書監，不拜。上表稱疾，讓封與弟蓁，世以爲賁恨淵失節於宋室，故不復仕。」如此而已，夫父在觀其志，父没觀其行，賁於淵死後，不拜官，稱疾讓封，愧恨乃父之意顯然，乃猶迂其詞曰「世以爲」云云，蕭子顯身爲齊之子孫，故多諱飾，李延壽則力表其謝病廬墓絶食拒客釘塞門户，延壽是也。但欲表賁忠以形淵醜，若書其先歷任齊官，恐礙賁之節，於是没其實而去之，則又謬，此非求文法簡净，乃是有意掩覆矣。二史互有短長。

淵之祖秀之與弟淡之爲晉親臣而貳於宋武帝，妹爲晉恭帝后，殺后所生男非一，又弑恭帝，淵又以宋駙馬而求爲齊臣，累世賣國，醜聲真自不堪。淵雖貴，劉祥輩揶揄殆不可耐。建元中，何點謂人曰：「我作《齊書》，云淵既世族，儉亦國華。不賴舅氏，遑卹外家。」見《南齊·高逸·何求傳》。丘靈鞠詣别，淵脚疾不起，靈鞠曰：「公一代鼎臣，不可復爲覆餗。」見《文學傳》。至隆昌末，樂預尚云：「人笑褚公，至今齒冷。」見《孝義傳》。其攢譏竦誚如此，賁蓋深羞之，故立節以拉拭焉。梁鴻之父仕王莽，故鴻終身不仕，欲以雪其恥也。且王莽之子尚知非莽隔絶平帝外家，與師吴章謀以血灑門，欲以悟莽。朱温之兄尚知責温以滅唐家三百年社稷，他日得無滅吾族。王安石之弟亦知安石行新法、昵吕惠卿之非，勸以遠佞人。骨肉之間，忠奸異趣，由來如是。

張稷弑齊東昏侯，東昏雖昏暴，稷究以逆節被彈，稷子嵊蓋深恥之，故於侯景之亂合門死難，以雪其辱，其忠也正，其所以爲孝，與褚賁等心事正同。

左户尚書

《南史》「賁爲左户尚書」，《南齊》作「左民」，此江左制也。觀《宋》、《齊》二書《百官志》可見。作「户」者，避唐諱而改。

黄門郎

《蔡廓傳》：「廓自豫章太守徵入爲吏部尚書，請於中書令傅亮，選事悉以見付。亮語録尚書徐羨之，羨之曰：『黄門郎以下悉以委蔡，自此以上，宜共參同異。』」「黄門郎」，《宋書》同，《通鑑》作「黄散」，胡三省曰：「黄散，謂黄門侍郎及散騎常侍侍郎也。」[一]

校讀記

[一]李慈銘曰：「案：此徐羨之所謂『黄散』，乃黄門郎、散騎郎，非指侍郎、常侍也。當時黄門侍郎、散騎常侍，入省珥貂，已爲華要之選矣，《宋書・孔覬傳》云：『晉世散騎常侍之選與侍中同，以後漸輕，世祖欲重其選，以覬及王彧爲之，又分吏部尚書爲二人，以輕其任。蔡興宗謂

人曰：『選曹要重，常侍閒淡，雖主意欲爲輕重，人心豈可變耶？』觀此，可知黄散不當指常侍矣。」

蔡興宗傳誤

《蔡興宗傳》：「右軍將軍王道隆躡履到興宗前，不敢就席，良久方去，竟不呼坐。元嘉初，中書舍人秋當詣太子詹事王曇首，不敢坐。其後中書舍人弘興宗爲文帝所愛遇，上謂曰：『卿欲作士人，得就王球坐，乃當判耳，殷劉并襍，無所益也。若往詣球，可稱旨就席。』及至，球舉扇曰：『君不得爾。』弘還，依事啟聞，帝曰：『我便無如此何。』至是，興宗復爾。」案此事《宋書》所載，「秋當」作「狄當」，[一]「弘興宗」作「王弘」，彼是，當從之。[二]狄當又嘗詣張敷，就席，敷呼左右移席遠客，見《敷傳》，然則作「狄」是。《陸慧曉傳》及《恩倖傳》叙首亦皆作「秋當」，亦誤也。此文於下仍云「弘還」，則其上作「弘興宗」，似是一姓弘名興宗之人者，其爲傳寫之誤可知。「至是興宗復爾」六字，彼作「五十年中有此三事」八字，二者皆非紀載之體。「無所益也」，彼作「無所知也」。「就席」下，彼無「及至」二字，則此文爲勝，王弘乃又是一人，非爲太保字休元者，[三]彼乃王導曾孫，門閥甚高，何不坐之有。又考《江斆傳》紀僧真詣斆，坐定，斆命左右移吾牀讓客。與張敷事絶相似。[四]

校讀記

［一］李慈銘曰：「慈銘案：作『秋』爲是，錢大昕引《廣韻》『秋』字注證之，是也。」

［二］李慈銘曰：「案：王弘是曇首之兄，文帝時爲宰相，親重第一，此人何得與之同名？《宋書》之誤顯然。惟《南史》作「宏興宗」，亦誤，其下文仍稱「宏還」，則宏自名而非姓。蓋當從《南史·王球傳》作『徐爰』爲是。爰見《宋書·恩倖傳》，即領著作修國史者。蓋因『爰』誤『宏』，又轉爲『弘』，《宋書》復因上文方言王曇首，遂誤爲『王弘』，《南史》因在《蔡興宗傳》，遂誤爲『弘興宗』，要皆傳刻之失，非沈、李之誤。」

［三］李慈銘曰：「案：球乃太保弘之從祖弟，亦王導曾孫也。弘兄弟位望遠高於球，《南史》於《球傳》且稱其『不依附弘』，西莊於史學可謂疏甚。」

［四］參見王懋竑《讀書記疑》卷八《南史·蔡興宗傳》一條。

以女妻姊之孫

《宋書·蔡興宗傳》：「妻劉氏早卒，一女甚幼，外甥袁顗始生彖而妻劉氏亦亡。興宗姊，即顗母也，一孫一姪，躬自撫養，年齒相比，欲爲婚姻，每見興宗輒言此意。大明初，詔興宗女與南平王敬猷婚，興宗以姊生平之懷，屢經陳啟，答曰：『卿諸人欲各行己意，則國家何由得婚，且姊言豈是不可違之處邪？』」舊意既乖，彖亦他娶。其後彖家好不終，顗又禍敗，彖等淪廢當時，孤微理盡。敬猷遇害，興宗女無子嫠居，名門高胄多欲結姻，明帝亦敕適謝氏，興宗並不許，以女適彖。」此事既無理，叙次又茫昧，令讀者生疑，《南史》但削去數句，於其情事曲折則全不能明析也。「始生彖」，「生」下《南史》添「子」字，是。一孫謂彖，一姪謂興宗之女，計興宗之女與顗是内外兄弟，豈可爲其子婦？興宗之姊，婦人無識，有此謬見，興宗累世大有名位，不應徇之。明帝但言姊言豈不可違，不言其行輩不合，又下文言興宗女無子嫠居，則其上「彖亦他娶」下應有「興宗女他適」一句。至此女閲歷如許變故，不但孀婦，年亦壯大矣，名門高胄何至争欲娶之，敬猷已死，人臣家有女，聽從其便可也，何以明帝又敕適謝氏，益覺可笑。興宗又竟抗違而展轉曲從初訂之謬約，如此門閥，使女再醮已甚可醜，必以妻姊之孫更屬荒唐，倫序乖舛，誠不可解。

《南史》於《袁湛傳》連及諸袁，顗爲袁淑兄之子，而彖則爲顗弟覬之子，非顗子也。顗之子昂傳屢言從兄彖，又昂幼孤，爲彖所養，彖卒，昂制朞服，人怪問之，答書極言情逾同生，不當爲諸從服，則彖非顗子，已與《蔡興宗傳》互異，《彖傳》云：「祖舅征西將軍蔡興宗器之。」祖舅者，父之舅也。然則興宗之姊乃袁覬之母，非顗母矣。《彖傳》又云：「彖幼而母卒，養於伯母王氏，事之如親。」則彖爲伯母王氏所養，非祖母蔡氏所養，又與《興宗傳》

互異，而《宋書·袁顗傳》一則曰顗舅蔡興宗謂之曰云云，再則曰尚書右僕射蔡興宗是顗舅云云，則又與《興宗傳》合矣。乃傳末一段言顗以奉晉安王子勛事敗死，太宗即明帝忿之，投尸於江，兄子彖微服求訪，密致喪葬，則又與《興宗傳》不合矣。種種牴牾，不可爬梳，大約以女妻姊之孫一事斷非其實。[一]

校讀記

[一]周一良《宋書札記·婚姻不計行輩》條於此有詳釋。

山陰公主悦褚淵

「宋孝武帝長女山陰公主悦褚淵，白前廢帝，召淵西上閤宿，公主夜就之，淵不從」，考淵尚宋文帝女南郡獻公主，於山陰公主爲姑夫，及觀何尚之之孫戢傳：「戢美容儀，動止與褚淵相慕，時人號爲小褚公，選尚孝武女山陰公主。」審爾，則公主又何必苦求淵侍己？真可發一大笑。

何佟之

「何昌寓字儼望，尚之弟子也。父佟之，位侍中」，案此與《儒林傳》中何佟之姓名偶同，非一人。

洗閤

《何尚之傳》論洗閤取譏，傳中無所謂洗閤事，乃别見《張暢傳》，但此事何不直載入《尚之傳》邪？此傳論不相應，殊爲非體。

十七史商榷卷六十一

南史合宋齊梁陳書九

中詔

《南齊書·張緒傳》末引建元初中詔，案沈約《自序》自注云：「事見文帝中詔。凡中詔今悉在臺，猶法書典書也。」然則此乃當時記録之名。

張卲張褘

《南史·張卲傳》中「卲」字凡數十見，《宋書》四十六卷《卲傳》與《南史》並同，《通鑑》亦同，惟《宋書》五十九卷《張暢傳》作「張劭」，而近人校《南史》者，一槩俱改作「劭」，未詳。又《南史·張暢傳》云：「卲兄褘子。」《宋書》五十九卷《張暢傳》亦作「褘」，而四十六卷則作「偉」，《通鑑》第一百十九卷亦作「偉」，二者不同。褘承劉裕使，酖故主晉恭帝於道，自飲而卒，奇忠千古僅見，《南史》斷自劉宋始，以禕係晉臣，故僅附見於《暢傳》而不爲别立傳。

宋書爲妄人謬補

《宋書》第五十九卷有《張暢傳》，此是沈約原本，其前四十六卷先有《暢傳》，則後世妄人謬取《南史》攙入者。四十六卷目列趙倫之、到彦之、王懿、張劭四人，内到彦之闕，卷末又無論贊，則此卷本自不全，致遭妄人蛇足，於劭之後又附以暢一人，兩傳前後複出，不知《宋書》不似《南史》，一族之人必聚一處，其中有父子各卷如顔延之、顔竣之類，况暢是劭兄子，何必附入？〔一〕想妄人偶讀至此，忽憶劭有姪暢，以爲遺落，竟未及檢照五十九卷，率爾抄入，不然，則何所取乎？此傳與《南史》文並同，惟《南史》云魏太武南征，此則改云魏主拓跋燾南征，以下皆稱「魏主」，其實《宋書》中「魏主」字樣是口氣，非史臣筆，史臣則稱「索虜」，不稱「魏主」，今此所改乃又妄人之强作解事者，此篇於《宋書》中宜删去。又《南史》於各帝皆稱謚法，《宋書》則稱廟號，然亦間有稱謚法者，例亦未能畫一，此四十六卷中趙倫之、王懿、張劭三篇皆稱謚法，所以妄人於《張暢傳》亦改世祖爲孝武，却不可因《張暢傳》而疑趙倫之等亦非沈約原文也。臣穆等跋執稱謂不同，不可泥。

校讀記

[二]李慈銘曰：「慈銘案：劭子敷，《宋書》卷六十二亦自有傳，而此卷《邵傳》下又連綴《敷傳》，此亦重出。王氏蓋未檢《殿本考證》，萬承蒼亦未舉及此，以輝按：『以』字疑誤，當爲『足』字或『可』字。見失于眉睫者之多也。但《宋書》此卷，明是後人取《南史》補，而略改數字，休文于宋諸帝例稱廟號，王氏謂『亦有不畫一』者，不知何所指。要之，張暢等傳重出，昔人已多言之，此條但當云《宋書》四十六卷張邵等傳，後人取《南史》所補，邵子敷及兄子暢傳皆重出，《暢傳》在卷五十九，《敷傳》在卷六十二，即此已明，何必詞費乃爾耶？」

敷演鏡暢

《宋書·張邵傳》：「子敷演敬，有名於世。」又：「邵，兄偉之子。」《暢傳》亦云：「暢少與從兄敷演敬齊名。」考《南齊書》第四十一卷暢之子融傳云：「張氏知名，前有敷演鏡暢，後有充融卷稷。」《南史》三十二卷《融傳》與《南齊》同，「敬」皆作「鏡」。案《宋史·太祖本紀》：「太祖姓趙氏，諱匡胤，祖名敬。」此當爲宋人校者避諱而改。

張融不寄人籬下

「張融《自序》云：『吾文章之體，多爲世人所驚。夫文豈有常體，但以有體爲常。丈夫當删《詩》《書》、制禮樂，何至因循寄人籬下。』」愚謂六朝便有此等妄人，何況唐宋以下，去孔子愈遠，學問不寄人籬下，便是亂道。孔子曰：「博學于文，約之以禮，亦可以弗畔。」弗畔者，寄人籬下之謂也。

南史附傳皆非

《南史》無《藝術傳》，故以徐文伯嗣伯兄弟世精醫術，而强附入《張融傳》，實則欠妥。又如釋寶誌以附《隱逸·陶弘景傳》，亦爲不當。[一]《南齊書》亦無《藝術傳》，故於褚淵之弟澄傳附徐嗣，即嗣伯也，亦欠妥，而又但有嗣無文伯，載嗣醫術靈驗只兩事，較《南史》甚略，其一事直閤將軍房伯玉冷病云云，彼文只作有一傖父，《南史》於此等瑣碎處往往小有添補，亦不無微益，惟縛芻爲鬼下鍼，李延壽慣喜説鬼，亦不足責，所可怪者，以文伯兄弟爲東海人，《南齊書》則作東陽人，文伯之曾祖熙，祖秋夫，父道慶皆精醫而熙已居秦望山，又宋文帝言天下五絶皆出錢唐，謂杜道鞠彈棊、范悦詩、褚欣遠模書、褚允圍棊、徐道度療疾也。然則自是東陽，非東海。

校讀記

[一]王懋竑《讀書記疑》卷八《南史》云：「徐文伯家世精醫術，當入《藝術傳》，不當附《融傳》後，《南

史》無《藝術傳》，故以附此，然如釋寶誌之流，以附《隱逸》頗爲未當，當於《南史》中加出之。」西莊本此。

范蔚宗以謀反誅

范蔚宗曾祖汪，祖甯，父泰，世擅儒學，蔚宗亦博涉經史，善爲文章，仕宋貴顯，忽坐謀反，與其四子一弟同死于市。計蔚宗性輕躁不謹，與妄人孔熙先往還，是其罪耳，決不當有謀反事也。蔚宗生晉安帝隆安三年，宋受禪年二十二，蓋當宋臺初建即仕劉氏，故國之思既已絶無，新朝之恩則又甚渥。熙先以文帝弟義康出鎮豫章，欲弑帝迎義康立之，此真妄想，事之必不能成，下愚亦知，蔚宗乃與共謀乎？且當義康執政，蔚宗以飲食細過爲所黜逐，怨義康必甚，熙先鉤蔚宗之甥謝綜，綜爲解隙，亦何肯遂以身殉乎？蔚宗于文帝君臣之際，樂游應詔，豫陪賡歌，擕伎被彈，愛才不罪，爲左衛將軍掌禁旅，參機密據《通鑑》，深加委任，可謂嘉遇矣，忽欲操戈相向，非病狂喪心，何乃有此。熙先説誘蔚宗以國家不與爲婚姻，當日江左門户高於蔚宗者多，豈皆連姻帝室者，而蔚宗獨當以此爲怨，亦非情理。蔚宗始則執意不回，終乃默然不答，其不從顯然，反謂其謀逆之意遂定，非誣之邪？蔚宗言於上，以義康姦釁已彰，將成亂階，反謂其欲探時旨，此旨求其故而不得，從而爲之詞者。乃云衡陽王義季等出鎮，上於武帳岡祖道，蔚宗等期以其日爲亂，區區文士欲作壽寂之、姜産之伎倆，是何言與？況熙先主謀，反稱爲蔚宗等，徐湛之告狀亦首稱賊臣范蔚宗，真不可解。初被收，不肯款服，自辨云：「今宗室磐石，蕃嶽張跱，設使竊發僥倖，方鎮便來討伐，幾何而不誅夷，且臣位任過重，一階兩級，自然必至，如何以滅族易此。」又云：「久欲上聞，逆謀未著。又冀其事消弭，故推遷至今。」然則蔚宗特知情不舉，乃竟以爲首亂之人，何哉？蔚宗善彈琵琶，文帝欲聞，終不肯，其耿介如此。序《香方》，一時朝貴咸加刺譏，想平日恃才傲物，憎疾者多，共相傾陷，《宋書》全據當時鍛練之詞書之，而猶詳載其自辨語，《南史》并此删之，則蔚宗冤竟不白矣。

蔚宗與沈演之同被知遇，演之每先入見，不及待蔚宗，史謂蔚宗以此爲怨，故有反心。愚謂蔚宗固未必以此爲怨，而沈演之則正是忌蔚宗才，妬蔚宗寵，傾而殺之者，見《宋書·演之傳》。蔚宗又語何尚之云：「謀逆事聞，孔熙先説此，輕其小兒不以經意。今忽受責，方覺爲罪。君方以道佐世，使天下無冤，弟就死後，猶望君照此心也。」尚之亦正是與羣小朋比而陷蔚宗者，亦見《宋書·尚之傳》。蔚宗乃向彼訴冤，急不擇音耳。蔚宗又自言外人傳庾尚書見憎，計與之無惡。尚書者，炳之也。蔚宗雖自言無惡，然《宋書·徐湛之傳》云：「劉湛伏誅，殷景仁卒，太祖即文帝委任沈演之、庾炳之、范蔚宗等。」然則争權妬寵，炳之傾害蔚宗，事所必有。

蔚宗與甥姪書，自序其讀書作文之法甚備，甘苦藴味，千載而下，可以想見。如云：「吾狂釁覆滅，豈復可言，汝等皆當以罪人棄之，然平生行己，猶應可尋。」又云：「年三十許，政始有向，自爾以來，轉爲心化。往往有微解，言乃不能盡，至所通處，皆自得於胸懷耳。」又云：「文章轉進，但才少思難，每於操筆，恥作文士。」又云：「文患事盡於形，情急於藻，義牽其旨，韻移其意。雖時有能者，大較多不免此累。政類工巧圖繢，竟無得也。常謂情志所託，故當以意爲主，以意爲主則其旨必見，以文傳意則其詞不流。觀古今文人多不全了此處，縱有會此者，不必從根本中來，吾思乃無方，所禀之分猶當未盡，亦由無意於文名故也。」觀其所述，志在根本之學，六朝文士罕見及此。又自論其《後漢書》云：「吾襍傳論皆有精意深旨，既有裁味，故約其詞句，至《循吏》以下及《六夷》諸序，論筆勢縱放，實天下之奇作。比方班氏，非但不愧而已。」又云：「贊自是吾文傑思，殆無一字空設，此書行，故應有賞音者。自古體大而思精，未有此也。」其自負如此，危難之際，牢户之中，言之津津，良可悲矣。沈約史才較蔚宗遠遜，爲其傳，不極推崇，似猶有忌心，李延壽爲益二語云：「於屈伸榮辱之際，未嘗不致意焉。」此稍見蔚宗作史本趣，今讀其書，貴德義，抑勢利，進處士，黜姦雄，論儒學則深美康成，褒黨錮則推崇李杜，宰相多無述而特表逸民，公卿不

見采而惟尊獨行，立言若是，其人可知，犯上作亂必不爲也。[一]

校讀記

[一]李慈銘曰：「案王氏此論，卓識邁前，千古定案。嘗謂蔚宗此獄，揆之於事，於勢於情皆所必無，徒以不絕熙先之徒，聞其言而不先發，遂橫見引逮，朝士素嫉，共成其罪，凡犬豕相遇之言，妹妾流涕之訣，皆忌者妄傳之耳。武子大儒，宣侯名臣，其閨門亦何至是耶？」輝又按：陳澧《東塾集》卷六後附《申范》一卷，取《宋書》范曄本傳一一爲之辨正，所推益密。

虎帳岡

《南史·范蔚宗傳》云：「元嘉二十二年九月，征北將軍衡陽王義季、右將軍南平王鑠出鎮，上於虎帳岡祖道。」考之《宋書》，本作「武帳岡」，《通鑑》第一百二十四卷亦作「武帳岡」，胡三省注引杜佑曰：「岡在廣莫門外宣武場，設行宫便坐於其上。」袁樞《通鑑紀事本末》同。《漢書·汲黯傳》：「上嘗坐武帳，見黯。」應劭曰：「武帳，織成帳爲武士象也。」孟康曰：「今御武帳置兵闌五兵於帳中也。」師古是孟説。《通鑑》第二十四卷《漢昭帝紀》：「將廢昌邑王，太后被珠襦，盛服坐武帳，中侍御數百人皆持兵期門，武士陛戟陳列殿下。」事亦見一百四十八卷。元嘉武帳，取此義也。後之校《南史》者誤以爲李延壽避唐諱改作「武」，實當作「虎」，遂奮筆改之，而初不知其本當爲「武帳」，並非因延壽避諱改也。[一]校書者之不學如此。

校讀記

[一]王懋竑《讀書記疑》卷八《南史》云：「虎帳岡，《宋書》作『武帳岡』，宋不諱『虎』字，此自名武帳岡，後人以『虎』字多作『武』，故以例改之而不知其誤也。凡史所諱皆當仍其本字，或於卷末註明之，《北史》多仍舊而《南史》所改者十之七八矣，又有誤改者，如武岡之類，其所不及知者則不復改，校者之不學如此，可爲一喟也。」西莊之説本此而推廓之耳。又按陳垣《史諱舉例》卷六末條全載西莊此條而漏注出處。

久喪而不葬

《何承天傳》：「元嘉十六年，除著作佐郎，尋轉太子率更令，著作如故。時丹楊溧陽丁況等久喪而不葬，承天議曰：『《禮》云還葬，當謂荒儉一時，故許其稱財而不求備。丁況三家數十年中葬輒無棺櫬，實由淺情薄恩，同於禽獸者耳。丁寶等同伍積年，未嘗勸之以義，繩之以法。十六年冬，既無新科，又未申明舊制，有何嚴切，欻然相糾。或由隣曲分争，以興此言。如聞在東諸處，比例既多，江西、淮北尤爲不少，若但謫此三人，殆無所肅，開其一端，則互相恐動。臣愚謂況等三家，且可勿問，因此附定制旨：若人葬不如法，同伍當即糾言。三年除服之後，不得追相告引。』」愚謂「久喪而不葬」，「不」下脱「棺」字，「數十年中」，「十」字衍文。《宋書》無「比例」，當作「此例」。「還葬」二字出《檀弓》上篇：「子游問喪具，夫子曰：『稱家之有亡。』子遊曰：『有亡惡乎齊？』夫子曰：『有毋過禮。苟亡矣，斂首足形，還葬，縣棺而封，人豈有非之者哉？』」《南史》此段文義甚屬費解，加以脱誤，尤不明析。《禮》所云還葬者，謂斂畢即葬，不待按期，如此者實因其家貧，故許其不備禮，若喪久按期乃葬，則必備禮矣，然即在還葬者亦但許其不備禮而已，非竟可無棺也。今丁固等並非斂畢即葬，係久喪乃葬，而竟不用棺櫬，直舉父母埋之土中，其罪大矣。但當時行此者甚多，不止丁固等，而同伍丁寶等之糾告丁固等則又非，蓋葬不如法，同伍當下即合告發，今三年除服後相隔已久，忽然相告，明是挾嫌也。

威斗

「張永開玄武湖，遇古冢，冢上得一銅斗，有柄。宋文帝以訪朝士，承天曰：『此亡新威斗。王莽三公亡，皆賜之。一在冢外，一在冢内。時三台居江左者唯甄邯爲大司徒，必邯之墓。』俄而永又啟冢内，更得一斗，復有一石，銘『大司徒甄邯之墓』。」何氏焯曰：《漢書》

邯終大司馬，銘不得爲大司徒，死在王莽始建國四年壬申，天鳳四年丁丑八月乃鑄威斗，不應追納諸墓。又威斗，莽欲以厭勝衆兵，令司命負之，莽出在前，入在御旁，司命孔仁左杖威節、右負威斗，即其職也。當莽之漸臺，猶抱持符命威斗，似亦非賜臣下送終之器。此説恐全屬附會。

顔公

《顔延之傳》：「延之與何偃從上南郊，偃路中遥呼延之曰：『顔公。』延之以其輕脱，答曰：『身非三公之公，又非田舍之公，又非君家阿公，何以見呼爲公？』」以稱公爲輕脱，自漢有之，高祖稱所送徒曰公等，見本紀，鼂錯父稱錯爲公，見《錯傳》，是也。《北史·李幼廉傳》：「齊文宣與語及楊愔，誤稱爲楊公。」此蓋平日熟稱不覺，故致此誤，則北朝朝士相呼爲公，亦與南朝同。[一]

校讀記

[一]《日知録》卷二十《非三公不得稱公》條考之最詳，可參看。

顏竣殺父妾

「顏延之有愛姬，非姬食不飽，寢不安。姬憑寵，蕩延之墜牀致損，延之子竣殺之，延之痛惜甚至，常坐靈上哭曰：『貴人殺汝，非我殺汝。』」愚謂妾罪小，竣竟殺之，非怒其損父，忌其寵於父耳。竣之不孝，宜乎不得其死。嚴武殺父妾，以其奪母寵也，獨不爲父地乎？知母不知父，非人道矣。

顏謝優劣

《延之傳》末載鮑照評顏、謝兩人文章優劣數語，甚佳，《宋書》無。

顏竣鑄錢議

宋制，有事百官集議，衆議不同，並以啟上，《宋書》中往往載之，如《顏竣傳》中載其鑄錢兩議，《孔季恭傳》中載其墾湖田議，是也。但所議攙用吏牘，殊不可讀，《南史》遂痛削之，僅存一二，若無本書，則當時制度全不見。《竣傳》鑄錢議刪削尤多，不見其本意，當從《宋書》補正。[二]

校讀記

［一］王懋竑《讀書記疑》卷八《南史》云：「《顏竣傳》鑄錢兩議删削過多，不見其本意，當從《宋書》補正。宋制，百官集議，衆議不同，並以啓上，《宋書》往往載之，《竣傳》其一也。然所議攙用吏牘，又有譌脱，頗難曉解，《南史》因並削之，僅載一二，當時之制遂不見於後世，甚爲可惜。」西莊此條全鈔《記疑》。

南史延之父子論襲舊爲得

《宋書》以延之獨爲一卷，其子竣傳隔卷，乃於延之論中專論顏竣之代孝武帝作檄以聲逆劭罪，將陷父於死爲不孝，獨提此事論之，然此應入竣傳，今《延之傳》何無所論，而獨舉此一事乎？《宋書》論每如此偏側，《南史》則論皆襲舊，因顏氏父子同卷而襲用此論，翻覺愜合。

羊欣傳多晉事

《羊欣傳》前半篇皆《晉書》中事，入之本史非例，此沿襲《宋書》之文而謬者。曾祖忱，晉徐州刺史，祖權，黄門郎。案陶弘景《真誥》卷一《運題象》篇注云：「羊權字道輿，忱之少子，晉簡文黄門郎。」即羊欣祖是也。

江湛五子

《江湛傳》：「五子，恁、恕、憼、憖、法壽。」《宋書》亦云五子，而落去「憼」字，則似以法壽爲二人矣，誤也。

江總自序

《江總傳》云：「爲宫端，與太子爲長夜飲，養良娣陳氏爲女，太子亟微行游總家，宣帝怒，免之。」太子即陳後主也。宣帝怒免總是矣。宣帝建元太建，而總《自序》乃云：「太建時，權移羣小，屢被摧黜。」小人欲變亂是非如此。《隋文帝紀》：「開皇九年，平陳，以陳都官尚書孔範、散騎常侍王瑳、王儀、御史中丞沈觀等，邪佞於其主，以致亡滅，皆投之邊裔。」而總與諸人同爲狎客，邪佞更甚，陳亡入隋，乃獨得倖免，且靦顔拜上開府，安然壽終，年七十六，子溢，慠誕驕物，亦歷仕兩朝，以功名終。若無史書，小人更何所憚哉？有史在，惡人多福者，其惡千載炳然不滅矣。

沈攸之非不臣非反

《南史·沈攸之傳》：「攸之爲鎮西將軍、荆州刺史，加都督，聚斂兵力，漸懷不臣之心。」愚謂此齊人曲筆，而李延壽襲之，沈約修《宋書》在齊武帝時，故多回護，延壽則不應爾。《宋書·攸之傳》書以反叛，不知攸之乃反齊，非反宋也。正如魏毌丘儉等之反，反司馬氏，非反魏也。《通鑑綱目》第二十七卷書此事云：「宋荆襄都督沈攸之舉兵江陵，討蕭道成。」得其實矣。

梁書無柳仲禮

《梁書》無《柳仲禮傳》，按侯景圍臺城，援兵四集，仲禮爲總督，乃案兵不動，坐觀國破。論者以爲梁禍始於朱异，成於仲禮。《梁書》惟於《韋粲傳》中見粲推仲禮爲大都督事，粲先死節，而仲禮安然自全，此後事，《粲傳》本不當見，然非《梁書》一大缺乎？仲禮後降西魏，《魏·周書》皆不見，賴《南史》補之，最有功，雖於例應入北朝，然補缺功不可没，亦附《柳元景傳》，則其病。朱异公然良死，讀史者恨之，與秦檜等，柳仲禮入魏，《南史》不言如何死法，又一缺也。

二萬人食米數

古量小，説已見第十一卷。《宋書・劉勔傳》：「淮西人賈元友請北伐，勔議曰：『二萬人歲食米四十八萬斛，五年合須米二百四十萬斛。』」按據此計算，每人一日食米三升三合有零，今人雖健啖不能食此數，六朝時量比今尚小。

與手

《宋書・薛安都傳》：「從[一]弟道生，爲秣陵令庾淑之所鞭，安都執矟，欲往殺淑之，逢柳元景，元景曰：『小子無宜適，卿往與手，甚快。』」又《索虜傳》：「元嘉二十七年，拓跋燾寇汝南，世祖遣劉泰之等向汝陽，襲殺三千餘人，諸亡口悉走，大呼云：『官軍痛與手。』」《南史・張彪傳》：「彪爲趙稜所刺，謂左右韓武曰：『我尚活，可與手。』武遂誅稜。」《通鑑》第一百八十五卷《唐高祖紀》：「宇文化及反，裴虔通逼隋煬帝出宫門，化及揚言曰：『何用持此物出，亟還與手。』」胡三省曰：「言與之毒手而殺之。」

校讀記

[一]「從」字據《宋書》補。

裴叔業改入北史薛安都一人兩傳

王氏懋竑《讀書記疑》曰：「《南史·崔慧景傳》末云：『舊史裴叔業有傳，事終於魏，今略之云。』案《叔業傳》在《北史》，故《南史》略之。然叔業事皆在南齊，未及入魏而卒，以其從子植等俱在魏，故併以附之耳。叔業究當仍歸《南史》。」王氏此説是，《南齊書》以叔業與崔慧景、張欣泰同傳，以其或貳心於敵，或稱兵犯順，類聚最宜，《南史》以慧景改入《王敬則》《陳顯達》《張敬兒傳》，亦差可，以欣泰入其父《興世傳》，仍是作家譜伎倆，而以叔業改入《北史》，尤爲大謬。若薛安都者，正當在《北史》，沈約以入《宋書》爲謬，乃李延壽則一人作兩傳，但詳略不同，《南史》在四十卷，《北史》在三十九卷，此真一大笑端也。向來校史者皆未經指摘。

十七史商榷卷六十二

南史合宋齊梁陳書十

蕭穎孚事異本書

《南史》蕭穎胄與其弟穎達、穎孚等傳與本書雖大段相同，然《南史》叙穎胄奉齊和帝於江陵稱尊號，穎達與之同舉兵，而穎孚則自建鄴爲廬陵人修景智潛引與南歸江陵，緣山逾嶂，僅乃得達。若《南齊書》則言：「穎孚在京師，廬陵人脩靈祐竊將南上，於西昌縣山中聚兵二千人，襲安成郡，據之，求援，穎胄遣范僧簡援之，即拜僧簡安成内史，穎孚廬陵内史，合兵出彭蠡口。」《梁書》則云：「穎孚自京師出亡，廬陵人循景智潛引與南歸，至廬陵，景智及宗人靈祐爲起兵，屯據西昌。穎達假穎孚節、督廬陵豫章臨川南康安成五郡軍事、廬陵内史。」三者多不同，大約《南史》與《齊》、《梁》二書不同者頗多。

齊書諱南史直書

《南齊書》凡「順」字皆改爲「從」，此蕭子顯避諱改也。考《齊》《梁書》本紀皆以梁武帝之父名順之，此當是梁武帝之祖，疑亦誤，予別有辨。而梁之應諱「順」字則無疑，子顯，齊高帝之孫而仕於梁，書成於梁朝，故諱之，此皆子顯原文，如二十二卷《豫章文獻王嶷傳》「宋從帝」下注：「北雍本作『順』，宋本諱。」其下又一見，亦作「從帝」。其下載嶷上武帝啟，有「侍幸□宅」，□下注：「順之，宋本諱。」此乃幸蕭順之宅，故子顯直用墨圍耳。四十卷《魚復侯子響傳》蕭順之則作□，而其下注一「順」字，又加一圈云：「宋本諱。」凡此《南史》皆直書。

靴

齊高帝子豫章文獻王嶷傳：「嶷不樂聞人過，左右投書相告，置靴中不視。」觀此，則南齊已有靴，不始於北朝。又《恩倖傳》：「梁嚴亶著靴上殿。」《新羅傳》載其方言，靴曰洗。《蠕蠕傳》：「其人著深雍鞾。」

沈約不作豫章王碑

豫章王嶷薨，羣吏樂藹等欲建碑，與右率沈約書，請爲文，約答曰：「文獻王冠冕彝倫，儀刑寓内，自非一代辭宗，難或與此。」約閭閈鄙人，欻酬今旨，便是以禮許人，聞命慙顔，不覺汗之霑背。約謙避作碑，當亦知齊武帝之子文惠太子與豫章王有嫌故耳。

豫章王嶷傳與齊書微異

《南齊書》出蕭子顯，豫章文獻王嶷即其父也。自作史而爲父立傳，千古只此一人，故傳中極盡推崇，論至以周公比之，贊則云「堂堂烈考，德邁前蹤」云云。嶷固無甚惡，然《南史》則謂其後房至千餘人，苟丕極言其失。大約子顯多隱諱，故《南史》往往有微異者。傳末言其死後見形，自言爲文惠太子所藥死，已訴先帝，皆《南齊書》所無，此則李延壽説鬼長技，却不足取。大約豫章與文惠固有夙嫌，豫章死於永明十年，而文惠即以明年正月死，故延壽因而附會之。又《南史》各論皆剿襲各書，獨嶷論句句自撰，不用子顯元文，亦與他處不同。

高帝諸子傳南史獨詳

《南齊書·高帝十二王傳》於桂陽王鑠僅有其半，下半篇爲蕭鸞所殺之事見《南史》，《南齊》無之，此乃刓缺不全，非其本無。又《南史》於此篇之下有《始興簡王鑑傳》，凡九百餘字，其中雖多疑神見鬼之言，想必李延壽所添，然《南齊》則鑑事只有六十餘字，賴《南史》得存，今日《南》、《北史》遂成實物者，正爲此等處耳。如桂陽、始興若無《南史》，則二王事幾亡矣。豈知各史之所以多闕落不全者，正因有李延壽書，人皆謂其勝於本書，幾視各書爲可有可無，不甚愛惜，故至零落，若無《南》、《北史》則不至此也。然如江夏王鋒，《南史》七百餘字，《南齊》只一百七十字，宜都王鏗，《南史》五百三十餘字，《南齊》只一百餘字，由此觀之，《南史》於此篇增益頗多，其功究不可没。

二王同字

「宜都王鏗，字宣儼」，案豫章王巳字宣儼，二王皆高帝子，不應同字，必有一誤。

齊諱嫌名

《齊・文惠太子長懋傳》:「在宋末轉祕書丞,以與宣帝諱同,不就。」《南齊書》同。案宣帝,高帝道成之父,長懋之曾祖也。宣帝諱承之,丞其嫌名耳。然此事在宋本非功令,考《南齊書・百官志》太常、光禄勳、衛尉、廷尉、大司農、少府皆有丞,尚書有左右丞,皆不諱,而《州郡志》南琅琊郡有承縣,則并正名亦不諱矣。范蔚宗爲太子詹事,以父名泰辭不拜,當時習尚如此,非定制。若隋文帝父名忠而官名有「中」字者皆改爲「内」,則嫌名之諱始於隋,至唐益重。

文惠太子有失德

《南齊書・文惠太子長懋傳》論贊無貶詞,而《南史》論則謂其有失德,此《南史》之勝本書者。又文惠太子乃世祖武帝之子,反在前,豫章文獻王嶷乃太祖高帝之子、武帝之弟,而反在後,次序不順,亦遜《南史》。至宗室衡陽元王道度、始安貞王道生等,乃在徐孝嗣等傳之下,位置尤爲亂極,不如《南史》爲順。

邵陵王友

《南史·竟陵王子良傳》:「仕宋爲邵陵王友,時宋道衰謝,故不廢此官。」《南齊書》則云「王名友,尋廢此官」,二者正相反,不知《南史》何據?諸王生名不宜諱,而友即其府中官屬,理應避,且《南史》删去「王名友」三字,則不廢云云,意不明。

子良傳所删不當

《子良傳》所載請罷遣臺使督逋調,又上表請修治塘遏,又密啟請原除逋租,削除竊官假號,清理獄囚,停止土木工費,并停止交州用兵,又以詔租布二分取錢,奏陳賦斂之困,宜蠲減,又論司市加税之弊,凡此奏請皆有關國計民生,《南史》删削,所存不及十之一二。大約《南史》所删多不當,今不能盡摘,《南齊》亦多誤字,今以張氏溥《百三家集》參校,稍可讀。

子恪至免諸王

子良子昭胄傳:「王敬則事起,南康侯子恪在吴郡,明帝慮有同異,召諸王侯入宫,晉安王寶義及江陵公寶覽住中書省，高武諸孫住西省，敕人各兩，左右自隨，過此依軍法，孩抱者乳母隨入。其夜並將加害，賴子恪至乃免。」觀《南齊書》，則此時鸞意本欲且留不殺，并非因子恪至得免，《南史》一意删削，不顧事實，詳玩彼文自明。

江西即江北

予前於《史記》考得江西即江北，若正言牛渚以西，皆得稱之。今案《通鑑》第九十五卷《晉成帝紀》：「咸和七年，趙郭敬南掠江西。」胡三省注：「江西，謂邾城以東至歷陽也。」邾城，今湖北黄州府黄岡縣。歷陽，今安徽和州。此以和州泝江而西，至黄岡爲江西，對江東而言，是正言西也。若《南齊書》竟陵王子良之子昭胄傳：「建武以來，高武王侯朝不保夕，昭胄與弟昭穎逃奔江西，變形爲道人。崔慧景舉兵，昭胄出投之。」時慧景在南兖州，即今揚州，此則以江北爲江西。又《柳世隆傳》：「建元二年，虜寇壽陽。垣崇祖既破虜，上欲罷併二豫，敕世隆曰：『江西蕭索，二豫兩辦爲難。』」此江西即指壽陽一路徐沛淮泗之間而言，亦以江北爲江西也。《南史·王融傳》：「晚節習騎馬，招集江西傖楚數百人，特爲謀主。」融志在北伐，以功名自期許，其時南北交兵，壽春爲扼要，所稱江西正指此一路而言，亦以江北爲江西也。古人言北可以西言之，言南可以東言之，二者得通稱。《史記》殷通在江南會稽郡，欲言沛郡事，正當言江北而言江西。烏江亭長欲從江之北岸渡項羽至南岸，正當言江南而言江東，皆通稱。

子響事二書不同

《魚復侯子響傳》，《南齊書》載其舉兵與臺軍戰，官軍引退，下云：「上又遣丹楊尹蕭□蕭順之也，説見前。領兵繼至，子響部下恐懼，各逃散，子響乃白服降，賜死。」此處《南史》有文惠太子屬順之徑殺子響事，子顯書修于梁，故諱此事，此則當以《南史》爲得。

武帝諸子傳不同者多

《武帝諸子傳》，《南齊》與《南史》不同者甚多，不獨如上文所云也。蓋諸王皆爲蕭鸞所殺，如晉安王子懋見殺之事，二書大異，又如《建安王子真傳》云：「明帝遣裴叔業就典籤柯令孫殺之，子真走入牀下，令孫手牽出之，叩頭乞爲奴贖死，不從，見害。」此一段《南齊》無，亦以《南史》爲詳備。又如巴陵王子倫，敘見殺事，《南史》固爲獨詳，而後半篇發明典籤爲害尤詳明。《南康王子琳傳》述其母荀昭華亦詳，本書並無，論亦不剿取舊文，滔滔自運，此予於《南史》惡而知其美也。子顯在梁不當諱鸞之凶狂，蓋偶失之，而李延壽得之。

薦易殿柱

《王敬則傳》：「齊臺建，高帝將受禪，材官薦易殿柱。」「薦」字似可疑，然今吴下俗語尚有之，他無所見。薦者，謂柱將損壞，欲易之，而惜費不肯改作，以他木旁承之，乃易去其柱，諺目爲脱梁换柱。

官

《王敬則傳》：「敬則逼宋順帝禪位於齊，引令出宫，順帝不肯，敬則曰：『官先取司馬家亦如此。』」此語《南齊書》無之，或疑「官」下脱「家」字，但《恩倖傳》：「載法興謂宋前廢帝曰：『官所爲如此，欲作營陽邪？』」華願兒告帝曰：『外間云宫中有兩天子，官一人，戴法興一人，恐此坐席非復官許。』」《宋明恭王皇后傳》：「後廢帝欲酖害后，令太醫煑藥，左右止之曰：『若行此事，官便作孝子，豈得出入狡獪。』」《任忠傳》：「隋兵入，陳軍敗，忠入臺見後主曰：『官好住，無所用力。』」《恩倖·施文慶傳》：「知諸將疾己，恐其有功，乃奏陳後主曰：『此等怏怏，素不伏官。』」又《南齊書·荀伯玉傳》：「齊武帝在東宫奢僭，伯玉謂親人曰：『太子所爲，官終不知，豈得顧死，蔽官耳目。我不敢聞，誰應啟者。』因世祖拜陵後密啟之，上大怒，王敬則直入，叩頭啟上曰：『官有天下日淺，太子無事被責，人情恐懼，願官往東宫解釋之。』」《北史·魏孝文帝幽皇后馮氏傳》：「帝遺詔賜后自盡，后走呼，不肯引決，曰：『官豈有此，是諸王輩殺我耳。』」然則謂帝爲官，南北朝有此語。

南北蘭陵郡

《李安人傳》云：「蘭陵承人。」《桓康傳》云：「北蘭陵承人。」《周盤龍傳》云：「北蘭陵人。」考《南齊書·州郡志》承縣屬南琅邪郡，明帝時省，而無蘭陵、北蘭陵郡，彼書《高帝紀》云：「蕭何居沛，其子侍中彪免官，居東海蘭陵縣。晉元康元年，分東海爲蘭陵郡，中朝亂，淮陰令整過江，居晉陵武進縣。」寓居江左者皆僑置本土，加以南名，於是爲南蘭陵蘭陵人，乃《州郡志》則晉陵郡所屬有晉陵縣，無武進，武進自屬南東海郡，蘭陵自爲縣名，屬南琅邪郡，不但無所謂北蘭陵郡，亦并無所謂南蘭陵郡也，未可詳考。

陸澄議置諸經學

《南齊書·陸澄傳》：「永明元年，領國子博士。時國學置鄭王《易》、杜服《春秋》、何氏《公羊》、麋氏《穀梁》、鄭玄《孝經》。」案此文之下詳載澄與王儉書，論《易》之當立鄭玄，不可獨用王弼，《左傳》宜於服虔之外兼立賈逵、杜預，《穀梁》已有范甯，不必存麋信，然則「國學」之下、「置」之上當有一「議」字，或作者下筆時偶誤省此字。

陸澄雖未必深於經，然亦頗有學識，如論《易》雖未能直黜王弼之妄而廢之，然云：「自商瞿至田何，其間五傳，年未爲遠，無訛雜之失；秦所不焚，無崩壞之弊。雖有異家之學，同以象數爲宗。數百年後，乃有王弼。」此數言者，於目録之學精絶矣。魏晉至唐人若知此，宜不爲王弼所惑矣。弼首倡異端，以亂聖經。范甯謂其罪深桀、紂，信屬定評。澄乃云：「弼所悟者多，何必能頓廢前儒。若謂《易》道盡於王弼，方須大論。」想南齊時玄風尚煽，澄故婉詞乃爾。又云：「晉太興四年，太常荀崧請置《周易》鄭玄《注》博士，行乎前代，於時政由王、庾，皆儁神清識，能言玄遠，捨輔嗣而用康成，豈其妄然。元嘉建學之始，玄、弼兩立，逮顔延之爲祭酒，黜鄭置王，意在貴玄，事成敗儒。」太興，東晉元帝號；元嘉，宋文帝號也。觀此則澄之識高於顔延之甚遠。其論《左氏》，謂：「宜取服虔，而兼取賈逵經，服傳無經，雖在注中，而傳又有無經者故也。今留服而去賈，則經有所闕。」賈、服注已亡，千古恨事，賴澄此言稍見梗槩。又論杜預亦宜存，則云：「杜預注《傳》，王弼注《易》，俱是晚出，並貴後生。杜之異古，未如王之奪實，祖述前儒，特舉其違。又《釋例》之作，所引惟深。」此下文意未了，當脱落兩三行，《南齊書》本多不全也。彼時賈、服並存，澄乃又欲兼存杜預，似若不必，然試詳玩其語，則澄意以杜較王弼爲彼善於此，評斷仍精確之至。總而計之，澄議大有功於經學，後人宜共服膺。李延壽也者，於經非但不見門庭，并尚未窺藩溷，公然肆行芟薙，十去其九，甚矣庸且妄也。

劉瓛陸澄傳論

《南齊》以劉瓛、陸澄同傳，因瓛經師，澄篤學，借二人以發名論。今讀之分四段看，第一段言：「洙泗既往，義乖七十，自後專門之學興，命氏之儒起，同異之説，各信師言，嗣守章句，期于勿失。」專門、命氏者，謂家法也。詮漢學最確。第二段：「康成主[二]炎漢之季，訓義優洽，一世孔門，褒成並軌，故老以爲前修，後生未之敢異[三]。而王肅依經辯理，與碩相非，爰興《聖證》，據用《家語》，外戚之尊，多行晉代。」康成得家法而不拘家法，融會貫通之，故曰「一世孔門」，言其集大成，繼孔氏弟子也。漢封孔子後爲褒成侯，以奉孔子之祀，而康成則以學繼之，故與並軌也，其推崇至矣。王肅妄造《聖證論》以譏玄，又私撰《家語》以自證其説，女爲司馬昭妻，生炎以篡魏，書之行于晉，以外戚耳，其實妄也。此段精妙絶倫，不知蕭子顯何以能有此，必有所本，識古者宜深玩之。第四段叙齊事，永明暫盛，建武又衰，嘆劉瓛能承鄭、馬之後，而身終下秩。凡多人作傳，只論一人，《南齊書》與《宋書》同。要之，陸澄極推鄭學，則論雖不言，澄意在其中。鄙哉李延壽也，抽陸澄與諸陸聚族居一卷中，降劉瓛與浮虛之明僧紹等同卷，蕭氏卓然名論，盡刪棄之。據王儉譏澄「書廚」一言而痛貶其學用不合今，未能周務。延壽無學識而强操史筆，故其言如此。

校讀記

［一］「主」，《南齊書》作「生」。

［二］「畏」，《南齊書》作「異」。

陸慧曉傳删存皆非

《南齊書·陸慧曉傳》云：「會稽内史同郡張暢見慧曉童幼，便嘉異之，張緒稱之曰：『江東裴、樂也。』」《南史》删去「張暢」云云，却以「會稽内史」冠於「張緒」之上，大謬。又暢爲會稽太守，《南齊》亦誤。

慧曉婦父

「慧曉除尚書郎，舉酒曰：『慧曉年逾三十，婦父領選，始作尚書郎。』」婦父，張岱也，觀下慧曉子倕傳「倕外祖張岱」可知。［一］

校讀記

[一]錢大昕《廿二史考異》卷三十六云：「按婦父謂張岱也，子倕稱岱爲外祖可證。」說與西莊同。

明僧紹異同

《南齊·高逸傳》有明僧紹，《南史》改入列傳，子山賓附，其實應立《山賓傳》而以僧紹附。又此云「字承烈」，《南史》作「休烈」，名紹則當字承，《南史》改之非。唐高宗上元三年御製《明徵君碑》但云「南齊徵君明僧紹」，無字。又此云「祖玩，州治中。父略，給事中」，碑云「祖玩，晉建威將軍。父略，宋平原太守」，與此傳皆不同，《南史》却與此傳同。又此傳《南史》所添多疑神見鬼語，皆不足取。

南史論宋齊多襲取梁陳多自造

《南史》論於《宋》、《齊》兩書皆襲取之，至《梁》、《陳書》則襲者雖有而自造者亦多，然《宋》、《齊》極多名論，却遭割棄，說已見前，《梁書》論少佳者，惟江淹、任昉，姚察論云：「二漢求賢率皆經術，近世取人多由文史。二子之作，辭藻壯麗，允值其時。」此段極精，《南史》采之。

十七史商榷卷六十三

南史合宋齊梁陳書十一

四嗣王傳補叙其父

蕭懿於東昏有大功，無小過，且其平日居官立身皆可觀，東昏無故忌之，人屢勸其去而不從，竟爲東昏所殺。齊梁間上上人物也，其事頗似光武之有伯升，所以梁朝文告屢用伯升爲比，然懿固純乎齊臣也。弟敷、暢、融皆齊臣，敷亦有善政，融與懿同冤死，尤可憫，此四人者，《齊書》中當特爲傳一篇，乃無傳。蕭子顯，齊高帝之孫也，豈不哀懿？但身爲梁臣，不便以懿入齊，并其三弟皆缺之。姚思廉目睹其缺，故於《四嗣王傳》補叙其父甚詳。《長沙嗣王業傳》補父懿，《永陽嗣王伯遊傳》補父敷，《衡陽嗣王元簡傳》補父暢，《桂陽嗣王象傳》補父融。《南史》始改以懿等立傳，是矣。子孫一并附入，不分齊梁限斷，則其謬耳。宜以四王歸齊，嗣王入梁。

長沙王懿諸子

長沙王懿六子，業、藻、猷、朗、明、象，疑皆冠以「淵」字，《南史》、《梁書》皆避唐諱，去上一字，惟淵藻、淵明於他傳中可考而知，而又或改「淵」爲「深」，如《梁書·武紀》「中[一]大通三年六月，以前太子詹事蕭深猷爲中護軍。九月，以太子詹事蕭深藻爲征北將軍、南兗州刺史」是也。

蕭子顯《齊書》既不作《長沙宣武王懿傳》，《梁書》亦但有懿子業、藻二人，其淵明與猷、朗皆無，賴《南史》補之，并及入齊後終事，此似《南史》之有功處，然李百藥以《蕭明傳》入《北齊書》，李延壽乃但入之《南史》，尚欠妥。

校讀記

[一]「中」字據《梁書》補。

臨川王宏與梁書大異

臨川靜惠王宏，梁武帝之嫡弟也。《南史》於其傳醜言詆斥，不遺餘力，始則武帝使之侵魏，部分乖方，無故自却，使百萬精兵一朝奔潰。其平日則藏匿殺人之賊於府内，有司無如之何。又武帝遇之恩甚篤，而宏謀弑武帝，且奢侈無度，恣意聚斂，驅奪民間田宅，又與永興公主私通，公主，武帝之女，於宏爲嫡姪女，遂復與同謀弑逆，以齋日使二僮挾刀入幕下，事覺搜得刀，帝乃殺僮而祕其事。若《梁書》本傳則於宏事全篇皆用褒詞，其北伐係因征役久，奉詔班師，且盛稱其孝行及居喪盡禮，又叙其政事之美，在揚州刺史二十餘年，寬和篤厚，生平竟一無玷缺，《南史》與《齊》、《梁書》多異，而此傳尤乖剌之甚者，此則恐《南史》爲得，其實姚思廉父子或與之有連，爲隱諱，未可知也。宏之子正德與同産妹奸，鳥獸行，又鉤致侯景，賣國與賊，正德弟正表臣事侯景，又據地叛投齊，想其家法必有所自來，則乃父之逆惡，理宜有之。《通鑑》第一百四十六卷書臨川無故規避奔潰喪師殘民誤國之罪甚詳，皆與《南史》合。

《南史》論云：「臨川不才，頻叨重寄。古者睦親之道，粲而不殊，加之重名則有之矣，而宏屢黷彝典，一撓師徒，梁之不綱，於斯爲甚。」此李延壽自撰，不襲《梁書》斷語，亦錚錚有之矣。下當有脱落，言尊之以高爵則有之，未有明知其不才而以軍國重任作顯榮皇弟之用，使之僨事者。「一」當作「大」，大撓大衄也。

標題云「静惠」，文中作「靖惠」，標題傳寫誤。張敦頤《六朝事迹》卷下《墳陵》、《碑刻》二門皆作「靖惠」，是。

安成王秀書銜不同

《南史·梁宗室·安成康王秀傳》：「建康平，爲南徐州刺史。」《梁書》則先言「高祖以秀爲輔國將軍」，下乃云「建康平，爲使持節、都督南徐兗二州諸軍事、南徐州刺史、輔國將軍如故」，此下天監六年爲使持節、都督江州諸軍事、平南將軍、江州刺史，而《南史》但云爲江州刺史。又其下遷都督荆湘雍益寧南北梁秦州九州諸軍事、平西將軍、荆州刺史，而《南史》則云遷荆州刺史，加都督。又其下有使持節、都督郢司霍三州諸軍事、安西將軍、郢州刺史，而《南史》則云爲郢州刺史，加都督。又其下遷使持節、都督雍梁南北秦四州郢州之竟陵司州之隨郡諸軍事、鎮北將軍、寧蠻校尉、雍州刺史，而《南史》則云遷雍州刺史。《南史》書都督、刺史最亂道，説總見後，先於此發之，其病不可勝摘，就其淺者如同一都督而有書有不書，不書某某等幾州，而其卒也，乃云「四州人哀哭迎送」，請問四州者爲何四州乎？秀墓碑，劉孝綽撰，朱氏彝尊親見之，[一]此文今載《孝綽集》，《梁書》秀年四十四，劉集作四十五，《南史》削去碑文中所叙，與《梁史》皆合，末云：「祇承帝命，來仕王家。免園晚春，叨從者之賜；高唐暮天，奉作賦之私。」《梁書》以孝綽與王僧孺、陸倕、裴子野同遊王門，與碑亦合，惟《梁書·孝綽傳》言爲平西安成王記室、鎮南安成王諮議，考《秀傳》，但有平西，無鎮南之目，此必有誤。《南史》盡削去諸號，但云某州刺史，或云某州刺史加都督而已。

校讀記

［一］按《曝書亭集》卷七十二《布衣周君周篔墓表》云：「游攝山，道見石辟邪立草中，穹碑二丈餘將，仆人不敢近，君騎驢，徑詣其下讀之，知是劉孝綽所製梁安成康王秀碑也。」則親見此碑者爲周篔，西莊謂彝尊親見之，誤。

武陵王紀南梁互異

《南史·梁武帝子·武陵王紀傳》：「大同三年，爲都督、益州刺史。侯景陷臺城，上甲侯韶西上至硤，出武帝密敕，加紀侍中，假黄鉞、都督征討諸軍事、驃騎大將軍、太尉、承制。大寶元年六月辛酉，紀乃移告諸州征鎮，遣世子圓照領二蜀精兵三萬，受湘東王繹節度。繹命圓照且頓白帝，未許東下。七月甲辰，湘東王繹遣鮑檢報紀以武帝崩問。十一月壬寅，紀總戎將發益鎮，繹使止之。二年四月乙丑，紀乃僭號於蜀，改元天正，暗與蕭棟同名。五月己巳，紀次西陵，元帝拒之。六月，戰不利，師老糧盡，憂懣不知所爲。先是，元帝已平侯景，遣報紀，圓照鎮巴東，留不遣，啓紀云：『侯景未平，宜急征討，已聞荆鎮爲景所滅，疾下大軍。』紀謂實然，故仍率衆沿江急進，於路方知侯景已平。以既居尊位，宣言敢諫者死。後頻敗，爲元帝將樊猛所殺。」《梁書》與此不同者，直言侯景亂，紀不赴援，高祖崩後，乃僭號於蜀，改年天正，無受武帝密敕事，亦無遣圓照受湘東節度事，又言太清五年夏四月，紀帥軍東下至巴郡，以討侯景爲名，將圖荆陜，五月丁丑，紀次西陵，元帝遣將拒之。六月庚申，元帝將任約等與戰破之，景戌，任約等進攻其壘，樊猛獲紀殺之。紀本圖帝位，若受敕都督征討，不應反受湘東節制，前段當以《梁書》爲得。太清五年即是大寶二年，《南史》以五月己巳次西陵，《梁書》以五月丁丑次西陵，後於己巳八日耳，亦爲合也。但紀必不肯稱簡文帝大寶之號，故《梁書》據紀意書太清，若論史法，仍以《南史》書大寶爲合，「荆陜」，「陜」字亦必誤。《通鑑》一百六十四卷書紀之東下於承聖元年之八月，承聖元年是大寶二年之明年，若以太清數則爲六年，與《南史》、《梁書》皆不同，紀至此尚未知侯景破敗，而仍東下，决無此事，《通鑑》恐非。

七官

「紀以金擲猛曰：『送我一見七官。』」《梁書・河東王譽傳》：「王僧辯破長沙，譽被執，曰：『勿殺我，得一見七官。』」先是，紀聞湘東將討侯景，謂僚佐曰：「七官文士，豈能匡濟？」胡三省注：「湘東於兄弟次第七，故云七官。」紀，繹之弟，譽乃繹之姪也，見《通鑑》一百六十四卷。

方等等子

梁元帝子，《梁書》但有方等、方諸二傳，其子皆不見，而方等之子莊，王琳曾奉以主梁祀，改元即位，其事尤不可缺，乃《梁書》槩從闕如，莊入齊死，而《北齊書》又無傳，賴《南史》補入，此亦《南史》之大有功者。但莊雖宜見《梁書》，而李延壽則宜在《北史》，入《南史》位置稍乖。

王茂歷官删削不當

《梁書・王茂傳》自宋昇明起家之下，至襄陽太守之上一大段，《南史》不載，而以三四句了之云：「爲臺郎，累年不調，知齊將亡，求爲邊職，久之爲雍州長史、襄陽太守。」今考《梁書》茂之歷官，豈得言累年不調乎？雍州長史而改爲輔國，亦未詳。又高祖義師起，茂私於張宏策，勸迎和帝，此事《南史》亦無，若《梁書》云：「性沈隱，不妄交遊。」《南史》節去「沈」字「妄」字，幾不成句，此等不可勝摘，聊一附見之。

王茂傳有潘妃事

《王茂傳》，《南史》所添却極多，然皆閑話，若東昏侯潘玉兒自縊事，此《梁書》所無，而不可不存其事者，然但當入《潘傳》中，乃潘則無傳，而反叙於《王茂傳》，闌出闌入，全非史法。

中山王英

《梁書·曹景宗傳》：「建武二年，魏主托跋宏寇赭陽，景宗爲偏將，每衝堅陷陣，輒有斬獲，以勳除游擊將軍。四年，太尉陳顯達督衆軍北圍馬圈，景宗從之，以甲士二千設伏，破魏援托跋英四萬人。」「托跋英」，《南史》作「中山王英」。夫以魏主而《梁書》直斥其名曰托跋宏，非也。若英則人臣也，作《南史》則以南爲主，乃于敵國之臣鄭重如此，亦非。《梁書·韋叡傳》魏中山王元英，元是其姓，如此稱方妥。

蔣帝助水等事

曹景宗於天監六年破魏軍，遣使獻捷下，《南史》忽添入蔣帝神助水挫敵事，縷縷約一百五十字，誕妄支贅，全是小説，與曹景宗何涉？李延壽意主删削簡净，乃其所删者往往關係典章制度、民生利病，而所添妄誕則又甚多，惟於振旅凱入、增封進爵下添入賦詩叶競病韻，却佳。

霹靂野虖

「景宗謂所親曰『拓弓弦作霹靂聲』」，《南史》作「礔礰」，《説文》卷十一下「震」字注云：「劈歷，振物者。」臣鉉等曰：「俗别作『霹靂』，非。」卷九下《石部》無「礔礰」字。又：「臘月宅中，作野虖逐除。」《南史》作「邪呼」，蓋驅鬼呼叫聲。[一]

校讀記

［一］周一良《梁書札記·野虖》條謂：「《南史》五五本傳『野虖』作『邪呼』，蓋以今字易古字。」又引《建康實録》八《孫綽》條注釋其意。

汮均口

《馮道根傳》：「齊建武中，魏孝文攻陷南陽等五郡，明帝遣陳顯達争之，師入汮均口。」「汮」當作「汮」，「均」字乃後人旁注「汮」字之音而傳寫者誤入正文，此篇凡三見，《梁書》

誤同。

神獸門

《張弘策傳》：「東昏餘黨孫文明等夜燒神獸門。」案此事《梁書·弘策傳》亦作「神獸」，《南史》與《梁書·王茂傳》並同。《梁武帝紀》則《南史》作「神武」，《梁書》作「神獸」，其實乃神虎門也。《梁書·武紀》天監七年，作神龍仁獸闕于端門，獸本虎，既有仁虎闕，則亦當有神虎門，故知也。唐人諱「虎」，改爲「獸」，或改爲「武」，但《南史》、《梁書》皆成于唐人，當下筆時已自改，若《宋書》則修于南齊，《南齊書》則成於梁代，當時本作「虎」，而唐人有未及改者，故仍舊作「虎」，亦或有唐入已改，趙宋人校者又復改從本字作「虎」，所以參差不齊，如《梁武紀》及《王茂》《張宏策傳》皆唐人下筆時本自諱改。又如《南史·后妃傳·梁武帝丁貴嬪傳》「太子定位，有司奏宫僚施敬，同吏禮，〔二〕詣神獸門奉牋致謁」，《梁書·后妃傳》同。又如《南史·陶弘景傳》云「永明十年，脱朝服挂神武門」云云，此事《梁書》所無，《南史》必别有據，此皆是唐人下筆時改，其實當作「虎」。至於《南史·宋武帝紀》：「性簡易，嘗著連齒木屐，出神武門逍遥」，《宋書》則作「神虎門」，又《南史·宋文帝子江夏文獻王義恭傳》「孝武入討，劭疑義恭異志，使入尚書下省，分諸子並入神獸門外侍中下省」，《宋書》亦作「神虎門」，《宋書·傅亮傳》「永初元年，由中書令入直中書省，專典詔命。以亮任總國權，聽於省見客，神虎門外每旦車常數百兩」，《南史》則作「神獸門」，此皆《南史》諱改，而《宋書》本文則唐人未及改。又如《南齊書》第九卷《禮志》：「晉中朝元會，設臥騎、倒騎、顛騎，自東華門馳往神虎門。」此《南齊書》本文，唐人未及改，抑或皆唐人已改，趙宋人仍改從本字也。若《宋書·鄭鮮之傳》：「高祖嘗於內殿宴飲，朝貴畢至，惟不召鮮之，俄而外啓鮮之詣神獸門求啓事。」此則《宋書》本作「虎」，唐人校而改之者。

校讀記

[一]「同吏禮」上，《南史》有「宜」字。

沈約傳用其自序

《沈約傳》全用其《宋書·自序》文，煩冗已極。「金天氏有裔子曰昧，爲玄冥師，生子允格、臺駘」云云，此在約《自序》已覺可厭，《南史》采之，亦不刊削，成何體裁？

沈氏世濟其惡

約之《自序》雖詳，今據而考之，則其先世大抵多非良善，如約之高祖警，敬事妖人杜子恭，子恭死，門徒孫泰，泰弟子恩傳其業，警復事之，隆安三年，恩於會稽作亂，自稱征東將軍，警之子穆夫在會稽，恩以爲前部參軍、振武將軍、餘杭令。孫恩何人，而警累世奉妖黨并從逆，受其僞官，幸約之詞雖多緣飾，尚不没其實耳。《南史》删「前部參軍、振武將軍」八字，大非。劉牢之破孫恩，執穆夫殺之，傳首京邑，穆夫之父警逃遁，爲宗人沈預告官，警與穆夫之弟仲夫等俱以從坐伏誅，此國法之正，非冤也。穆夫之子田子、林子投歸宋高祖，從平京口，遂東歸報讐，盡殺沈預一門，預以無罪死，若依正理，田子、林子應以專殺伏辜，無如高祖已爲逋逃主，故田子等倖免矣。田子又從征姚泓，特因人成事，乃以忌功，讒間王鎮惡，并矯宋高祖令殺之，專殺無罪功臣，誤國家大事，其情尤爲可惡。林子之子璞則約父也，約於此尤多妝點，元凶劭弑立，璞乃攜老弱赴都自歸，則其從逆顯然矣，想必授有官爵，約諱不言耳。裴子野《宋略》書其事云：「戮淮南太守沈璞，以其不從義師也。」見《裴傳》。世祖入討，伏誅正宜，約乃致怨顔竣譖之，謂以奉迎之晚，横罹世難，皆非其實。《南史》直云「以奉迎晚見殺」，大非。　綜而論之，自警至璞四世之中，可謂世濟其惡。

田子、林子本逆黨，皆當從坐伏誅者，其歸高祖正是巧於避禍，後乃并以得功，又報私讐，可云詭計。約《自序》乃謂「劉牢之虜暴縱横，高祖軍政嚴明，故自歸」，飾詞也。高祖謂曰：「君既是國家罪人，惟當見隨，還京可得無恙。」其語顯然，約欲蓋彌彰矣。

約《自序》缺誤甚多，若無《梁書》及《南史》，幾不知約是璞子。

沈田子參趙倫之軍

約《自序》云：「田子從討司馬休之，領別軍，與征虜將軍趙倫之，參征虜軍事、振武將軍、扶風太守。」案此「別軍」下似但當作「參征虜將軍趙倫之軍事」，其下即接「振武」云云，但《趙倫之傳》無討司馬休之事。

沈林子官輔國將軍

《梁書·約傳》云：「祖林子，宋征虜將軍。」據約《自序》，林子官終輔國將軍，征虜乃其追贈之號，此則《梁書》之誤，《南史》仍依《自序》，是。

沈璞不襲父爵

《南史》叙約之祖林子以佐命功封漢壽縣伯，及卒後贈官追謚之下，竟直接云「少子璞嗣」，以璞即約之父，取其立文簡便耳。考約《自序》，則襲林子爵者乃長子邵，非璞也。邵卒，子侃嗣，侃卒，子整應襲爵，齊受禪，國除。李延壽任意更移，不顧其實，是何心哉？

有志台司

「約久處端揆，有志台司，論者咸謂爲宜，而帝終不用」，台司，三公也。時約官至尚書令，已居宰輔，然未拜三公，故云。下文「約陳情於徐勉，勉爲言於高祖，請三司之儀，弗許，但加鼓吹而已」，各傳中或作開府儀同三司，或作同三司之儀，似立文不同而其實則同，皆謂未爲三司而其儀同於三司耳。觀此益明，但有開府無開府疑有異，再考。

沈約年

《梁書》：「天監十二年卒官，時年七十三。」《南史》同。考約《宋書·自序》：「生十三歲而孤。」按約之父璞於元嘉三十年以從逆爲宋孝武帝所誅，自此數至梁天監十二年凡六十一年，則約當生於元嘉十八年辛巳，至天監十二年癸巳，正七十三歲。

高祖有憾於張稷

「高祖有憾於張稷，及稷卒，與約言之，約曰：『尚書左僕射出作邊州刺史，往事何足復論。』」據本書十六卷《稷傳》，稷於高祖起兵圍京城，稷主謀弑東昏，率先倡議歸附，是有大功，及由尚書左僕射出爲使持節、都督青冀二州諸軍事、安北將軍、青冀二州刺史，雖疎防致變，尚屬死於王事者，不知帝之有憾於稷者爲何？《稷傳》既無，突見於此，殊不可考。意者稷必不願出，有怨望之言，而史不言耳。

二粲

宋有袁粲，梁有韋粲，二粲忠義，千古流芳，以六朝之浮薄而疾風勁艸，未嘗無人，血性激發，非由學問。袁粲，袁淑之兄子，而淑本忠臣；韋粲，韋叡之孫，而叡實梁初之名將也，淵源有自。

韋粲子諒

韋粲於侯景圍臺城戰死，盡節之臣，所宜加詳。《梁書》於其傳末附載「粲子尼，與粲同戰死」云云，又云：「長子臧，太子洗馬，東宮領直。侯景至，屯西華門，城陷，奔江州，收舊部曲，爲其下所害。」收部曲欲圖興復，可云賢子，臧既長子，則尼爲次子矣，此外初不言粲别有他子也。《南史》乃絶不及臧，而但云：「粲子諒，以學業爲陳始興王叔陵所引，爲中録事參軍兼記室。叔陵敗，伏誅。」然則粲子有諒無臧矣。可怪之甚。

韋載京兆人

史家書人鄉貫，六朝以前與唐宋以下自是不同，如諸王，各書尚書爲瑯邪臨沂人、太原祁人，諸謝，尚書陳郡陽夏人，似覺遼遠不近情，在當時不以爲異，至《陳書·韋載傳》尚書京兆杜陵人，計載時去京兆居江左久矣。若宋、元、明人用此例亦爲不可，文體隨時而變，不可泥古。

江淹領東武令

《江淹傳》：「齊受禪，爲驃騎豫章王嶷記室參軍。建元二年，始置史官，淹掌其任，又領東武令。」案《梁書》云：「建元初，爲驃騎建安王記室，帶東武令，參掌詔册，并典國史。」豫章、建安，二者互異。建安王子真，武帝之子，爲明帝所殺，時年尚十九，則建元初安得遂封？當從《南史》。若淹以記室帶東武令，當是食其禄，不赴任，《南史》改「帶」爲「領」，未確。

復爲主簿

《梁書》「劉秉爲丹楊尹，辟淹爲主簿」[一]，故其後云「王儉領丹楊尹，復引爲主簿」，《南史》删「前爲主簿」，後文不去「復」字，非。

校讀記

[一]此乃任昉事，西莊誤屬之江淹。

詩筆

《南史》五十九《任昉傳》：「昉尤長爲筆。」《梁書》十四本傳作「尤長載筆」，《南史》此下又云「昉既以文才見知，時人云『任筆沈詩』」，又《梁書》十三《沈約傳》：「謝玄暉善爲詩，任彦昇工於文章，約兼而有之。」《南史》五十七本傳「文章」二字作「筆」。《梁書》四十一《劉潛傳》：「潛字孝儀，秘書監孝綽弟也。幼孤，兄弟相勵勤學，並工屬文。孝綽常曰：『三筆六詩。』三即孝儀，六孝威也。」《南齊書・晉安王子懋傳》云：「文章詩筆，乃是佳事。」蓋六朝皆以文爲筆，《南齊書・高逸顧歡傳》：「歡口不辨，善於著筆。」《南史・庾肩吾傳》簡文與湘東王書論文曰：「《陽春》高而不和，妙聲絶而不尋，竟不精討錙銖，覈量文質，有異巧心，終愧妍手。是以握瑜懷玉之士，瞻鄭邦而知退；章甫翠履之人，望閩鄉而歎息。詩既若此，筆又如之。」《北史·蕭圓肅傳》云：「撰時人詩筆爲《文海》四十卷。」梁元帝《金樓子》卷四《立言》篇云：「不便爲詩如閻纂，善爲章奏如伯松，若此之流，汎謂之筆。」是也。唐人亦有此語，故劉禹錫《中山外集》第十卷《祭刑部韓侍郎文》：「子長在筆，予長在論。持矛舉楯，卒不能困。」趙璘《因話録》第三卷：「韓文公與孟東野友善，韓公文至高，孟長于五言，時號『孟詩韓筆』。」杜牧之《樊川集》詩亦云：「杜詩韓筆愁來讀，似倩麻姑癢處搔。」

昉紆意梅虫兒得中書令

「永元中，昉紆意於梅虫兒，東昏中旨用爲中書令，謝尚書令王亮，亮曰：『卿宜謝梅，那忽謝我。』昉慙而退。」案虫兒，東昏嬖倖，然《梁書》無此事，係《南史》所添，大爲昉削色。計昉此時位不過列校，此後永元末方爲司徒右長史，若此時即爲中書令，〔一〕直與王亮比肩，必無此理。據《梁書》「明帝崩，遷中書侍郎」，疑是。

校讀記

〔一〕按《南史》作「中書郎」。

王僧孺祖準之

「王僧孺字僧孺，東海郯人，魏衛將軍肅八世孫也。曾祖雅，晉左光禄大夫、儀同三司。祖準之，宋司徒左長史。父延年，員外常侍，未拜卒」，《梁書·王僧孺傳》「祖淮」，《南史》作「準之」，非。準之，王彬之玄孫，與僧孺别族。刻本誤作「淮之」。「父延年」，《梁》無。

王融稱字

《梁書·柳惲》、《徐勉》二傳皆誤稱王融爲王元長，融不合稱字，《南史》皆改正。

不奉家信居哀

《徐陵傳》：「太清二年，使魏，侯景入寇，陵父摛先在圍城之内，陵不奉家信，便蔬食布衣，若居哀恤。」陵之父摛於簡文帝幽閉時卒，約在大寶二年，陵拘留在北時，魏又變爲齊矣。陵不獲視含，聞訃不得奔喪，故文集中在北與人書多稱孤子，自摛死四年，陵乃得歸。

紀載不明

六朝人紀載實事，每不明析，因直書其事，恐詞義樸僿，觀者嫌之，乃故作支綴，不知書事但取明析，何用妝點乎？《梁書·王僧辯傳》：「荆湘疑貳，軍師失律。」《南史》同，僅删「軍師」句，愚謂當作「河東王譽在湘州不從命」。岳陽王軍襲江陵，人情搔擾」，《南史》同，而於上句并删一「王」字，更不明，當作「岳陽王詧軍襲江陵」。

王僧辯論無識

《梁書·王僧辯傳》論曰：「敬帝以高祖貽厥之重，世祖繼體之尊，洎渚宫淪覆，理膺寶祚。僧辯位當將相，義存伊霍，乃受脅齊師，旁立支庶。苟欲行夫忠義，何忠義之遠矣。樹國之道既虧，謀身之計不足，自致殲滅，悲夫。」陳霸先將殺僧辯，欲加之罪，何患無詞。敬帝之立，霸先利其幼稚，爲篡弑地耳。當此時，社稷爲重，君爲輕，僧辯之欲立貞陽侯蕭淵明，一則國賴長君，一則結齊援也。論斷無識，若其欲淵明立敬帝爲太子，則拙謀也，見徐陵《文集》，然即此可見僧辯之於梁元帝可謂純忠，蓋心乎梁，實心乎元帝者。《南史》論云：「僧辯時鍾交喪，地居元宰，内有奥主而外求君，遂使尊卑易位，親疎貿序，既同兒戲，且類弈棊。延敵開釁，實基于此，喪國傾宗，爲天下笑。」李延壽於《宋書》論直以抄謄了事，《齊》、《梁》則居然自出心裁者多矣，然如此論，不襲其詞而襲其意，謬與《梁書》同。

僧辯弟僧智，於僧辯死後得隨任約，約敗又被殺，子頵又死王琳之難，一門慘亡，賴次子頒入魏，而頵子珪事唐太宗爲名宰相，忠義之報也。見《舊唐書》第七十卷《珪傳》。

王琳張彪梁書無傳

王氏懋竑《讀書記疑》云：「王琳、張彪，《梁書》俱無傳，張彪或可無傳，若王琳何以不載？疑刻本脱去，非其本無也。」[一]愚案琳、彪同在《南史》六十四卷，張彪之補誠有功，但其事迹支離誕妄，全似傳奇小説，不知李延壽從何處得來，恐係掇拾稗官，附會傳聞，道聽塗説，此則延壽之病也。至於王琳者，本梁元帝之忠臣，破侯景有功，元帝徽之下吏，其部下叛而琳仍執不貳，元帝忌之，出之嶺外，帝爲西魏所圍，仍入援，既無及，又力圖興復，其於元帝幾幾可云純臣矣。後奉永嘉王莊，尚可云乃心梁室，迨至不得已而歸降北齊，歷受其官，位爲齊臣久矣。陳將吴明徹伐壽陽，城破爲所殺，此則不得復謂之爲梁盡節，斷宜入北齊也。若琳入梁，則陸法和、湛海珍亦可入乎？今《北齊書》第三十二卷《琳傳》與《南史》全同，而無論贊，《北齊書》殘闕，凡無論贊者皆後人取《北史》補之，若《王琳傳》則又是取《南史》補入者。究其實，琳本當在《北齊書》，不當入《梁書》，姚思廉《梁書》不立《琳傳》爲是，而李延壽却非能補思廉之闕，李百藥於《北齊》原有《琳傳》，傳文雖亡，大約篇目尚存，後人案其目，故以《南史·琳傳》入之，而此傳文却仍是李百藥《北齊書》，延壽襲取以入《南史》者耳。幾經回轉，不勝眩惑矣。若云《王琳傳》賴李延壽得存，以此爲功於《北齊書》，此呂尚盜陳恒之齊，劉季篡王莽之漢也。下筆成章，世間恒有，能著書人千載難逢，此中意味與誰道之？[二]

《梁書·太宗簡文帝紀》有大寶元年張彪起義於會稽事，又《太宗十一王傳》於南海王大臨、南郡王大連傳并《陳書》之《世祖紀》及周文育、章昭達、沈恪、陸山才、錢道戢、謝岐等傳皆有張彪事，姚思廉父子非不知有彪者，不知《梁書》何以不載。

校讀記

[一]見卷八《南史》。

[二]李慈銘曰：「謂王琳當入北齊，論亦未盡確，至謂《北齊書》本有傳，《梁書》本無，尤是想當然語，乃便坐李延壽以襲取之罪，又自矜詡其能讀書，此西莊學問未醇之一端，書中此等處最爲可厭。」

剡令王懷之

「王僧辯引彪爲爪牙，貞陽侯踐位，爲東揚州刺史。剡令王懷之不從，彪自征之，留謝岐居守。會僧辯見害，陳文帝已據震澤，將及會稽，彪遣沈泰還州助岐保城。[一]彪後至，泰反與岐迎陳文帝入城」，此事與《陳書・文帝紀》略同，但「剡令王懷之」，彼作「臨海太守王懷振」。案東揚州即會稽也。臨海相距遠，故往征，而留岐居守，若剡則會稽屬縣，且其時僧辯尚在，屬令未必敢爲梗，何至舍郡城而往圍一縣乎？當從《陳書》。

校讀記

[一]按《南史》云：「彪乃遣沈泰、吴寶真還州助岐居守。」節引時當云「沈泰等」方合。

南史無傅岐

《梁書》無《傅岐傳》，納侯景降後，勸勿更與高澄通和，使景自疑，此言繫梁存亡，《南史》無岐傳，[一]《朱异傳》中又不附入此諫，是大闕事。

校讀記

[一]李慈銘曰：「案：《傅岐傳》在《梁書》卷四十二，此條所叙不明晰。當云《梁書・傅岐傳》載朱

异勸與高澄通和，岐獨争之，謂與澄通使則侯景不安，此言繫梁存亡云云。」

十七史商榷卷六十四

南史合宋齊梁陳書十二

衡陽獻王昌入宗室

《南史》於陳高祖之子衡陽獻王昌入之《宗室諸王傳》，與疎屬之永修侯擬等並列，舛謬斯極，《宋》、《齊》、《梁》、《陳書》於宗室王子雜置諸傳之中，殊嫌錯互，《南史》每朝先以宗室，謂旁支也，次以各帝子，然後次以諸臣，位置較分明，惟悖逆者不另叙爲非耳。今昌是高祖子，乃目爲宗室，李延壽雖惛妄，何至此，明係急於成書，草率編次，不及詳審之故。試觀齊文惠太子諸子尚與帝子並列，不入宗室，何況昌乎？梁昭明太子諸子如豫章王棟等皆無傳，則又一缺事。

書前總目後人所添，李延壽本無，李目自在各卷之首，然如齊、梁宗室與諸王各自爲卷，不必論，宋則以字之多少牽配均分二卷，題爲宋宗室及諸王上下字樣，上卷先以旁支，次即將武帝諸子搭入，此等皆因李延壽疎懶，隨手編次，不加斟酌，殊不思分卷取其類族辯物，不可以字之多少爲分，若竟分宋宗室一卷，諸王一卷，雖多少不勻，何等直截明白，今之所分已覺欠妥，然差可。陳則宗室、諸王共一卷，卷首目「諸王」上落「及」字已疎忽，昌不標武帝子，與諸宗室溷，昌下跳過曇朗，方及文帝子，種種乖謬，不可勝言。昌是高祖第六子，上有五兄，其下當更有弟，一無所見，史家闕佚多矣。

魯山

「天嘉元年二月，昌發自安陸，由魯山濟江」，魯山即後人所指以爲大别山者也，真亂道不可信，山在今湖北漢陽府漢陽縣江岸。

昌濟江中流殞之

「巴陵王蕭沇等表請以昌爲湘州牧，封衡陽郡王」，沇蓋齊和帝之子孫，列於三恪，故假以爲名。其下云：「丙子，濟江，於中流殞之，使以溺告。」此文帝命侯安都殺之，事見《安都傳》，《陳書》乃云「中流船壞，以溺薨」，於《安都傳》亦但云「請自迎昌，昌濟漢而薨，以功進爵」云云。雖情事宛然，然唐人書陳事，何必作此藴藉之筆，似有所不敢直書者乎？皆不如《南史》竟書殺之爲得實。

逼遣曇朗

《南史》:「南康愍王曇朗,武帝母弟忠壯王休先之子也。紹泰二年,齊兵攻逼建鄴,因請和,求武帝子姪爲質,在朝文武咸願與和,武帝重違衆議,乃決遣曇朗。恐曇朗憚行,或當屏竄,乃自率步騎京口迎之,使質於齊。齊背約,遣蕭軌等隨徐嗣徽度江,武帝大破之,虜蕭軌、東方老等,誅之,齊人亦害曇朗於晉陽。」昌之入魏,在江陵從元帝,西魏破江陵,入魏。被虜也,乃不幸也。曇朗之入齊,則高祖逼遣之,棄之强寇而殺之,非自殺之也,一間耳。無怪文帝、宣帝相繼效尤,文則沈高祖之子於江,宣則篡廢帝位而害之。

始興王道譚

《陳書·高祖紀》高祖有兄道譚,弟休先,則高祖乃仲子,而篇首絶不言是仲子,惟於即位後永定元年十月癸巳書「追贈皇兄梁故散騎常侍、平北將軍、兗州刺史長城縣公道譚驃騎大將軍、太尉,封始興郡王;弟梁故侍中、驃騎將軍、南徐州刺史武康縣侯休先車騎大將軍、司徒,封南康郡王」。紀首高祖祖名道巨,則兄名不應犯祖諱,此必有誤。「兗州」，豫沈炯所撰碑作「南兗州」，見炯《文集》，碑是紀脱也。道譚之謚爲昭烈，則見於《世祖文帝》、《高宗宣帝紀》，而碑亦同，紀不載追謚事，世祖、高宗皆係道譚之子，而二帝絶未追崇其本生，列傳中既無傳，《世祖》《高宗紀》亦未追叙一語，碑云：「文叔掩被之悲無泯，仲謀援鞍之慟逾切。」又云「彈冠入任，譽重城華；宣力艱難，遂顧洪業。雖時非季漢，勢異桓王。海内挹其風流，生民懷其大德」，似非全無事蹟者。又云：「昔之密戚近親，宗英令德，若何間沛獻東平陳思，實聞之也。未有身死忠貞，名存前代，若王之義烈者。」銘曰：「惜哉往矣，殞身凶慝。」則道譚亦爲侯景所殺，乃紀傳皆不詳，此《陳書》之缺漏也。若《南史》直將《高紀》中追贈事亦削去，《文帝蒨紀》突云「始興昭烈王長子」，《宣帝頊紀》突云「始興昭烈王第二子」，使讀者幾不識王爲何人，是誠何心哉？

伯固母王氏

陳文帝十三男，内潘容華生新安王伯固，其下文《伯固傳》伯固與叔陵謀反見殺，子及所生王氏宥爲庶人，一卷之中自相矛盾。

歐陽頠傳多誤

《歐陽頠傳》：「周文育禽頠，送於武帝，帝釋而禮之。蕭勃死後，嶺南亂，頠有聲南土，且與武帝有舊，乃授安南將軍、衡州刺史，封始興縣侯。未至嶺，頠子紇已尅始興，及頠至，嶺南皆懾伏，仍進廣州，盡有越地，改授都督交廣等十九州諸軍事、平越中郎將、廣州刺史。永定三年，即本號開府儀同三司。文帝即位，進號征南將軍，改封陽山郡公。」《陳書》略同。《徐陵文集·廣州刺史歐陽頠德政碑》云：「高祖永言惟舊，彌念奇功。檻車才至，輿櫬已焚。但八桂之上，蠻夷不賓；九疑之陽，兵凶歲積。以公昔在衡皋，深留夙愛，乃授持節、散騎常侍、衡州刺史。」此皆與史合，其下則云：「我皇帝從唐侯以胤國，屈啓筮而承家，踐祚之初，進公位征南將軍、廣州刺史，又都督東衡州二十州諸軍事。」今皇帝謂文帝，則頠不但進號征南爲在文帝時非武帝，即爲都督交廣等州軍事、廣州刺史，亦是文帝，非武帝矣，與《南史》、《陳書》不合，碑係當時所作，當以碑爲正。又《南史》例不書所領各州，《陳書》則云「都督廣交越成定明新高合羅愛建德宜黄利安石雙十九州」，《梁》、《陳》皆無志，《隋書》各志補梁、陳事，頠所領十九州，據《隋·地理志》，自南海以下各郡小字夾註，梁、陳時惟有廣高成定越安交愛德九州，其餘十州名皆不見，蓋皆陳朝所置，後廢而

《隋志》失載者。「十九州」，碑作「二十州」，亦異。《江總文集·歐陽頠墓志》乃云「授使持節，都督南衡二十二州諸軍事、廣州刺史」，此云二十二州，更異矣。至所云東衡者，按《南史》梁元帝承制，以始興郡爲東衡州，以頠爲刺史。始興郡，《皇輿表》以爲今廣東韶州府地，《侯安都傳》言陳文帝改桂陽郡之汝城縣爲廬陽郡，分衡州之始興、安遠二郡，合三郡爲東衡州，據碑當是後來加督愈廣，故至二十州之多，而墓誌所云南衡之名不見於紀載，則恐傳寫之誤。

頠本無德政，史家多溢美，徐陵有《爲陳武帝作相時與嶺南酋豪書》，既稱頠爲兇徒，又有《與章司空昭達書》，稱頠之子紇爲殘兇，力詆其一門濟惡，而《德政碑》則頠在廣州時陵爲作也。文人自相矛盾如此。

蔡景歷傳附江大權

陳武帝崩，蔡景歷與江大權、杜稜定議召立文帝，《陳書》杜稜自有傳，而大權則僅於《景歷傳》中一見其名而已，《南史·景歷傳》尾附大權，此類亦有小益。又景歷子徵，《陳書》各爲一傳，太煩，不如《南史》隨父爲合。

劉師知傳增事

《劉師知傳》:「爲中書舍人。梁敬帝在内殿,師知常侍左右。及將加害,師知詐帝令出,帝覺,遶床走曰:『師知賣我,陳霸先反。我本不須作天子,何意見殺?』師知執帝衣,行事者加刃焉。既而報陳武帝曰:『事已了。』武帝曰:『卿乃忠於我,後莫復爾。』師知不對。」此段《陳書》所無,此《南史》之遠勝本書處。姚察陳臣,故諱之,其子不加益也。

錢道戢傳補闕

《錢道戢傳》:「平張彪,以功拜東徐州刺史,封永安縣侯。」案《陳書》作「以功拜直閤」,而「封永安縣侯」五字則缺。考其下文,《陳書》有增邑,則當以《南史》爲正,《陳書》誤脱。

沈初明

「沈炯字初明」,《陳書》作「禮明」,同一毛板,二者不同,何氏焯云:「當作『禮』。」

姚察當爲隋人

姚察在梁簡文帝時入仕，自梁入陳，自陳入隋，卒於煬帝大業二年，年七十四。其時察入隋已將二十年，歷官祕書丞，襲封北絳郡公，員外散騎常侍，又爲晉王昭侍讀，太子内舍人。煬帝巡幸，數爲侍從，乃仍列《陳書》中，而《隋書》中不載，殊不可解。陳臣入隋而仍載《陳書》者多矣，未有如察之甚者，徐廣終身仕晉，入宋僅六年而卒，然《晉》、《宋》并載，《南史》入之宋人，是也。大約史家如此者甚多，此史例也。假令婦人三嫁，終當以最後所適爲定，然則姚察自是隋人，乃《南史》仍以姚察入之陳人，得之於徐廣而復失之於察，何邪？

循吏多誤

《循吏》首列吉翰、杜驥、申恬三人，《宋書》則與劉道産同爲傳一篇，《南史》改入《循吏》，而以道産改入《劉康祖傳》，此尚可，若杜慧慶，《宋書》本作「慧度」，《南史》紀同，此誤。其所增益之《甄法崇傳》疑神見鬼，是李延壽慣技，無政績也。《王洪軌傳》反言其多贓賄，矛盾可笑，所叙美績尤空陋，郭祖深則以上書稱剛直，非循吏，傳末不載所終，亦非體。

卞田居

《文學·卞彬傳》自稱卞田居，《南齊書》同。何氏焯曰：當作「田君」。韓翃用文韻押君字，可知其誤。

樵者在山

《隱逸傳》敘首云：「含貞養素，須文以藝業，不爾，則與樵者在山何殊異也。」何氏琦曰：「胡孔明有言：『隱者在山，樵者亦在山。在山則同，所以在山則異。』」見《文選》注引臧榮緒《晉書》。

淵明改深明

「陶潛字淵明，或云字深明，名元亮」，此《南史》文，乃校書者改，其謬不可勝言。《宋書》則云「陶潛字淵明，或云淵明字元亮」，其上《周續之傳》云：「續之入廬山，時劉遺民遁迹廬山，陶淵明亦不應徵命，謂之尋陽三隱。」然則本字淵明，後以字行，故又字元亮，甚顯白，李延壽避諱改「深明」，并《續之傳》亦改「深明」，後之校《南史》者既改爲「字淵明」矣，此下兩句延壽原本必是「或云深明，字元亮」，乃又妄改如右，展轉惑人，校者之謬至此。

外弟

古以舅子爲内兄弟，姑子爲外兄弟，見四十三卷，而亦有以舅子爲外者，《宋書·隱逸傳》「宗炳字少文，南陽湼陽人。母同郡師氏」云云，而傳末又云「炳外弟師覺授」云云可見，蓋母家爲外家。《後漢·王符傳》：「符字節信，安定臨涇人。安定俗鄙庶孽，而符無外家，爲鄉人所賤，著書三十篇，號《潛夫論》。」《黄山谷内集》卷十《嘲小德》詩：「解著《潛夫論》，不妨無外家。」天社任淵注引此事。《南史·到洽傳》：「父坦以洽無外家，乃求娶於羊玄保，以爲外氏。」《梁書·韋叡傳》：「杜幼文爲叡外兄。」又《文學·劉昭傳》：「江淹爲昭外兄。」又《韋粲傳》：「柳仲禮爲粲外弟。」《南史·張彪傳》：「彪爲蘭欽外弟。」

顧歡論道佛二家

《南齊·高逸·顧歡傳》歡著《夷夏論》曰：「《道經》云：『老子入關之天竺維衛國，國王夫人名曰净妙，老子因其晝寢，乘日精入净妙口中，後年四月八日夜半子時，剖左腋而生，墜地即行七步，於是佛道興焉。』此出《玄妙内篇》。」「入關」當作「出關」，《南史》誤同。此下詳載論文，又引宋司徒袁粲駁之之語，亦誤以「出關」爲「入關」，其間蕭子顯又檃括之云：「歡雖同二法而意黨道教。」卷末子顯作論一篇，極力尊佛，以爲世間第一法，能包舉九流百家。愚謂歡所引《道經》頗確，老子即佛，本是一人，故無二法，如人鼻雖分二孔，所吐納者原只一氣，有何差別？惟與吾儒則如枘鑿冰炭之不相合耳。歡知老、佛是一，却不知儒教之美，而子顯所論尤覺虚浮夸誕，亦適成其爲子顯之所見而已矣。前《陸澄傳》論頗知推尊鄭康成，貶斥王肅，此特子顯生於六朝見聞之益，若康成深處，彼亦不知。學者若能識得康成深處，方知程伊川、朱晦庵義理之學，漢儒已見及，因時未至，含蘊未發，程朱之時，訓詁失傳，經無家法，故輕漢儒，而其研精義理，仍即漢儒意趣，兩家本一家。如主伯亞旅，宜通力以治田；醯醢鹽梅，必和劑以成味也。[一]彼異端邪妄之談，又何足道哉。

校讀記

[一]「學者若能識得康成深處」至「必和劑以成味也」云云，陳澧《東塾讀書記》卷十三引之，又云：「澧謂昔之道學家，罕有知漢儒見及義理之學者，更罕有知程朱即漢儒意趣者。近時經學家推尊康成，其識得康成深處如王西莊者，亦不多也。」

陶弘景以孝成隱

「陶弘景父爲妾所害，故弘景終身不娶」，其遊於方外，雖性躭野逸，實因痛其親而割棄世緣，蓋以孝成隱。《梁書》不載此事，并《南史》所載其祖、父名及官職皆闕之。

金陵華陽之天

「弘景止於句容之句曲山，恒曰：『此山下是第八洞宫，名金陵華陽之天，周回一百五十里。』」「金陵」，《梁書》作「金壇」，考弘景所作《真誥》第十一卷《稽神樞》篇云：「大天之内有地中洞天三十六所，其第八是句曲山之洞，周回一百五十里，名曰金壇華陽之天。」作「壇」是。

陶弘景年

《梁書・處士・陶弘景傳》略言：「弘景未弱冠，齊高帝作相，引爲諸王侍讀，除奉朝請。永明十年，上表辭禄，許之。於是止於句容之句曲山，自號華陽隱居。」此下叙其隱遯高逸之事，更歷建武、永元等朝，然後言梁高祖即位，恩禮甚篤，下又叙「天監四年，移居積金東澗，辟穀導引，年逾八十而有壯容」云云，其下乃云「大同二年卒，時年八十五」。此傳尚明白可誦，挨年順叙，無大誤，據其所言卒年推之，弘景當生於宋文帝元嘉二十九年壬辰也，入齊年二十八，入梁年五十二，如此方合。惟蕭道成於宋後廢帝元徽四年方爲尚書左僕射，明年方爲司空、録尚書事，時弘景年已二十五六，而云「未弱冠，齊高帝作相引之」云云，此其小牴牾者。《南史》多襲取各書，無所增益，偶或一有所增，輒成疵累，此傳所增頗多，往往冗誕似虞初小説，此李延壽慣態不足責，但《梁書》不言弘景生年，而卒年則《南史》與《梁書》同，乃其前文先言「弘景以宋孝建三年景申歲夏至日生」，兩者自相矛盾，舛謬可笑，於是爲甚。

止足傳

《梁書》有《止足傳》，據其序引魚豢《魏略》、謝靈運《晉書》及《宋書》皆有之，非姚氏父子特創，乃不但李延壽削去不用，自後史家亦從無繼作者，何也？論曰：「比夫懷禄躭寵，婆娑人世，則殊間矣。」俗情不鄙婆娑，莫怪止足無傳。

徐爰不當入恩倖傳

徐爰本儒者，長於禮學，又修《宋書》，仕至顯位。考其生平，歷内外，無大過惡。沈約乃入之《恩倖傳》，與阮佃夫、壽寂之、李道兒輩同列，此必沈約一人之私見。約撰《宋書》，忌爰在前，有意污貶，曲成其罪，正與魏收强以酈道元入《酷吏》相似。李延壽最喜改舊，乃於此種大乖謬處則仍而不改，惟於所載爰諸奏議痛加刊削而已。

茹吕不載殺諸王

《南齊書·倖臣傳》共列五人，此等人既立傳，則如茹法亮殺巴陵王子倫、吕文顯殺宜都王鏗等事，何可不一見。大約蕭子顯於蕭鸞殺高、武諸王事多遺失，《南史·恩倖傳》於茹、吕亦不及其殺諸王，則以已見諸王傳故也。

恩倖傳論

《恩倖傳》論略云：「自宋中世以來，萬機碎密，不關外司。尚書八坐五曹、九卿六府，伏奏之務既寢，趨走之勞亦息。任隔情疎，殊塗一致；權歸近狎，異世同揆。至元戎啓轍，武候還麾，督察往來，親承几案，領護所攝，示總成規。優劇遠近，斷於外監之心；譴辱詆訶，恣於典事之口。」此論切中弊病，然皆取之《宋》、《齊》兩書，非延壽心裁也。《梁》、《陳書》無《恩倖傳》，自周石珍以下傳六篇皆《南史》所補，所叙連類附及之小人尤多，此甚有功，蓋自魏晉尚玄虚，士大夫多坐談，不親政務，而治事不可無人，故小人得以競進，人主又皆昏貪賊戾，昵狎小人。觀此論前半篇言尚書八座五曹、九卿六府皆虚設，則恩倖之權爲何如。後半篇言兵權亦歸之，《崔慧景傳》：「東昏即位，爲護軍。時輔國將軍徐世標專權號令，慧景備員而已。」領軍、護軍掌禁兵，權最重者也，至此則權移於恩倖而領、護又無權矣。漢唐宦官專政爲國之蠹，南朝恩倖別有其人，并非宦官，亦一變也。

芮芮蠕蠕

《宋書·索虜傳》即魏也。《南史》則尊魏，故於外國中無魏。《宋書》叙魏事至泰豫元年狹石鎮主白虎公等攻圍義陽事，此已在宋末，此後魏方盛强，《宋書》以宋爲斷，不及其後之事，故其下即綴以芮芮，以芮芮即居魏之故地故也。《南史》則於北方特立《蠕蠕》一傳，蠕蠕即芮芮，其本號自爲柔然，魏人改稱爲蠕蠕，《周》、《隋》多作「茹茹」，《宋》、《齊》、《梁》則作「芮芮」，[一]蓋皆取其音近。赫連勃勃，《宋書》朱超石、傅弘之、鄭鮮之、索虜諸傳皆作「佛佛」，意同。

校讀記

[一]王懋竑《讀書記疑》卷八《南史》云：「柔然，魏改作『蠕蠕』，《周》、《隋》我作『茹茹』，《宋》、《齊》、《梁》又作『芮芮』。」西莊全鈔此則。

外國傳叙佛教

晉始以建康爲揚都，已見前第五十一卷。《宋書》第九十七卷訶羅陁國王、呵羅單國王奉表於宋，皆稱大宋揚都，則揚都之名著矣。更有闍婆婆達國王、天竺迦毗黎國王所奉之表。按其文義皆仿佛書，故沈約於篇末總結之云：「凡此諸國皆事佛道。」因遂歷叙佛教始末，蓋在異域自當奉異教，約之叙述佛教於《外國傳》中，亦差可，若魏收作《釋老志》，則可笑。《南史》以僧竇誌入《隱逸》，《舊唐書》以一行入《藝術》，則尤欠妥，此輩紀表志傳中實無可位置。

僧慧琳著論以儒爲白學，佛爲黑學，語奇至。此人僧也，而論乃助儒闢佛，更奇。《謝宏微傳》：「兄曜卒，弘微蔬食積時，服雖除，猶不噉魚肉。沙門慧琳詣弘微，弘微與之共食，猶獨蔬食，慧琳曰：『檀越素既多疾，頃者肌色微損，即吉之後，猶未服膳。若以無益傷生，豈所望於得理。』」觀此則知此僧名爲僧而恒噉魚肉，絶不守佛門戒律。《南齊書·周顒傳》：「顒著《三宗論》，凉州智林道人曰：『貧道捉麈尾四十年，唯此塗白黑無一人得語。』」與宋慧琳同。

羊鯤

《賊臣·侯景傳》：「景單舸走，至胡豆洲，前太子舍人羊鯤殺之。」案殺景者羊鵾，係羊侃之子，見六十三卷《侃傳》後，此誤。

元帝殺王偉

侯景之反皆其黨王偉造謀，而簡文帝則偉所親弑者，及爲元帝所獲，偉從獄中獻詩於帝，帝尚愛而欲舍之，及觀其所作檄，有「湘東一目」句，始殺之。然則殺偉以其詈己，不以其害父兄。元帝之無人心如此。

賊臣當入歐陽紇

《梁書》以諸王之叛者豫章王綜等爲一卷，侯景爲一卷，置於書尾蠻獠之後，以其皆叛逆也。《陳書》熊曇朗、周迪、留異、陳寶應、始興王叔陵、新安王伯固，亦用此例，先熊等後王則非。《南史》始別爲題目，曰《賊臣侯景》云云，而叔陵、伯固仍以次叙於諸王中，絶無分別，此其謬者。愚意《陳書》於歐陽紇亦宜入熊曇朗卷，不當附父傳，李延壽最喜叙家譜，無怪於此不能改正。

臺城

黄之雋等《江南通志》第三十卷《古蹟》門云：「臺城在上元縣治北，玄武湖側。《輿地紀勝》云：一曰苑城，本吴後苑地也。晉咸和中作新宫，遂爲宫城。下及梁陳，宫皆在此。晉宋時謂朝廷禁省爲臺，故謂宫城爲臺城。」愚考《輿地紀勝》，宋王象之譔。予從朱奂借閱，嫌殘闕未抄，此條詮臺城名義甚確。洪邁《容齋續筆》第五卷説同。《南史》及各書臺城數見，不可枚舉，試隨便舉之，則如《齊·蕭允》、《梁·南郡王大連綏建王大摯》、《陳·任忠》《沈炯》《賊臣·侯景》等傳皆有，蓋有都城，有宫城。臺城者，宫城也。今江寧府治上元、江寧二縣，戰國爲楚金陵邑，秦改秣陵，吴改建業，晉改建康，其都城宫城則唐許嵩《建康實録》第一、第五、第七、第十等卷以爲越滅吴，范蠡始築之。孫權於建安十六年始都之，説見三十二卷。築宫曰太初宫。永嘉之亂，琅邪王睿渡江，因吴舊都城修而居之，即太初宫爲府舍。

大興元年，即帝位。成帝咸和五年九月，作新宫，始繕苑城，許嵩自注云：「案苑城即建康宫城。」又云：「咸和七年十一月新宫成，署曰建康宫。十二月，帝遷於新宫。」自注云：「案《圖經》，即今之所謂臺城也。今在縣城東北五里，周八里，有兩重墻，東晉子孫相承，四代十一帝，起戊寅，終己未，凡一百二年，並都臺城之建康宫。」此言東晉常居之，其實宋張敦頤《六朝事迹》卷上《宫殿》門云：「晉琅邪王因吴太初宫即位，至成帝繕苑城，作新宫，宋、齊而下因之，稱建康宫。」合之《輿地紀勝》云云，則知宋、齊、梁、陳皆居之。蕭子顯於《褚淵》論云：「市朝亟革，陵闕雖殊，顧盼如一。」是也。李吉甫《元和郡縣志》卷第二十五云：「江南道潤州上元縣，晉故臺城，在縣東北五里。成帝時，蘇峻作亂，焚燒宫室都盡，温嶠已下咸議遷都，唯王導固争不許。咸和六年，使王彬營造，七年，帝還於新宫，即此城也。」《明一統志》第六卷云：「臺城在上元縣治東北五里，本吴後苑城，即晉建康宫城。其地據高臨下，東環平岡以爲安，西城石頭以爲重，帶玄武湖以爲險，擁秦淮、青溪以爲阻。今臙脂井南至高陽墓一里爲軍營，及民蔬圃者皆是。」《江南通志》謂今上元縣署宋建，江寧縣署明建，觀《明志》，臺城在上元縣治東北五里，與《建康實録》、《元和郡縣志》並合，則今縣署即唐縣署故址，以此求之，古蹟約略可見矣。

諸書皆言新宫對元帝舊宫而言，《南史·齊始安王遥光傳》：「東昏爲兒童時，明帝使與遥光共齋居止，呼遥光爲安兄，恩情甚至。及遥光誅後，東昏登舊宫土山，望東府，愴然呼曰：『安兄。』」東府是宰輔所居，在宫城東，説見下。晉成帝所遷新宫在舊宫之北，故曰後苑，説亦見下。舊宫南羣臣居第，及治事廨署分列兩旁，遥光正是以親王爲宰輔者，故居東府，東昏思之，從新宫望，未爲切近，故至舊宫望之。

《江南通志》：「江寧府城自鍾山之麓西抵覆舟山，建北門，一曰太平，又西據覆舟、雞鳴，緣後湖以北至直瀆山而西八里，建北門二，曰得勝、曰金川。」臺城實在此，計宫城應於城正中位北面南，乃偏於東北者，因明初重築城，縮其東增廓其西故然。

白門

《南史·宋明帝紀》：「末年多忌諱，宣陽門謂之白門，上以不祥，諱之，尚書右丞江謐嘗誤犯，上變色曰：『白汝家門。』」愚考白門正南門也，故以白爲諱，若旁側當不至是。《建康實録》卷七自注備列諸門名，今除東西北不數，就南面考之，彼文先云：「建康宫城六門。案《地輿志》：都城周二十里一十九步，本吴舊址，晉江左所築，但有宣陽門。至成帝作新宫，始修城開陵陽等五門，與宣陽爲六。南面三門，最西曰陵陽門，後改名爲廣陽門，次正中宣陽門，對苑城門，世謂之白門。門三道，上起重樓懸楣，上刻木爲龍虎相對，皆繡栭藻井。南對朱雀門，相去五里餘，名爲御道，開御溝，植槐柳。次最東開陽門」云云。據此則知白門乃南面正中門也。但此段所列門名仍是舊宫之門，祇因舊惟一門，今添其五，故於作新宫下敘述。此卷下文許嵩自注又列臺城五門名，皆與上文五門名異，而引《修宫苑記》云「南面正中大司馬門，世所謂章門，拜章者伏於此門待報。南對宣陽門，相去二里，夾道開御溝，植槐柳，世或名爲闕門」云云，此段所列則新宫之門矣。要白門是發始初建正南門，故後人通稱金陵爲白門。《分類補注李太白詩》予所藏係元世祖至元二十八年辛卯刻本。卷十五《金陵白下亭留别》云：「驛亭三楊樹，正當白下門。」楊齊賢曰：「唐武德九年，更金陵縣曰白下縣。」此名疑亦因白門而起。

宣陽是正南門，而新宫正南大司馬門對之，故知新宫在舊宫之北。

雞籠山

臺城古蹟可考者，以山與湖。《江南通志》第十一卷《山川》門云：「雞鳴山在府東北，覆舟山西，其北臨玄武湖，本名雞籠山，其東麓爲雞鳴寺。」又第四十三卷《寺觀門》云：「雞鳴寺在府城北雞籠山，與臺城相接。明洪武二十年置。」張敦頤《六朝事迹》卷下《山岡》門云：「雞籠山在城東吴琯刻誤作「西」，以意改。北，覆舟山之西二百餘步，其狀如雞籠，因以爲名。按《南史》宋文帝元嘉十五年，立儒館於北郊，命雷次宗居之，次宗因開館於雞籠山。又竟陵王子良嘗移居雞籠山下，集學士抄《五經》、百家爲《四部要略》千卷。又元嘉中改爲龍山，以黑龍嘗見真武湖，[一]此山正臨湖上，因以爲名。」[二]千數百年來片瓦寸椽無存，而臺城接雞鳴山，里巷皆能道之，是爲可據。

校讀記

[一]真武湖即玄武湖，避宋始祖玄朗諱，改「玄」爲「真」。

[二]見《六朝事迹》卷六，云卷下者誤。

後湖

其尤可據者，後湖也。《江南通志》第十一卷：「後湖在江寧府北二里，即玄武湖，一名練湖。晉元帝時爲北湖。宋元嘉改玄武湖，引其水以入宮墻，苑囿山川，掩映如畫。六朝舊跡多出其間。」愚考《建康實録》卷五：「東晉元帝大興三年，創北湖，築長堤，以壅北山之水，東自覆舟山，西至宣武城。」彼時未作新宫，宫與湖尚異地，至成帝作新宫，湖連後苑，後湖之名約起於此。《南史·宋文帝紀》：「元嘉二十三年，築北堤，立玄武湖於樂遊苑北。」又《建康實録》卷十二：「宋文帝元嘉二十一年七月，甘露降樂遊苑。」注：「案《輿地志》，縣東北八里。其地舊是晉北郊，宋元嘉中移郊壇出外，以其地爲北苑，遂更興造樓觀於覆舟山，乃築隄壅水，號曰後湖。其山北臨湖水，後改曰樂遊苑。山上大設亭觀。大明中，又盛造正陽殿。梁侯景之亂，悉焚毀。至陳天嘉二年，更加修葺。陳亡，並廢。」又《元和郡縣志》第二十五卷：「玄武湖在上元縣北十里，周回二十五里。」又《太平寰宇記》卷九十《江南東道》云：「玄武湖在上元縣西北七里，周回四十里，東西兩派下入秦淮，春夏深七尺，秋冬四尺。晉元帝創，宋元嘉築隄，齊武帝理水軍於此。其湖通後苑。又於湖側作大竇，引湖水入宫城内天泉池中。經歷宫殿，縈流廻轉，不舍晝夜。」唐宋人所考如此，惟湖與宫廻轉，故《賊臣·侯景傳》景引玄武湖水灌臺城，闕前御街並爲洪波也。諸書言湖周四十里，或二十五里，《江南通志》載余賓碩文，謂宋熙寧八年王安石奏廢湖爲田，開十字湖，立四斗門以洩湖水，歲久湮塞，今所存者十分之二。雖湮塞，猶存十之二，故王貽上尚有《臺城眺後湖》詩，古蹟可據者以此。

張敦頤《六朝事迹》謂六朝故宫，今行宫東北乃其地。此行宫指趙宋康王構所駐，無可考不待言，即《明志》軍營蔬圃亦難尋究，惟其倚雞鳴山臨玄武湖最爲可據。

江左偏安而宫室侈靡，蓋包絡甚廣，故《南史·齊武帝裴皇后傳》「宫内深隱，不聞端門鼓漏聲，置鐘景陽樓，上應五鼓，及三鼓，宫人聞鐘聲，早起莊飾。」又《豫章文獻王嶷傳》：「時帝後宫萬餘人。」即此觀之，宫室之侈可見。

東府

張敦頤《六朝事迹·宫殿》門云：「有曰臺城，蓋宫省之所寓也；有曰東府，蓋宰相之所居也；有曰西州，蓋諸王之所宅也，皆不出都城之内。」此段提綱挈領甚佳。今既考得臺城所在，則東府、西州約略可見，試先以東府考之。前第四十九卷論晉時宰相居東，天子在西，因及南朝宰相居東爲仿晉，是矣。但彼以對天子之西爲東，此則居臺城之東，因西州居臺城之西，而爲東西微不同。《元和郡縣志》二十五卷《江南道》：「東府城在上元縣東七里，其地西則簡文帝爲會稽王時邸第，東則丞相王道子府。[二]謝安薨，道子代領揚州，仍先府舍，故稱爲東府，而謂揚州廨爲西州。」此條詮取名之所自，似是，然有辨，説見下。《江南通志》三十卷《古蹟門》云：「東府城在江寧縣舊皇城西安門外，青溪橋東南，臨淮水。」是舊迹猶可見。

辛相居此，非尋常宰相，乃秉權最重者。第四十九卷考得宋武帝、齊高帝未即真皆居此，凡五事。兹又考得《宋書》宋武帝之繼母孝懿蕭皇后傳，裕北伐，仍停彭城壽陽，至元熙二年入朝，因受禪。在外凡五年，后常留東府。《南齊書·紀》宋順帝昇明二年正月，沈攸之死，齊太祖旋鎮東府。宋武、齊高皆居之，非秉權至重者而何？其餘散見，不可枚舉。姑隨舉之，如《宋書·文九王傳》「建平王宏之子景素舉兵，冠軍將軍齊王世子鎮東府城」。齊王者，齊高帝世子者，齊武帝也。《南齊書·豫章王嶷傳》沈攸之之難，太祖入朝堂，嶷出鎮東府。此皆秉權最重者。

《南史·宋彭城王義康傳》：「爲侍中、司徒、録尚書事、領揚州刺史，四方獻饋以上品薦義康，次者供御上。冬月噉柑，嘆其味劣，義康曰：『今年柑殊有佳者。』遣還東府取柑大供御者三寸。」又《宋文帝子江夏文獻王義恭傳》：「授大將軍、南徐州刺史，還鎮東府。」《宋書·始安王休仁傳》：「前廢帝死，休仁推崇太宗即明帝，便執臣禮。明旦，休仁出住東府。」《南史·宋建安王休仁傳》：「宋明帝疾，暴甚，内外皆屬意休仁，主書以下皆往東府詣休仁，所親信豫自結納。」又《王融傳》：「魏軍動，竟陵王子良於東府募人。」凡此皆親王也，而即爲宰輔，是以皆居東府耳。

每建康有事，必置兵守，此事屢見，隨舉之，則如《南齊書·高帝紀》：「休範反，太祖曰：『宜頓新亭白下，堅守宮掖東府石頭以待。』賊進至杜姥宅，車騎典籤茅恬開東府納賊。」是也。

［二］《元和郡縣志》「丞相」下有「會稽」二字，西莊引脱。按會稽文孝王司馬道子，《晉書》卷六十四有傳，本卷《西州》條云「上文引《元和郡縣志》東府、西州之稱起於晉王丞相道子」，則似西莊誤以丞相爲姓王名道子，是亦王義慶之流亞也。

西州

上文引《元和郡縣志》東府、西州之稱起於晉王丞相道子。彼文又一條云：「上元縣東百步揚州刺史所理州廨，王導所創也。後會稽王道子於東府城領州，故亦號此爲西州。」說與上文所引一條同。愚謂《建康實録》卷一云：「晉永嘉中，創立州城，今江寧縣城，所置在其西偏，其西即吴時冶城，東則運瀆，吴大帝所開，今西州橋水是也。」注：「案《晉書》：孝武太元末，會稽王道子爲揚州刺史，治東第，時人呼爲東府，因號北城爲西州，故傳云東有西州是也。桥逼州城東南角，因以爲名焉。」此段傳鈔必有誤字，今無從校改。就此説繹之，亦與《元和志》同。愚謂《通鑑》第一百二十卷《宋文帝紀》胡三省注云：「揚州刺史治臺城西，故曰西州。」當以此爲確，未可盡云由會稽王道子得名也。如《建康實録》言刺史治所自永嘉即在此處，本在臺城西，自不必待道子得名，況《晉書·謝安傳》安出鎮廣陵，還都，輿人西州門。上文安本領揚州刺史，其時雖位至太保，封公，仍領刺史也。下文：「羊曇者，太山知名士。安薨，行不由西州路。嘗石頭大醉，扶路不覺至州門，左右白：『此西州門。』曇以馬策扣扉，悲感不已。」可見安未薨已名西州，不始於道子。又樂史《太平寰宇記》卷第九十《江南東道》：「昇州理江寧、上元二縣。漢武帝元封二年，始置十三州刺史，領天下諸郡，此即爲揚州。揚州本在西州橋治城之間，是其理處。後漢如之。劉繇爲揚州刺史，始移理曲阿，孫策號此爲西州。」樂史學識雖未精，然其書成於宋太平興國中，彼時俗學杜撰之風未熾，尚知援據古書，猶有可信。即如此條，予前於第十七卷取韋昭説辨西漢郡治丹楊不治宛陵，今樂史説正與予合。又予於第二十卷取《晉書·陶回傳》「小丹楊」，謂在今太平、寧國二府連界處，此本古丹楊，魏晉下移於今江寧府治，反謂此爲小丹楊，其實西漢郡治當在此。亦見《真誥注》，説見下。此則非樂史所知，其謂漢郡治即治江寧上元城中，不無小誤。而謂劉繇移理曲阿，今鎮江府丹楊縣。故孫策號此爲西州，則必有據。觀此，愈知不始於晉道子矣。要雖對曲阿言西，不害在臺城西也。《江南通志·古蹟》門：「西州城在上元縣治，晉揚州刺史治所。」是舊迹猶可見。

其爲刺史治，證亦多，隨舉之，則如《宋書·徐羨之傳》：「羨之爲司徒、録尚書事、揚州刺史。宋文帝欲殺之，傳亮馳報羨之，羨之回還西州。」《南史·宋文帝諸子傳》：「劭入弑之旦，始興王濬在西州府。」濬本從揚州刺史出鎮，故至此時雖已離揚州任而猶居西州也。

是一證。要是後來諸王亦有宅此者，而不害其始爲本由刺史治得名。《六朝事迹》以爲諸王所宅，《南史·梁元帝徐妃傳》：「嫁夕，車至西州，疾風大起。」此《陳書·高祖紀》：「討侯景，於石頭城西横隴築栅，衆軍次連八城，直出東北。賊恐西州路斷，亦於東北果林作五城以遏大路。」彼時景圍臺城，其兵從西而東，陳高祖兵亦從西來，直出東北，救臺城，故賊恐西州路斷而欲遏止之。至後來景召簡文帝幸西州，見《賊臣傳》此則已嘗破臺城，駸駸篡弑，非因景領刺史事治西州而逼帝幸之。

秣陵建康二縣分治秦淮南北

今上元、江寧二縣在漢惟秣陵縣，在六朝爲秣陵、建康二縣。其建置沿革分合變遷，糾紛參錯，不可爬梳，惟《皇輿表》最爲詳晰，康熙十八年修，四十三年增修。學者覽之自明。其縣治之爲古蹟，爲後創，未可詳考。惟因秦淮水常存，故秣陵、建康分治處猶可想像得之。樂史《太平寰宇記》卷九十《江南東道》云：「淮水北去江寧縣一里，源從宣州東南溧水縣烏利橋西流入百五十里。相傳秦始皇巡會稽，鑿斷山阜，此淮即所鑿也，故名秦淮。又未至方山，有直瀆行三十許里，以地形論之，淮發源詰屈，不類人功，則始皇所掘宜此瀆也。淮水發源於華山，在丹楊湖姑孰之界，西北流經建康、秣陵二縣之間，縈紆京邑之内，至於石頭入江，綿亘三百許里。」樂史此段與李昉等《太平御覽》第六十五卷《地》部多同，所叙秦淮原流甚佳。彼文又云：「《建康圖經》云：『西晉太康元年，平吴，分地爲二邑，自淮水南爲秣陵，淮水北爲建業。』」樂史所采《建康圖經》自是唐以前古書可信者，據此則二縣分治古蹟，千載可見。

陶弘景《真誥》卷第十一《稽神樞》篇注：「金陵之號起自楚時，至秦皇過江厭氣，乃改爲秣陵。漢來縣舊治小丹楊，今猶呼爲故治也。晉太康三年，割淮水之南屬之。義熙九年，移治鬬場。元熙元年，徙還今處。」此條以證淮水之南爲秣陵最爲明切，歐陽忞《輿地廣記》卷第二十四《江南東路》：「江寧府上元縣，故建康縣，本建業。晉武帝既復改建業爲秣陵，太康三年，又分秣陵之水北置建鄴縣，後避愍帝名，改曰建康。」此條以證淮水之北爲建康，亦最爲明切也。

京畿刺史有書有不書

《南史》各帝紀於諸州刺史例不書，惟於皇子之爲刺史者則書之，而又有於皇子之爲刺史亦或不書，於諸州刺史亦或書之者，其體例既不定，至刺史之進位加號，絶非緊要，而《南史》各帝紀往往備書之。如《宋武帝紀》「永初三年，進江州刺史王弘衛將軍、開府儀同三司」,《宋文帝紀》「元嘉元年,進江州刺史王弘位司空」,「二年,改授司空王弘車騎大將軍」,「三年,以江州刺史王弘爲司徒、録尚書事」,其所云衛將軍、司空、車騎大將軍者,皆是進位加號,而江州刺史則如故,是皆絶非緊要者,而《南史》備書之,其不避繁重如此。及考王弘本傳,元嘉三年遷司徒、揚州刺史、録尚書事,此因揚州是京畿,其刺史皆以宰相兼領故也,《文帝紀》中删去「揚州刺史」四字不書,乍觀之似若别有例者,乃《武帝紀》於永初二年書「以尚書僕射徐羡之爲尚書令、揚州刺史」,三年又書「進尚書令、揚州刺史徐羡之爲司空、録尚書事,刺史如故」,此正是以宰相兼領京畿刺史,與王弘同也,乃於羡之則一書刺史,再書刺史如故,於王弘但書其爲司徒、録尚書事,而不書刺史,彼此兩岐,體例參差不定,何也?

《宋明帝紀》泰始五年,據《宋書》,是年桂陽王休範爲中書監、中將軍、揚州刺史。此以中書監而領揚州刺史者,與他刺史不同。《宋書》之例與《南史》異,《宋書》凡刺史皆見本紀,《南史》則宰相執政領者方書之,而此條休範却不書,乃盧江王禕爲南豫州刺史,此却又書之,進退無據,自亂其例。

蕭子顯《齊書》。《齊高帝紀》:「建武二年十二月壬子,以驃騎大將軍豫章王嶷爲司空、揚州刺史。」見《南史》無「大將軍」三字,或是傳寫誤脱,而删去「揚州刺史」四字則非。

都督刺史

凡各書中都督某某幾州諸軍事、某州刺史，《南史》則但書某州刺史，而於其下添「加都督」三字，或直書都督某州刺史，就使二者皆是，而二者本是一例，今忽自岐其例，使人疑爲異其詞，則似別有意義者，已非史法，乃予詳考之，則二者皆非也。凡都督或督二三州，或有多至十餘州者，又有於某州不全督，督其數郡者，都有會聚之意，各州郡皆所總統，今如《南史》二種書法皆但書其本治，所總統等州郡之數與名皆不見叙，至下文忽露某州某郡，突如其來，使觀者眩惑，且於叙事中全不得當日勢望權任之所在，只因欲圖簡嚴，自誇裁斷，獨不思諧謔支贅，談神説佛，不以爲煩，何以紀載實事，反矜貴筆墨乃爾。

《宋書·百官志》：「持節都督，無定員。前漢遣使，始有持節。光武建武初征伐四方，始權時置督軍御史，事竟罷。建安中，魏武帝爲相，始遣大將軍督軍。二十一年，征孫權還，夏侯惇督二十六軍是也。魏文帝黄初二年，始置都督諸州軍事，或領刺史。三年，上軍大將軍曹真都督中外諸軍事，假黄鉞，則總統外内諸軍矣。明帝太和四年，晉宣帝征蜀，加號大都督。高貴鄉公正元二年，晉文帝都督中外諸軍，尋加大都督。」《南齊書·百官志》：「魏晉世州牧隆重，刺史任重者爲使持節都督，輕者爲持節督，起漢順帝時，御史中丞馮赦討九江賊，督揚徐二州軍事，而何、徐《宋志》云起魏武遣諸州將督軍，王珪之《職儀》云起光武，並非也。晉太康中，都督知軍事，刺史治民，各用人。惠帝末，乃并任，非要州則單爲刺史。」愚案二志不同，《宋》以爲起魏武帝，《齊》以爲起漢順帝，觀《齊志》，知《宋志》本之何承天、徐爰，沈約多襲取舊史，即此可見，但二說雖不同，而其疏解都督、刺史之所由起並佳。

其書法則魏晉已詳書之，今未暇多舉，姑隨便舉之，如《晉書·庾亮傳》：「亮爲持節、都督豫州揚州之江西宣城諸軍事、平西將軍、假節、豫州刺史，鎮蕪湖。遷都督江荆豫益梁雍六州諸軍事，領江荆豫三州刺史，進號征西將軍，鎮武昌。」此等書法極其詳明，不可以累墜爲嫌，大凡一時官制，宜據實詳書之，使後世可考。《宋》、《齊》、《梁》、《陳》皆依《晉書》書法，不料李延壽出一人私見，創爲兩種書法，失實而不明妥，皆非是。

如《宋書·劉道憐傳》云「都督荆湘益寧秦梁雍七州諸軍事、驃騎將軍、開府儀同三司、護南蠻校尉、荆州刺史」，而《南史》則云「爲驃騎將軍、開府儀同三司、荆州刺史、護南蠻校尉，加都督」。彼文又云「都督徐兗青三州揚州之晉陵諸軍事、守尚書令、徐兗二州刺史」，而《南史》則云「拜司空、徐兗二州刺史，加都督，出鎮京口」。又營浦侯劉遵考，《宋書》本傳云：「督并州司州之北河東北平陽北雍州之新平安定五郡諸軍事、并州刺史，領河東太守」，而《南史》則但書爲「并州刺史、領河東太守，鎮蒲坂」，而删去督五郡，《宋書》又言其爲「使持節、督雍梁南北秦四州荆州之南竟陵順陽襄陽新野隨六郡諸軍事、雍州刺史、新野、襄陽二郡太守」，《南史》則但書「雍州刺史，加都督」，是時遵考未爲都督，似有誤，而新野、襄陽二郡太守不書，則又與前異矣。又考遵考以督南徐兗州諸軍事、南兗州刺史、領廣陵太守，以監豫司雍并四州等諸軍事、豫州刺史、領南梁郡太守，《南史》於此二條則竟删去不書。又彭城王義康初除督豫司雍并四州諸軍事、豫州刺史，徙監南豫豫司雍并五州諸軍事、南豫州刺史，又授使持節，都督南徐兗二州揚州之晉陵諸軍事、南徐州刺史，其所加冠軍將軍、右將軍、驃騎將軍及散騎常侍、開府儀同三司皆其爵號，而於職任無與也。《南史》但書義康歷南豫、南徐二州刺史，並加都督。又《宋書·謝晦傳》行都督荆湘等七州諸軍事、領護南蠻校尉、撫軍將軍，而《南史》則云少帝廢徐羨之，以晦領護南蠻校尉、荆州刺史，加都督。凡此其失實而不妥顯然。至直書都督某州刺史者，其謬更不待言，今不悉出。

大凡縣屬於郡，郡屬於州，郡有太守，州有刺史，而刺史有都督、監、督之異，又有使持節、持節、假節之分，《宋書·百官志》云：「都督諸軍爲上，監諸軍次之，督諸軍爲下。使持節爲上，持節次之，假節爲下。使持節得殺二千石以下，持節殺無官位人，若軍事得與使持節同。假節唯軍事得殺犯軍令者。」此段剖析甚明，蓋其不假節者謂之單車刺史，專治一州之事而已，然則不但都督等各有等級，不可併爲一談，而假節亦斷不可略也。《南史》於都督諸州者，或添加都督，或謂之都督某州刺史，間或於監諸州、督諸州之督而亦云加都督，又或因監、督與都督不同，故監、督則竟直書某州刺史，而使持節等遂抹去之，如《宋書》檀道濟監南徐兖之江北淮南諸郡軍事、南兖州刺史，又都督江州之江夏豫州之西陽新蔡晉熙四郡諸軍事、江州刺史，《南史》只書南兖州刺史、江州刺史，而監都督諸軍皆不書，又《張沖傳》，《宋書》云「持節、督豫州諸軍事、豫州刺史，又督南兗兗等五州、南兗州刺史，又督司州軍事、司州刺史，又督郢司二州、郢州刺史，并持節如故」，[一]《南史》則於豫州删去不書，而其餘直作南兗刺史、司州郢州刺史，至持節與督諸州皆略之，其妄如此，謬誤洪多，不可枚舉。以上二事，王先生懋竑字予中，寶應人，康熙戊戌進士，翰林院編修。《讀書記疑》曾論之，予既自考得，又參王説。

校讀記

[一]見《南齊書》卷四十五《張沖傳》，云出《宋書》者誤。

文字淆訛

文字最易淆訛，漢人碑刻字體已有不正者，沿至六朝愈亂矣。《張敬兒傳》：「始其母於田中卧，夢犬子有角舐之，已而有娠，生敬兒，故初名狗兒。宋明帝嫌名鄙，改爲敬兒。」案《説文》「敬」從茍，讀若急，自急敕也，非苟，即此可見六朝人不識字。今《南史》及各書中所用誤字不可勝摘，姑隨便舉之，如以介爲個，《南史·王弘之傳》介轉爲个，个轉爲個，此字今唐人《九經疏》中頗有之。投爲透，此字用之甚多，隨舉其一，如《南史·趙倫之傳》：「爲丹楊尹，嚴酷，曹局不堪命，或透水而死。」「透」，監板作「投」，此校者以爲傳寫之誤而改之，不知乃李延壽本誤也。繼爲係，此字亦用之甚多，隨舉其一，如《南史·顔竣傳》「坐死免者相係」，是也。樵爲蕉，寶爲珤，藩爲蕃，《説文》卷一下《艸部》：「藩，屏也。」「蕃，艸茂也。」渡爲度。《説文》卷十一上《水部》：「渡，濟也。」卷三下《又部》：「度，法制也。」此類甚多，難以枚舉，略出數字以例其餘。凡此有用流俗妄造字者，有本有其字，不可通用而誤通者。又如地名則溢城爲盆城，采石爲採石，王羲之《採菊帖》已用此字。人名則羊侃爲偘，《説文》卷八上：「侃，从人，从信省，从水。」無「偘」字。徐世標爲檦，亦皆誤。又以得官赴任爲述職，與《孟子》「諸侯朝於天子曰述職」文同義異，皆謬。至於《羊玄保傳》「竹木雜果爲林芿」，「芿」字《宋書》無，《南史》添，此李延壽之不識字而强作解事。若餧爲餒[二]，考《説文》卷五下《食部》云：

「餧，飢也。一曰魚敗曰餧。」不知何人改从妥，而《論語》「魚餧」，《孟子》「無是餧也」，「則餧矣」，皆變爲餒，《宋書・袁湛弟豹傳》仍作「餧」。又年爲秊，考秊，穀熟也。从禾，千聲。隸變作「年」，而《宋書・孔季恭等傳》論仍作「秊」。又倒爲到，古無「倒」字，《説文・人部》在《新附》，而《南齊書・竟陵王子良傳》仍作「到」。潔爲絜，古無「潔」字，《説文・水部》在《新附》，而《南史》仍作「絜」。仗爲杖，「仗」字《説文新附》亦無，而《南史》仍作「杖」，則六朝與唐人猶存古，宜分别觀之。

校讀記

［一］「餧」「餒」原誤倒，今依文義乙正。

避諱

《南史》、《北史》與《梁》、《陳書》皆唐人修，應避唐諱，乃十干「丙」字，《梁》、《陳書》皆改作「景」，而《南史》不諱。又「虎」字，《南史》亦屢見，此皆後人校者所改，若諸葛長民之爲長人，宋孝武帝小字道民之爲道人，褚淵仍稱其字彦回，劉秉仍稱其字彦節，庾炳之仍稱其字仲文，宗炳之亦仍稱其字少文，獨江秉之不稱其字，仍書其名，《北史》「秉」作「康」，則是康之。《南史》作「秉」者，或後人依《宋書》之誤而改之。與夫虎之爲獸、爲彪、爲武，韓擒虎去「虎」字但稱擒，見

《恩倖傳》。淵之爲深，梁貞陽侯淵明去「淵」字但稱明，《文學·賈淵》不稱名稱其字希鏡，官名治中從事去「治」字但稱中從事，此類甚多，不可枚舉，則改之未盡者。竊謂凡延壽之所諱，後人當悉仍其舊，而於逐條下注明某字避唐某帝諱改，本當作某，如此方合，今則《北史》多仍舊，而《南史》所改者十之七八，不改者尚有二三，既失延壽本來面目，又自亂其例，皆非也。

至如《宋書·後廢帝江皇后傳》云「北中郎長史智淵孫女」，又如《劉穆之傳》云：「小字道民」，又如諸葛長民，又如《朱齡石傳》有黄虎，此類非一，乃沈約原文，唐人竟未及校改，若謂唐人已改宋人又改從本字，則如《梁書·武帝紀》有獸晾，有王天獸，有龍驤獸步，有陳獸牙，有胡獸牙，實皆「虎」字，宋人何不改之？可見《宋》、《齊》各書，唐人、宋人皆未細校。

建康實録

唐許嵩《建康實録》二十卷，宋嘉祐四年知江寧軍府事梅摯等刻於江寧府，紹興十八年，權荆南軍府事劉長等又刻於荆湖北路安撫司。予所藏凡「構」字皆注「今上御名」，乃從紹興本鈔出者。此書載《宋史》第二百三卷《藝文志》，第四卷末識云：「吴大帝黄武元年壬寅至唐至德元年丙申，五百三十五年。」第十卷末又識晉元帝太興元年至至德年數，此當是其成書之歲。

此書用意亦李延壽之流亞，延壽取八代爲一書，嵩又取吴、晉、宋、齊、梁、陳爲一書，已覺蛇足，乃其手筆體裁又不如延壽遠甚。吴、晉用編年體，髣髴荀悦、袁宏，宋以下忽分紀傳，吴、晉無論贊，宋以下忽用論贊，吴、晉、齊、陳末無總論，宋末忽自造總論一篇，約二千餘字，文皆排偶，意則舊史已具，梁末襲取魏徵總論而去其下半篇，其傳率爾鈔撮，紀載寥寥，如宋之劉穆之、徐羡之、傅亮、謝晦、范蔚宗、謝靈運皆無傳，反有譚金、童太一，而又次序顛倒，如沈攸之反在前，沈慶之反在後，種種不合。各朝皆無外國，獨於齊叙魏及百濟等國，皆不可解。梁元帝只七八十字，敬帝反一千五六百字，《侯景傳》乃位置於梁各帝之末，蕭詧，《後周書》、《北史》皆有傳，《梁書》與《南史》無，而此乃附於梁，稱其尊號，其麤疏紕漏，不可勝摘，但千餘年舊物，業已流傳，未可覆瓿。且其人生唐玄、肅間，尚見古書，如宋末詳述裴子野《宋略》體例，則於宋事大約必參取《宋略》，又小字夾註中援引古書多亡佚已久者，此則大可寶貴，所以此書不可廢。

六朝事迹

《六朝事迹編類》十四卷，宋紹興庚辰左奉議郎、充江南東路安撫司斡辦公事新安張敦頤譔。蓋因康王構嘗駐此而爲之，明吴琯刻入《古今逸史》。敦頤他無所見，予所藏宋乾道板《唐柳先生集》有新安先生張敦頤音辯，亦一好事者。

十七史商榷卷六十五

北史合魏齊周隋書一

魏收魏書

魏收《魏書》撰成於齊文宣帝天保五年，史稱收褒貶肆情，時論不平，范陽盧斐、頓丘李庶、太原王松年並坐謗史受鞭，配甲坊，衆口沸騰，號爲穢史。時僕射楊愔、高德正用事，收皆爲其家作佳傳，二人深助之，抑塞訴辭，不復重論，亦未頒行。收既以《魏史》招怨，齊亡之後，盜發其冢，棄骨于外。隋文帝以收書不實，命魏澹、顔之推、辛德源别撰，煬帝又敕楊素、潘徽、褚亮、歐陽詢别撰。愚謂魏收手筆雖不高，亦未見必出諸史之下，而被謗獨甚，乃其後改修者甚多，而總不能廢收之書。千載而下，他家盡亡，收書巋然特存，則又不可解。

李百藥北齊書

唐太宗貞觀元年，李百藥受詔撰《北齊書》，十年成，見《舊唐書》百藥本傳。

令狐德棻等周隋二書

唐高祖武德五年，秘書丞令狐德棻始創議修六代史，同時分撰者凡一十七人。其限以六代者，蓋因《宋書》已有沈約，《南齊書》已有蕭子顯，惟魏收《魏書》爲衆論所不許，故重修之，而合北齊及周、隋、梁、陳爲六代也。其後論撰歷年不能就，罷之。至太宗貞觀三年，始復從祕書之奏，以魏有魏收、魏澹二家書已詳，惟北齊、周、隋、梁、陳五家史當立，于是罷修《魏書》，止撰五代史，同時分撰者凡九人，房玄齡則總監五史，以上並見《舊唐書》德棻本傳，已引見前第五十三卷，亦見《新書》一百二卷各本傳。惟魏澹，《舊·德棻傳》作「魏彥」，修《魏書》者只有魏收、魏澹，并無魏彥，原本與近本同作「彥」，皆誤也，當從《新》。又貞觀五史分撰之九人，合《新》、《舊書》只見六人，其同撰《隋書》有顏師古、孔穎達、許恭宗三人，又得之於《隋書》後跋，合計之，惟李百藥獨主北齊，姚思廉獨主梁、陳，餘無獨撰者。

《新唐書》一百九十八卷又云：「敬播，河東人。貞觀初，顔師古、孔穎達撰次隋史，詔播詣祕書内省参纂。

隋書志

貞觀十年，五史並告成，然皆無志。十五年，又詔左僕射于志寧、太史令李淳風、著作郎韋安仁、符璽郎李延壽同修《五代史志》，凡十志三十卷。顯慶元年，太尉長孫無忌等上進，詔藏祕閣，後又編第入《隋書》，其實别行，亦呼爲《五代史志》，見《隋書》後跋。《隋書》紀傳每卷首題特進魏徵上，志則題太尉長孫無忌等奉勅撰，其實貞觀十五年命諸臣修志，無無忌名，直至永徽三年無忌始受詔監修，見本傳。蓋書已垂成，無忌適逢其會，因而表進遂題名卷端也。内《天文》、《律曆》、《五行》三志獨出李淳風筆，《五行志》序相傳是褚遂良作。案本傳，未嘗受詔撰述，蓋但爲一序而已。

目録宜補杜銓

《北史》目録當亦是後人校者增，李延壽本無。第二十六卷末當補一條云「杜銓」，下用小字注云：「族孫景，景孫正玄、正藏。」

十七史商榷卷六十六

北史合魏齊周隋書二

追尊二十八帝

北魏之興，始自道武帝，其前追尊者凡二十八帝，其一曰成皇帝毛，其二曰節皇帝貸，其三曰莊皇帝觀，其四曰明皇帝樓，其五曰安皇帝越，其六曰宣皇帝推寅，其七曰景皇帝利，其八曰元皇帝俟，其九曰和皇帝肆，其十曰定皇帝機，其十一曰僖皇帝蓋，其十二曰威皇帝儈，[一]其十三曰獻皇帝隣，其十四曰隣之子聖武皇帝詰汾，其十五曰詰汾之子神元皇帝力微，其十六曰力微之子文帝沙漠汗，神元元年，歲在庚子，係魏黄初元年，即漢獻帝在位之三十一年，正月改元延康，十月，曹丕篡漢，改元。神元三十九年，告諸大人，爲與晉和親計。四十二年，遣沙漠汗如晉，是歲，晉景元二年也，歲在辛巳。景元乃魏常道鄉公奂年號，而史言晉者，名魏而實晉也。沙漠汗既質於晉，後歸，未得立，爲力微所殺。其十七曰力微之子章皇帝悉鹿，其十八曰平皇帝綽，亦力微之子，其十九曰沙漠汗之子思皇帝弗，其二十曰力微之子昭皇帝禄官，其二十一曰沙漠汗之子桓帝猗㐌，其二十二曰穆帝猗盧，亦沙漠汗之子，時國分爲三，三主並立，其二十三曰弗之子平文皇帝鬱律，其二十四曰猗㐌之子惠帝賀傉，其二十五曰猗㐌之子煬帝紇那，其二十六曰鬱律之子烈皇帝翳槐。其二十七曰鬱律之次子昭成皇帝什翼犍，是爲高祖，改元建國元年，時始有年號，當東晉成帝延康四年戊戌也。其二十八曰什翼犍之子獻明皇帝寔，寔未立，薨，後追謚。太祖道武皇帝珪，寔之遺腹子，昭成之嫡孫，以建國三十四年七月生，歲在辛未，東晉帝奕太和六年也。建元登國，元年正月即代王位，四月改稱魏王，時始改國號，歲在丙戌，東晉孝武帝太元十一年也。至東晉安帝隆安二年戊戌，珪始稱帝，前雖有魏王之稱，至此又特議始定。珪被弑，子嗣立，是爲太宗。太宗崩，子燾立，是爲世祖。世祖太延五年，當宋文帝元嘉十六年，歲在己卯，而北朝僭僞各國始盡併於魏，魏爲極盛，於是始爲南北朝矣。魏之初起，其來甚遠，然遼邈荒忽，不可紀録，蓋自神元始有甲子紀年，昭成而國勢稍定，然猶興滅無常，二十八帝謚號皆道武所定，而二十八帝中惟猗㐌、猗盧、鬱律、翳槐、什翼犍名通於晉爲可據，其餘凡單名者與猗㐌等不同，疑皆道武時所追撰也。

校讀記

〔一〕「儈」原誤作「僧」，據《魏書》卷一《序紀》、《北史》卷一《魏本紀》改。

慕容垂遣使朝貢

「登國元年，遣使徵師於慕容垂。三年，垂遣使朝貢。四年，垂遣使朝貢」，此乃李延壽仍《魏書》原文，却非其實。是時慕容垂甚强，方且以藩服之禮待魏，魏尚未敢言敵體，乃反以臣子之詞待之，可乎？「徵師」當作「乞師」，「朝貢」當作「來聘」。又下文七年慕容永遣使朝貢，天興三年姚興遣使朝貢，此皆敵國也，當云來聘，何言朝貢乎？魏收固不得不云爾，李延壽則不宜沿襲。即如《魏書》於世祖太武帝神䴥二年書「夏四月，劉義隆遣使朝貢」，《北史》改爲「宋人來聘」，延和元年同；獻文帝皇興三年，《魏書》書「夏四月壬辰，劉彧遣使朝貢」，《北史》改亦同，是矣。《北史》如此者不一，何於慕容垂等獨不改乎？世祖太延二年三月，《魏書》書「劉義隆遣使朝貢」，「七月，詔散騎侍郎、廣平子游雅等使於劉義隆」，《北史》但書「游雅使宋」，不書宋人來聘，真不可解，且太延二年之來聘，與神䴥二年、延和元年之來聘，有何分別？而或書，或不書，如李延壽之作史，信手撏撦，忽删忽存，都無義例，史法大亂矣，尚可以稱史邪？

北都

南北朝建都之地，南惟梁元帝暫居江陵，其餘皆在建康，今江南江寧府，而北魏則屢遷都。蓋魏自黄帝子昌意之子受封北國，有大鮮卑山，因以爲號，統幽都之北，廣漠之野，黄帝以土德王，北俗以土爲託，以后爲跋，故以爲氏。積六七十代而至毛，又傳至推寅，南遷大澤，昏冥沮洳，至詰汾更南徙，歷年乃出，始居匈奴故地，自詰汾以前，其地固不可詳，詰汾所居曰匈奴故地，則《漢書》可考。其後國中乍亂乍定，遷徙無恒，直至道武帝天興元年始定都平城，王應麟《通鑑地理通釋》第四卷云：「平城，即雲州定襄縣。」陳景雲《紀元要略》云：「平城，今山西大同府。」至孝文帝改姓元氏，又遷洛陽，則今河南河南府。《通典》第一百七十一卷《州郡》門云「後魏起北方，至道武下山東，攻拔慕容寶中山，自注：『今博陵郡唐昌縣。』遂有河北之地，遷都平城。自注：『今雲中郡。』孝文太和十九年，遷都洛陽」云云，是也。後孝武入關都長安，爲西魏，則今陝西西安府；静帝遷鄴，爲東魏，則今河南彰德府。《任城王澄傳》：「孝文帝謂澄曰：『國家興自北土，徙居平城，此用武之地，非可興文。崤函帝宅，河洛王里，因兹大舉，光宅中原。』」

高歡始居晉陽，後入洛陽，又遷魏于鄴而已執其政，洋之篡魏皆在鄴，至周則都長安。

《魏・陽固傳》：「固於宣武時作《南北二都賦》，稱恒代田漁聲樂侈靡之事，節以中京禮儀之式。」

蠕蠕屈丐

蠕蠕本號柔然，屈丐即赫連勃勃，此皆道武帝爲改惡名。《北史》皆仍《魏書》書之，尊魏也。

廟號二帝相同

「平文皇帝諱鬱律。天興初，追尊曰太祖」，天興是道武帝紀年，而其後道武崩，子嗣立，改元永興，是爲太宗，永興二年，亦追尊道武曰太祖，《魏書》同，二帝廟號相同，未詳。

魏太宗年

《太宗明元帝紀》：「泰常八年崩，年三十二。」《北魏》作「三十三」。帝生於登國七年，至此三十三年，《北史》傳寫誤。

乙未朔

「太延元年春正月乙未朔，日有蝕之」，案上文「十二月甲辰，行幸雲中」，十二月既有甲辰，則正月朔不得在乙未，《魏書·天象志》及《通鑑》第一百二十二卷皆作「己未」，是，然此特傳寫誤耳，未必李延壽本如此。惟是此條日蝕《魏書》本紀不載，而《北史》有之，乍觀之，幾疑延壽能補魏收之闕矣，其實《魏書》日蝕皆在《天象志》，於本紀一槩不載，雖未必是，例却畫一。延壽意既以北爲正，南爲僞，則當思天無二日，凡日蝕槩入《北史》，不必復見《南史》，今此年爲宋文帝元嘉十二年，沈約《宋書·文帝紀》亦漏書此日蝕，故《南史》仍不補，而他處《南史》書日蝕却多，則知延壽《北史》本紀此條不過偶爾瞥見《天象志》摭入，非能歸併畫一者，其史法實屬麤疏。

馮弘遣使求和

「延和三年正月戊戌，馮弘遣使求和，帝不許」，考《魏書》作「馮文通遣其給事黄門侍郎伊臣乞和」。《晉書·載記》但言「馮跋宋元嘉七年死，弟弘殺跋子自立」，而《魏書·馮跋傳》則云：「跋字文起。跋死，弟文通襲位。文通本名犯顯祖廟諱。」據此則是魏收欲避顯祖獻文帝諱，故稱弘字，猶《晉書》、《北史》稱劉淵爲劉元海也。但彼書此下又有「閏三月，馮文通遣尚書高顒上表稱藩，詔徵其侍子」，是終許其和矣，此後又越三年方復征之，弘奔高麗而燕始亡耳，若延和三年則固嘗暫許其和也，故《通鑑》於是年書「燕王遣尚書高顒上表稱藩，請罪於魏，魏主乃許之，徵其太子王仁入朝」。[一]《北史》乃删去，則似是魏竟始終不許馮氏和矣，非也。

校讀記

[一]見《通鑑》卷一百二十二。

沮渠牧犍降

「太武太延五年，車駕西討沮渠牧犍」，降自晉惠帝太安二年，前趙劉氏、後趙石氏、前燕慕容氏、前秦苻氏、後燕慕容氏、後秦姚氏、南燕慕容氏、夏赫連氏、前涼張氏、蜀李氏、後涼吕氏、西秦乞伏氏、南涼秃髮氏、西涼李氏、北涼沮渠氏、北燕馮氏十六國迭起，至此始盡并于魏，始分南北，共一百三十七年，太武立三十九年，北破蠕蠕，滅北燕，西則吞沮渠、赫連、乞伏三國之地，南則親伐宋，深入其境，强盛如此，而鮮克有終，惜哉。

兩處語皆未完

「太平真君四年九月，以輕騎襲蠕蠕，分軍爲四道」，《魏書》於此下尚有「事具《蠕蠕傳》」，《北史》删此五字，則其語未完，其下即接「冬十一月」云云，甚無理，當補云「蠕蠕主遁走，追擊破之」。又「十年九月，閲武於磧上，遂北伐」，《魏書》於此下亦云「事具《蠕蠕傳》」，《北史》之謬同前，當補云「吐賀真益懼，遠遁，收其人户畜産數百萬」。

外國朝貢

本紀中所書外國遣使朝貢，大率皆本《魏書》元文，而或則取之，或則删之，任意割裂，皆無義例。

宋使齊使

「太和六年七月，齊人來聘。九月，大饗羣臣。齊使車僧朗以班在宋使殷靈誕後，辭不就席。宋降人解奉君刃僧朗於會中，詔誅奉君等」，[一]案魏孝文帝太和六年，當齊高帝蕭道成建元三年，其時宋亡已久，而猶稱宋使者，聊存舊名耳。考太和二年，宋遣使來聘，靈誕當即此時使魏者，其時政在道成，宋順帝劉準徒擁虛號，靈誕當亦道成所使，後歸齊而被譖以死，見《高閭傳》。此亦別有故，非以靈誕爲宋室舊臣忠於故國而除之也。解奉君當是隨靈誕者，則亦道成所遣，乃以爭閑氣殺其同黨，殆魏郭循殺費禕之不如矣。[二]

校讀記

[一]齊人來聘及大饗羣臣，《北史》卷三均書於太和五年，西莊誤引爲六年。

[二]事見《三國志》卷四十四《費禕傳》。西莊謂「郭循」當作「郭修」，見本書卷四十一《郭循》條。

孝文帝孝事文明太后

「太和十四年九月，太皇太后馮氏崩」，案馮氏乃高宗文成皇帝諱濬之皇后也。顯祖獻文皇帝諱弘，則文成帝之長子，母曰李貴人，非馮氏所生。濬崩，弘立，是爲顯祖，年甫十二，而馮氏遂臨朝稱制矣。至皇興五年，顯祖年十八，禪位於太子宏，時宏甫五歲，是爲高祖孝文皇帝，母曰李夫人。顯祖初立之時，雖幼，而其後日漸長大，正可躬理萬機，顧乃忽禪位於襁褓之子，此事之奇者，然猶國之大事咸以聞。至孝文帝之延興六年六月，顯祖暴崩，而馮氏遂復臨朝稱制，且改元承明矣。馮氏行不正，内寵李奕，顯祖因事誅之，馮氏不得意，顯祖暴崩，時言馮氏爲之，此見馮氏本傳。《魏書》與《北史》同者。《魏書·獻文帝本紀》於其崩爲之諱，不言馮氏致之死，不如《北史》直書其事爲實，然論言顯祖「早懷厭世之心，遂致宮闈之變」，則仍明言之。顯祖既能防閑其母，殺李奕，則其禪位自出己心，非馮氏逼之，但文成帝崩，馮氏僅二十四，臨朝僅二年即歸政於獻文帝，其後雖禪位，而大事咸以聞，則馮氏淫佚不得自由，故遂殺之也。史言自太后專政，孝文雅性孝謹，不欲參決，事無巨細一稟太后，於是馮氏乃得恣所欲爲矣。又考之史，文成皇帝凡七男，無一爲馮氏所生，然則馮氏無子，又以獻文帝殺其所私而行弒逆，則恩義已絶，孝文帝當思誰殺我父，謂宜告於宗廟，廢而誅之，乃猶奉事不懈，孝謹有加，孝文帝孝而過者也，且孝而愚者也。

婦人當從夫謚，而魏一朝后多别立謚，如馮氏者，謚尤過美，本傳言其崩後，孝文追謚爲文明太皇太后，故傳首稱之曰文成文明皇后馮氏，《魏書》同，蓋因其臨朝日久，直待以帝禮，且因其粉飾文治，特爲造此美謚，此其不可解一也。馮氏本不可爲祖母，論其名則名之祖母或者猶可，乃史言高祖生，太后躬親撫養，又高祖詔曰：「朕以虚寡，仰恃慈明，緝寧四海。」又太后自以過失，懼人議己，小有疑忌便見誅戮，迄后之崩，高祖不知所生，是孝文當日直以母道事之，此其不可解二也。馮氏崩後，帝勺飲不入口五日，詔蕃鎮曾經内侍者奔赴，祖奠親侍龍輿，常從悉停，葬後，羣臣固請即吉，帝不許，居廬終三年之制，引古禮往復，羣臣乃止。既虞卒哭，以葛易麻，仍衰服。近臣從服餘以次降，帝毁瘠，絶酒肉不内御者三年。與其臣往復語皆見《魏書》一百八之三《禮志》。忘殺父之讐而行如此過情之禮，此其不可解三也。馮氏之死，孝文已二十有四，準之於古，即周公以聖人之德、叔父之親居攝亦僅七年，至成王年二十二則復子明辟，馮氏一淫亂婦人，前後臨朝幾三十年，終不歸政，而孝文帝亦竟不敢與聞政，直至馮氏崩後，猶闇嘿自居，自稱哀慕纏綿，心神迷塞，未堪自力親政，使近侍掌機衡者任之，踰年始聽政於皇信東室，此其不可解四也。初葬一月中謁陵者三，踰年一年中謁陵者四，頻數至此，第三年之正月猶懸而不樂再周，忌日猶哭于陵左，絶膳三日，哭不輟聲，此其不可解五也。且其所私之人不止李奕，王叡出入卧内數年，便爲宰輔，賞賚千萬億計，金書鐵券，許以不死。李沖亦由見寵幃幄，密加錫賚，不可勝數。淫恣如此，孝文不但聽之，且又哀慕過禮如此，蓋魏之家法多出人情之外，漢武殺鉤弋夫人，此豈可法？乃以爲定制，世世遵守之。凡欲立其子必先殺其母，至使椒庭中相與祈祝，皆願生諸王公主，不欲生太子，即孝文帝妃林氏生太子恂，孝文帝仁恕，不欲襲前事，亦因稟文明太后意，林氏仍依舊制薨。慘虐冤濫若是，乃后妃之弑逆者、淫亂者、臨朝專政威福自擅者，則又書之史册，纍纍不絶，其殘苛、其縱弛皆非人意計所及，厥後宣武靈皇后胡氏遂大亂天下，魏家法之非理，古所少也。

馮氏之立孝文帝，貪其幼也，後又恐其不利馮氏，謀廢之，寒月，單衣閉室，絶食三朝，元丕等固諫乃止，而帝初不有憾。又因宦者譖帝，杖帝數十，默受，不自申明，馮崩後亦不介意，大惑不解，豈可以恒情測邪？

《通鑑》一百三十四卷：「魏馮太后以李奕死怨顯祖，密行鴆毒。夏六月辛未，顯祖殂。」《考異》曰：「元行沖《後魏國典》云：『太后伏壯士於禁中，太上入謁，遂崩。』若如此，安得不彰？《天象志》云：『顯文暴崩。』蓋實鴆毒。」朱子《綱目》直書魏太后馮氏弑其君云云。[一]

校讀記

[一]見《資治通鑑綱目》卷二十七。

弔比干文

《高祖孝文帝紀》：「太和十八年十一月丁丑，幸鄴。甲申，經比干墓，親爲弔文，樹碑刊之。」此碑久亡，予所藏搨本是宋人重刻，故趙明誠《金石録》第二十一卷言首已殘闕，惟「元載」字可識，而今搨本則甚完善，太和十八年而言元載，以其爲遷洛之始也。[二]《通典》以遷洛爲十九年，[三]誤。

校讀記

[一]趙氏《金石録》第二十一《后魏孝文弔比干文跋》云：「其未嘗改元而稱元載者，孝文以是歲遷都洛陽，蓋以遷都之歲言之也。」

[二]見《通典》卷一百七十一《州郡》門一，本卷《北都》條已引之。

安順宣武繼以元成[一]

宣武論於論宣武帝事畢之下接云：「太和之風替矣。比之《漢》世，安順宣武之後繼以元成。」按其文義乖舛殊甚，然此乃襲取魏收元文，彼於「替矣」下云：「比夫漢世，元成安順之儔與。」論斷精確，文意明妥，此乃改爲云云，祇因魏收以宣武與孝明分二紀，各爲論，孝明論首復叙「魏自宣武已後」云云，而李延壽則以二帝爲一紀，遂抄合二論爲一，先抄取宣武論畢，將抄孝明論，瞥見「宣武」二字，遂填砌作漢之武宣而忘删安順，又忘倒「宣武」，遂不通至此。

校讀記

[一]錢大昕《廿二史考異》卷三十八云：「按延壽史論多襲舊史之文，此篇前半用魏收《世宗紀》論，後半用《肅宗紀》論也。《世宗》論末云：『比夫漢世元成安順之儔歟。』《肅宗》論首云：『宣武

已後，政綱不張。』延壽本用其語，後來轉寫傎倒，又爲妄人改竄，文義遂不可通，當依《魏書》正之。」又李慈銘曰：「慈銘案：李氏不應謬妄至此，疑此論增改伯起原文，當作比之漢世，武宣之後，繼以元成，明章再傳，衰于安順，傳寫譌奪，遂致傎倒如此，符璽一代文人，又家傳史學，具有識見，惟好載纖瑣神怪，是其大病，然何至疎率牽合，若是甚耶？王氏詆之太過，予所不取。」

弑崩書法

《北史》凡被弑之主，於平文帝鬱律則云「桓帝后以帝得衆心，恐不利己子，害帝，遂崩」，於昭成帝什翼犍則云「皇子寔君作亂，帝暴崩」，於道武帝珪則云「清河王紹作亂，帝崩於天安殿」，於太宗嗣〔二〕則云「中常侍宗愛構逆，帝崩於永安宮」，於南安王余則云「宗愛賊余」，於獻文帝弘則云「文明太后有憾，帝崩於永安殿」，皆直書其事於本紀，可謂實録矣。及至《孝明帝詡紀》則云「武泰元年春二月癸巳，帝崩於顯陽殿」，考《宣武靈皇后胡氏傳》云：「后母子之間嫌隙屢起，鄭儼慮禍，乃與太后計，陰行鴆毒，明帝暴崩。」此與文明太后馮氏殺獻文帝有何分別，而書法若是之不同乎？豈以明帝係胡氏所生，殺之可不論乎？又其下云「皇太后、幼主崩」，皇太后即胡，幼主名釗，胡太后所立，改元武泰，二人皆爲爾朱榮所殺，雖事見《孝莊帝紀》，於此亦不宜作善終之詞，使自亂其例也。《廢帝朗紀》云：「中興二年四月，帝遜位於别邸。五月，孝武帝封帝爲安定郡王。十一月，殂於門下外省。」其下文《孝武帝紀》云「十一月甲辰，殺安定王朗」，此時政在高歡，殺朗者非歡而誰？然則於《朗紀》中亦不宜作善終之詞，使自亂其例也。至敬宗孝莊帝子攸爲爾朱兆所弑，則又云「爾朱兆遷帝於晉陽。甲子，帝遇弑於城内三級佛寺」；節閔帝恭爲高歡所弑，則又云「普泰二年四月，高歡廢帝於崇訓佛寺。五月景申，帝遇弑，殂於門下外省」；孝武帝修爲宇文泰所弑，則又云「帝飲酒，遇酖而崩」；東魏孝静帝善見爲高洋所弑，則又云「竟遇酖而崩」，足見孝明帝不書遇酖之非。總之，李延壽書法全亂，信手塗抹，體例無定，草率成書而已。

《魏書》各本紀惟於平文帝鬱律直書其被弑，若安定王朗則云「以罪殂於門下外省」。高歡以臣弑君，而何得云「以罪」？此魏收之曲筆，使若其事非出於歡者。孝武帝修則云爲宇文黑獺所害，黑獺即宇文泰，宇文氏與齊世讐，故魏收直書之，其餘各帝被弑者皆作善終之詞，或論中露出，紀中諱之，又不如《北史》之得實者居多。至於《孝静帝紀》書其逼辱遇酖甚詳，此卷無論，似亡佚，而校者以《北史》補，收專爲齊諱惡，豈肯如此直筆？若果如此，此則《北史》之真能補正《魏書》，使逆惡罪昭千古，爲大有功於名教。但以此紀校

《北史》，則二者大有詳略不同處，即如高歡、高澄，《北史》直書名，《魏書》書獻武王、文襄王，則又似是魏收元文，殊不可解，姑闕其疑。

校讀記

［一］李慈銘曰：「『太宗嗣』當作『世祖燾』。」

東海王曄獨無本紀

幼主釗，胡后所立，立三月而爲爾朱榮所弑，未及改元，不爲紀，可也。釗死而敬宗孝莊帝子攸立，因殺爾朱榮，爾朱世隆與爾朱兆別推長廣王曄爲主，［一］改元建明，是歲在庚戌之十月也。明年辛亥二月，世隆又廢曄而立恭，是爲節閔帝。《魏書》稱爲《前廢帝紀》，云二月己巳，改建明二年爲普泰元年，三月癸酉，封長廣王曄爲東海王。是年十月，高歡又廢帝而立朗，［二］《魏書》稱爲《後廢帝紀》，云十月壬寅，改普泰元年爲中興元年，明年壬子四月，高歡又廢帝而立修，是爲孝武帝，《魏書》稱爲出帝，五月，封朗爲安定王，十一月，朗與曄同被殺，今紀於恭、朗皆用本紀體，提行另起，而於長廣、建明之號屢見紀中，獨不爲立紀，此《魏書》之謬而《北史》不能匡正。［三］

校讀記

〔一〕李慈銘曰：「案：此以犯聖祖諱，故去火爲『華』，然乾隆中武英殿本皆作『曅』，當從之，以聖祖諱本作火旁曅也，作『華』則音義全失。」

〔二〕李慈銘曰：「案：高歡立朗在是年十月，節閔之廢在次年四月，以歡未克洛陽，故先推奉朗，至次年克洛，乃并朗與節閔廢之，更立孝武也。」

〔三〕李慈銘曰：「慈銘案：《魏書》之不爲曅立紀者，以曅立時孝莊帝尚在，爾朱氏别推奉之，高歡名爲討爾朱氏，故不以曅爲正。節閔亦爾朱所立，而在位稱文，且承永安之統，故得列爲紀，非魏收謬也。」

以西魏爲正統

自文帝寶炬以下，《北史》即繼以西魏，蓋以此爲正統，與《魏書》不同。夫西魏宇文泰所立，東魏高歡所立，兩家皆篡弒其主者，則二魏難分正僞，《魏書》直以東魏孝静帝爲正，而西魏爲僞，故不爲立紀，僅附見《孝静紀》中，既屬不確，且西魏文帝崩後，尚有廢帝欽、恭帝廓，并不見於紀，則不如《北史》之先列西魏，後仍附見東魏爲允。〔一〕魏收齊臣，故以齊人所立孝静帝爲主，孝武帝奔長安，則目爲出帝，宇文泰弒之，又立文帝寶炬。泰，高歡讐也，故於其所立不爲紀，僅附見之，而欽與廓并不見矣。收書成於齊文宣天保五年，是時廢帝欽已殂，是年即恭帝廓即位之元年也。收後卒於齊武平三年，則去周之篡魏已十六年，收不但於書成後不復補恭帝，并書成時儘可書廢帝而亦不書，無非助齊抑周之意。

校讀記

［一］李慈銘曰：「慈銘案：孝武帝爲高歡所立，孝武被弒而文帝繼之，一統相承，自當以西魏爲正。」

臣澄勸陛下

《孝静帝紀》：「高澄侍帝飲，大舉觴曰：『臣澄勸陛下。』」《魏書》「下」下有「酒」字，《北史》省此一字，欲簡老，翻稚氣。

取北史補北齊書

《北齊書·文襄帝澄紀》卷末跋云：「臣等詳《文襄紀》，其首與《北史》同，而末多出於東魏《孝静紀》，其間與侯景往復書見《梁書·景傳》，其所序列尤無倫次，蓋雜取之以成此書，非正史也。」愚考此跋不知何人之語，既稱「臣等」，則必宋仁宗時校書官也。校者但知

《文襄紀》非李百藥《北齊書》元文，其實《北齊書》缺落甚多，不止此篇，如《文宣帝洋紀》九錫文、册文、即位告天文、大赦改元詔文皆全載，《北史》無之，而其餘亦多不同，後半篇述洋淫兇慘虐之行，則《北史》甚詳，而《北齊書》無之，蓋李百藥因舊史諱之，可知彼是元文，其餘各紀大率皆非元文，後人取《北史》充入者也。 知者，李延壽雖盡依各書元文，但加删削，然如《齊高祖神武帝歡紀》全篇皆同，竟不加删，則無此事，餘惟《文襄紀》下半篇雜取諸文，故不同，而各紀則亦皆同，可見只有《文宣紀》尚存百藥元文，餘紀皆延壽《北史》之文也。 又延壽稱謚高歡爲神武、高洋爲文宣，百藥則稱其廟號爲高祖、顯祖，此《南》《北史》各朝體例與諸本書皆不同者，今《北齊書》各紀、各列傳凡稱神武、文宣及無論贊者，皆非百藥作，皆《北史》也。 又有取《北史》諸傳而無其本貫者，《北史》自承上祖父言之耳，乃竟失補。 此說王先生懋竑已發之，妹婿錢少詹大昕亦嘗以語予，予考之信然。《北齊書》中亦有稱神武、文襄、文宣、武成者，如《酷吏傳》之類，而亦有取《北史》補《北齊》而仍爲補某郡縣人如崔季舒之類者，又不可拘。

觀《高洋紀》，其窮凶極惡，賴《北史》得著，此李延壽之功。

神武紀地名人名互異

《北史·神武紀》：「勃海蓨人。」《北齊》紀作「修」。《説文·艸部》：「蓨，从脩。」二者皆誤。《魏書》三十二卷《高湖傳》湖子謐，謐子樹生，即神武父，不應有誤。《北史·神武紀》同，《北齊》紀只作單名樹，去「生」字，《北齊·神武紀》雖以《北史》補，又有此小異，疑校者用《高氏小史》改之。

蔡儁等突出無根

「神武自少養於同産姊婿鎮獄隊尉景家，及長，與懷朔省事雲中司馬子如及秀容人劉貴、中山人賈顯智爲友，懷朔户曹史孫騰、外兵史侯景亦相結」，此下叙出獵遇神人事，則云「劉貴嘗得一白鷹，與神武及尉景、蔡儁、子如、賈顯智等獵于沃野」云云。蔡儁一人突然而出，上段毫無根蒂，此下又叙「柔玄鎮人杜洛周反，神武與同志從之，醜其行事，私與尉景、段榮、蔡儁圖之」云云，則又突出一段榮，亦無根，史家犯此等病者頗多，似非緊要，而叙事無法，予深不喜。

團焦

「神武從爾朱榮徙據并州，抵揚州邑人龐蒼鷹，止團焦中，蒼鷹母數見團焦上赤氣赫然屬天」，《北齊》同。團者，圓也。《魏志·管寧傳》注「焦先居瓜牛盧」，蓋圓如瓜牛，疑團亦此意，若焦則焦灼之義，似不當爲房屋之名。王志堅《名句文身表異録》第四卷《宫室部》引此而解之云：「團焦，即今所云團瓢也。」瓢亦不當爲房室之名，吴下土俗語豈可以證北魏時語。或云當作「蕉」，《説文·艸部》：「蕉，生枲也。」存疑。[一]

校讀記

[一]參見朱亦棟《羣書札記》卷一《團焦》條。

天下再三分

高歡依爾朱榮之資以起事，而旋假大義爲名以討爾朱兆，與漢之藉項以起而旋以弑君討項，曹本與袁合勢而旋挾天子以誅袁，劉寄奴本屬桓玄旋以篡弑聲桓罪，情事正同。乃高氏之業未成，而宇文氏又起關西，于是自漢末三分之後，至此天下再三分，起庚午梁武帝中大通六年，孝武帝爲高歡所逼，奔長安，宇文泰執其政，歡立孝静帝爲東魏，後歡子洋篡東魏，泰子覺篡西魏，陳篡梁，訖丁酉陳宣帝太建九年，周滅齊，仍爲南北，凡三方分峙四十四年。

周之興稍後於齊，其篡皆在梁末，亦稍後，滅齊後三四年而亡，齊與周幾幾乎若同起同滅者。彼時天下實有鼎足之勢，邵堯夫云：「隋，晉之弟[一]也。」愚謂陳齊周亦亞魏蜀吴。《周書》趙貴等傳史臣論曰：「周室定三分之業。」信哉。

校讀記

[一]「弟」當作「子」，見《皇極經世書》卷十二。

唐人爲周諱惡

《周太祖文皇帝宇文泰紀》：「永熙三年十二月，魏孝武帝崩。」《周書》同，彼無「武」字，傳寫脱也。孝武帝爲宇文泰酖弑，蓋帝在東魏時猶起兵欲圖高歡，此泰所深忌者。雖被逼奔關中，泰僞迎而奉之，豈能一日安哉？帝非泰所立，泰故急弑之，而别立君。李延壽與令狐德棻皆唐人，相隔異代甚遠矣，何必爲之諱，而書法乃爾乎？且延壽前於《魏紀》已直書酖弑，今於《周紀》又爲之諱，即欲留紀體，亦宜云「周志也」，何自相歧乎？

周世宗崩

《周世宗明皇帝毓紀》：「武成二年夏四月，帝因食糖䭔遇毒。辛丑，帝崩於延壽殿。」其文與善終者雖不同，論中亦明言孝閔明皇權臣專命，俱致幽弒，但孝閔書以弒崩，世宗但言遇毒，何不直書宇文護令典膳李安因進食加毒，帝崩。事見《護傳》。

周静帝闡爲楊堅所弑，則於本紀書云：「隋開皇元年五月壬申，帝崩，隋志也。」此則與南朝之晉、宋主書法相同，是爲得之。其後於《隋文紀》但書介公薨，已見前文，不勞再見矣。至隋文爲其子廣所弑，亦當直書之，而本紀但書崩，與善終者全無别，及《煬帝紀》則又直書：「義寧二年三月，右屯衛將軍宇文化及等，以驍果作亂，入犯宫闈，上崩於温室。」竊謂義例參差，總不能畫一也。若恭帝侑，唐武德二年五月薨，亦必遇弑，此爲唐諱，不足怪。

尉迥尉綱

周之尉遲迥及其弟綱，《周書》皆有傳，尉遲自是其複姓，與魏之尉古真、尉撥、尉元，齊之尉景、尉長命、尉瑾單姓尉者不同，《北史》往往省文，竟作單姓，如周世宗明帝天王元年、高祖武帝保定元年皆書尉綱，保定二年、四年皆書尉迥，皆非也。

周初符瑞多删

李延壽最喜侈陳符瑞，而於令狐氏《北周書》所載周初諸瑞物多删去，其删亦無定見，隨手刻去而已。

華皎來附

《周高祖武皇帝邕紀》：「天和二年閏月戊寅，陳湘州刺史華皎帥衆來附。」此下應云：「遣襄州總管衛國公直率綏國公陸通、大將軍田弘、權景宣、元定等諸軍援之，因南伐。」《北史》略去不載，其下文却突然云：「九月，衛公直等與陳將淳于量、吴明徹戰於沌口，王師敗績。元定以步騎數千先度，遂没江南。」所删不當，遂致前後不相關照，「王師」乃《周史》舊文，延壽仍而不改者，以周爲正，陳爲僞也。

李諱

「天和六年五月景寅，以大將軍李諱」云云，此李昞也。《周書》作「虎」，後人妄改，虎已前卒，昞，虎之子也。《文帝紀》「李諱」，虎也；此「李諱」，昞也，以唐祖故皆稱諱。

尉遲綱舉兵

《周静帝紀》：「大象二年秋七月，青州總管尉遲綱舉兵。」案「綱」當作「勤」，此時綱卒已久。[一]

校讀記

[一] 中華書局標點本《北史》已改「綱」爲「勤」，校記云：「按勤父綱已死於天和四年五月，勤大象末爲青州總管，舉兵應尉遲迥，見本書卷六十二《尉遲綱》傳。」蓋未知西莊已先有此説也。

楊忠與獨孤信俱歸周

《隋文紀》「皇考忠，以東魏之逼，與獨孤信俱歸，周文帝召居帳下」云云，案《周書·楊忠傳》：「忠從信，定荆州。以東魏之逼，與信俱奔梁。大統三年，與信俱歸闕。」是時西魏猶在，但政歸宇文，故云闕。其實去禪周尚有二十年，不得云歸周也。至删去奔梁事更欠妥，當云「以東魏之逼，與信俱奔梁，後三年，與信俱得還」。

不書都督州名且脱落

「大象二年十月，周帝詔追贈皇曾祖烈爲柱國、太保、都督十州諸軍事、徐州刺史、隨國公，謚曰康，皇祖禎爲柱國、太保、都督十三州諸軍事、同州刺史、隨國公，謚曰獻，皇考忠爲上柱國、太師、大冢宰、都督十三州諸軍事、雍州牧」。《隋書》于「十州」上有「徐兗等」三字，「十三州」上有「冀定等」、「徐兗等」各三字，《北史》例不書，皆非也。自「謚曰康」至「隨國公」凡二十六字，今本脱去，此傳寫誤脱，非李延壽本如此。

陳州四十

「開皇九年，陳平，合州四十、郡一百」，案「四十」，《隋書》本紀作「三十」，誤也。彼《地理志》言「陳初有州四十二、郡一百九」，杜氏《通典》同，及亡，又少二州、九郡，故惟四十州、一百郡。自魏太武帝太延五年魏盡併各國始爲南北朝，中又三分，終又分南北，至此復合于隋，計凡一百五十年。

楊氏不良死約三十人

隋文帝臨崩遺詔，數廢太子勇及第四子秀等罪惡，稱太子廣仁孝諸善行，而中有云：「今惡子孫已爲百姓黜屏，好子孫足堪負荷大業。」此詔乃廣烝淫未聞於帝之前，帝所親定者，後欲召勇廢廣，旋即遇弑矣。帝惟五男，勇、廣、俊、秀、諒，皆獨孤后所生，謂羣臣曰：「朕旁無姬侍，五子同母，可謂真兄弟，豈若前代多内寵，孽子忿争，爲亡國之道。」不料己身爲廣所弑，勇與幼子諒及勇之子曰儼、曰裕、曰筠、曰嶷、曰恪、曰該、曰韶、曰煚、曰孝實、曰孝範，皆爲廣所殺。廣與秀及廣之次子暕并俊之子曰浩、曰湛，秀之諸子失其名，諒之子顥、廣之孫倓皆爲宇文化及所殺，俊爲其妃崔氏毒死，廣之第三子杲爲裴虔通所殺，廣之孫侑爲唐高祖所殺，侗爲王世充所殺，一門四世，不良死者共約三十餘人，餘殃延及後人，至唐天寶間，而暕之曾孫慎矜又無端遭李林甫、王鉷羅織，籍没誅夷，兄弟三人併命。隋文帝勤民節用，在位無大失德，但其所殺周宇文氏宗室及文、閔、明、武、宣諸帝之子孫約計不下五六十人，俱詳見《周書·宗室諸王傳》中，則己身之蒙禍，後裔之慘戮，報應昭彰，亦其宜矣。

《新唐·逆臣·安史傳》贊云：「張謂讖劉裕『近希曹、馬，遠棄桓、文，禍徒及於兩朝，福未盈於三載，八葉傳其世嗣，六君不以壽終，天之報施，其明驗乎？』杜牧謂：『相工稱隋文帝當爲帝者，後篡竊果得之。周末，楊氏爲八柱國，公侯相襲久矣，一男子[一]偷竊位號，不三二十年，壯老嬰兒皆不得其死。彼知相法者，當曰此必爲楊氏禍，乃可爲善相人。』張、杜確論，至今多稱誦之。」

校讀記

[一]「一男子」，《新書》作「一旦以男子」。

白榆妄

《隋煬紀》：「大業九年，平原李德逸聚衆數萬，稱阿舅賊。靈武白榆妄稱奴賊。」「白榆妄」疑人名，或讀「榆」字絶，恐非。

大業十年詔

大業十年，詔收葬征遼死亡者，而遠引漢王諒、高熲開皇十八年征遼敗退事，以大業八年之敗爲諱，欲駕罪於父也。

十七史商榷卷六十七

北史合魏齊周隋書三

魏地形據武定

魏收《魏書·地形志》叙首云：「魏定燕趙，遂荒九服，夷翦逋僞，一國一家，遺之度外，吴蜀而已。正光已前，時惟全盛，户口之數，比夫晉之太康，倍而已矣。孝昌之際，亂離尤甚，恒代而北盡爲丘墟，崤潼已西煙火斷絶。齊方全趙，死如亂麻，生民耗減，且將大半。永安末年，逆賊入洛，官司文簿散棄者多，往時編户全無追訪。今録武定之世以爲志焉。」正光前户口倍於晉太康者，太康猶承漢季三國大亂，而正光時魏之平定已百餘年，故户口極蕃，此言理宜有之。「恒代」云云，謂六鎮之叛，杜洛周葛榮等反；「逆賊入洛」，謂爾朱榮及兆也。武定是東魏末帝孝静帝最後紀元，其八年遂禪齊。予前後論史例，志地理有以最盛者，有以最後者，此真最後矣。若論盛時，則當以孝文帝太和中，彼時遷都洛陽，爲魏之極盛，今不取而用武定爲正，故志首司州而治鄴城，本相州，即孝静帝即位之元年改元天平，遷都於此，而改名之其時，已政歸高歡，帝徒擁虚名，誠末造矣。魏收之爲此，要亦因盛時文簿已亡，不得已也。此下又言「其淪陷諸州户，據永熙綰籍」，永熙是孝武帝紀年，帝於三年即西奔長安矣。此志中所列有郡縣名無户口數者，大抵皆他國地而虚言之。

官氏志

《官氏志》詳於官，略於氏。曩官京師，同年進士廣西岑谿令海寧周春芚兮寄《松靄初刻》，中有《代北姓譜》，於考索最有益，久而佚去，附識待訪。

梁州郡縣數

《梁》、《陳》無志，《隋書》各志皆補梁、陳事，獨《地理志》專志隋，不補梁、陳，雖小字夾註中間一及之，亦不備也。惟於叙首約舉梁地理云：「武帝除暴寧亂，奄有舊吴。梁天監十年，有州二十三、郡三百五十、縣千二十二，其後務恢境宇，頻事經略。大同年中，州一百七，郡縣亦稱於此。」愚謂南朝梁爲極盛，以饗國久且當魏亂，故元嘉、永明、太建皆不如，雖其州郡縣數之多由析置者緐，然土宇亦實恢拓，假令陳慶之殺元顥，據洛，勢將混一，天厭梁德，顯背恩，慶之潰歸，梁事去矣。

陳州郡縣數

又約舉陳地理云：「侯景構禍，墳籍散逸，郡縣户口不能詳究。逮于陳氏，土宇彌蹙，西亡蜀漢，北喪淮肥，威力所加，不出荆揚之域，州有四十二，郡惟一百九，縣四百三十八，户六十萬。」愚謂南朝梁最盛，末年却最衰，陳之蹙，承梁故也。《通鑑》一百六十四卷《梁元帝紀》：「承聖元年十一月，即位於江陵，改元，大赦。侯景之亂，州郡太半入魏，自巴陵以下至建康，以長江爲限，荆州界北盡武寧，西拒硤口，嶺南復爲蕭勃所據，詔令所行，千里而近。」胡三省注：「北盡武寧，與岳陽王詧分界，西拒硤口，與武陵王紀分界。」《通鑑》誤以紀東下在承聖元年，故胡注如此。其實此時蜀已爲周所取，并非紀有，説見後六十三卷。陳承梁，雖平蕭勃，而西不能取蜀，北雖暫有淮，吴明徹兵敗被虜，故曰「北喪淮肥，土宇彌蹙」。陳州數已見前六十六卷。

齊周分界

《齊》、《周》亦皆無志，《隋書》各志兼補齊、周事，獨地理則專於隋，不能旁及，故於齊、周亦皆從略，惟於叙首約舉齊、周地理云：「齊天保末，洎國滅，州九十有七、郡一百六十、縣三百六十五。周削平東夏，多有省廢。大象二年，計州二百一十一、郡五百八、縣一千一百二十四。」愚謂上文歷舉累代疆域，大凡西漢極盛，不過郡國一百三，今周雖并齊，尚未得陳，且既云「多有省廢」，而州數比西漢極盛乃倍之有餘者，蓋承歷代分析故，説詳後。予未暇徧考齊、周地理，惟是高氏、宇文氏各欲盜魏，搆怨最深，其分界必須有考，方可見二國形勢。二國戰地，王應麟《通鑑地理通釋》第十四卷已詳，其分界處，則莫妙於《周書·太祖文帝紀》云：「魏大統十六年夏五月，齊文宣廢其主元善見而自立。秋七月，太祖率諸軍東伐，拜章武公導爲大將軍，總督留守諸軍事，屯涇北以鎮關中。九月丁巳，軍出長安。時連雨，自秋及冬，諸軍馬驢多死，遂於弘農北造橋濟河，自蒲坂還。[二]於是河南自洛陽，河北自平陽以東，遂入於齊矣。」此段最明了，《北史》削去文宣自立，突書東伐云云，竟不言所伐何國，雖不言自可知，然有此文理乎？廢立是何等大事，齊、周各自爲紀，豈可不互見？兹姑不論，惟齊、周疆域分界處，觀此一段約略可見，洛陽以東既入齊，而梁倚齊援，周竟能越齊界伐梁，以蕭詧爲之導也，説詳第五十五卷。詧本鎮南雍州，今襄陽府，周既滅梁，元帝立詧爲梁王，居江陵，而詧舊所鎮之襄陽地歸於周，見《周書·詧傳》。

〔一〕「還」字據《周書》補。

周陳分界

《周書·杜杲傳》於陳文帝時奉使往陳分界，陳人以魯山歸周。魯山即今湖北漢陽府漢陽縣漢口鎮江岸山，俗以爲大别者。江北地已盡入周矣，區區魯山豈能獨守？然必至是而周界始直至江岸。

隋州最縣

西漢極盛，不過郡國一百三，周平齊，州至二百十一，已爲極縣，隋高祖開皇九載，廓定江表，尋以户口滋多，析置州縣，是於二百十一中又分析，爲最縣矣。故《楊尚希傳》隋文帝時見天下州郡過多，上表以爲今郡縣倍多於古，或地無百里，數縣並置，或户不滿千，二郡分領。具寮以衆，資費日多，吏卒又倍，租調歲減，動須數萬，如何可充？〔一〕

校讀記

〔一〕《北史》卷七十五《楊尚希傳》作「充」，《隋書》卷四十六作「覓」，西莊引《北史》也。

罷州置郡

《隋書·百官志》云：「煬帝罷州置郡，郡置太守。」又《地理志》云：「煬帝并省諸州，尋改州爲郡，置司隸刺史，分部巡察。大凡郡一百九十。」按唐虞時九州、十二州，歷三代、秦漢、魏晉、南北朝，其名尚存，至隋始革去州名，事勢古今不同，不可泥古。《宋書·州郡志》有揚州、南徐州、南兗州、兗州、南豫州、豫州、江州、青州、冀州、司州、荆州、郢州、湘州、雍州、梁州、秦州、益州、寧州、廣州、交州、越州，《南齊書·州郡志》略同，惟多一巴州，此名爲從前未有。《魏·地形志》新添之州名甚多，漢、晉每州所管郡甚廣，《地形志》則每州所管郡有少至二三郡者，并有不領郡之州焉，其州名新製者共有五六十，梁、陳、齊、周地理無考，而州郡總數見《隋·地志》，蓋承魏，其分析亦多，至隋萬不能更爲沿襲，蓋即名稱紛溷已極不便，不但十羊九牧，如楊尚希所云也。

淮南郡

《隋》淮南郡注云：「舊曰豫州，後魏曰揚州，梁曰南豫州，東魏曰揚州，陳又曰豫州，後周曰揚州。」此即壽春郡也。州名南北互易，最爲糾紛，乍觀之，幾欲目炫矣。說已詳前第五十七卷《豫治無定》一條，玩彼文，此文自明。

蠻左

《隋·地志》末段云：「南郡夷陵諸郡多雜蠻左，死喪之紀，無袒踊，亦知號泣。其左人則又不同，長沙莫傜喪葬頗同諸左。」案《北史·齊高祖神武皇帝紀》：「天平元年，神武上表於魏孝武帝曰：『荆州綰接蠻左，密邇畿服。』」「蠻左」即蠻夷，乃當時語。《崔延伯傳》云：「除征虜將軍、荆州刺史。荆州土險，蠻左爲寇，每有聚結，延伯輒自討之。」是也。《魏》、《齊》、《周》諸書亦皆有之。

通古今

兒子諸生嗣穫曰：《隋書·經籍志》叙首云：「經籍也者，其爲用大矣。不疾而速，不術當作「行」。而至，今之所以知古，後之所以知今，其斯之謂也。」按許氏《説文·自序》云：「文字者，經藝之本，王政之始，前人所以垂後，後人所以識古，故曰本立而道生。」《隋書》本此。《北史·江式傳》：「延昌三年，式表曰：『文字者，六籍之宗，王教之始，前人所以垂今，今人所以識古。』」又《高允傳》：「允答景穆帝曰：『史籍，帝王之實録，將來之炯戒，今之所以觀往，後之所以知今。」語亦同。韓昌黎詩：「人不通古今，馬牛而襟裾。」[一]欲通古今，賴有字，亦賴有史，故字不可不識，史不可不讀。《續漢書·百官志》：「博士，掌通古今。」學以通古今爲要，故特設一官，妙選其人以掌之。

校讀記

[一]《符讀書城南》詩。

經史子集四部

《隋·經籍志》分經、史、子、集四部。案四部之名起晉祕書監荀勗《中經簿》：一甲部，紀六藝及小學等書；二乙部，有古諸子家、近世子家、兵書、兵家、術數；三景部，有史記、舊事、皇覽簿、雜事；四丁部，有詩賦、圖讚、《汲冢書》。尋前後著録家皆分爲七，如劉歆《七略》，一集略，二六藝略，三諸子略，四詩賦略，五兵書略，六術數略，七方技略。王儉《七志》，一經典志，紀六藝、小學、史記、雜傳；二諸子志，紀今古諸子；三文翰志，紀詩賦；四軍書志，紀兵書；五陰陽志，紀陰陽圖緯；六術藝志，紀方技；七圖譜志，紀地域及圖書，道、佛附見。阮孝緒《七録》，一經典録，紀六藝；二曰記傳録，紀史傳；三子兵録，紀子書、兵書；四文集録，紀詩賦；五技術録，紀數術；六佛録；七道録。此皆雜亂緐碎，惟荀勗稍近理，然子不當先史，詩賦等下忽有《汲冢》，亦不可解。且甲、乙、丙、丁亦不如直名經、史、子、集，故《隋志》依用而又改移之。考《宋書·殷淳傳》：「愛好文義，未嘗違捨。在祕書閣撰《四部書目》凡四十卷，行於世。」《梁書·沈約傳》：「齊初爲征虜記室，帶襄陽令，所奉之主，齊文惠太子也。太子入居東宫，爲步兵校尉，管書記，直永壽省，校四部圖書。」《任昉傳》：「梁武帝時爲祕書監，自齊永元以來，祕閣四部篇卷紛雜，昉手自讎校，由是第目定焉。」《殷鈞傳》：「梁武帝時歷祕書丞，在職啟校定祕閣四部書，更爲目録。」《張弘策子纘傳》：「補國子生，起家祕書郎。祕書郎四員，宋齊以來爲甲族起家之選，待次入補，其居職例不數十日《梁》作「數十百日」，是。便遷任。纘固求不徙，欲遍觀閣内書籍，常執四部書目曰：『若讀此畢，可言優仕矣。』」以上各家所言四部，疑皆仍荀勗之舊，惟《隋志》依荀而又改移之，自後唐宋以下爲目者皆不能違。

十七史商榷卷六十八

北史合魏齊周隋書四

併合各代每一家聚爲一傳

前言《南史》併合宋、齊、梁、陳，似成一代爲非，又言以家爲限斷，不以國爲限斷，一家之人必聚於一篇，以一人提頭，而昆弟子姓後裔咸穿連之，使國史變作家譜，最爲謬妄。[一]今《北史》亦用此例，后妃分上下二卷，上卷皆魏后妃，下卷則齊、周、隋三朝后妃共爲一卷，非其類而强相毗附，真成笑端。李延壽聊欲以此略顯所長，自謂於舊錦機中織出新花樣，無此直鈔胥而已，故不得不爾。至如《魏書》有《長孫嵩傳》，《周書》有嵩之五世孫儉傳，而《北史》則遂以儉入嵩傳；《魏書》有《于栗磾傳》，《周書》有栗磾之六世孫謹傳，而《北史》則遂以謹入栗磾傳；《魏書》有《封懿傳》，《北齊書》有懿之族玄孫隆之傳，而《北史》則遂以隆之入《懿傳》，如此之類甚多，略舉幾條以明之。延壽之爲此，不但欲使與《南史》體例畫一，亦借以略顯所長耳，而於史法則謬矣。方叙魏人，忽入隋事，欲觀周傳，偏涉齊朝，使讀者左顧右盼，顛倒迷惑，且似將齊、周、隋人皆提入魏，魏太飽，齊、周、隋太飢，殊非著述之體，其病正與《南史》同。

若酈道元，文士也，爲叛臣蕭寶夤所殺，亦可憫，《魏書》乃入《酷吏》，明係曲筆。宋世軌執獄寬平，至使高洋亦重其骨鯁，《北齊書》僅與其兄世良同入《循吏》，義太淺狹。《北史》則以道元升入其父範傳，以世軌升入其伯父隱傳，却是，然此乃撞著法耳，豈真胸有定見而然乎？

校讀記

［一］錢大昕《潛研堂文集》卷十二《答問》九云：「問：『史以勸惡徵善，父子兄弟趍向不同，往往各自立傳，況事隔數朝，賢否非一，而延壽列傳但以家世類叙，不以朝代爲限斷，是乃家乘之體，豈史法乎？』曰：『延壽既合四代爲一書，若更有區別，則破碎非體，又必補叙家世，詞益繁費，且當時本重門第，類而次之，善惡自不相掩，愚以爲甚得《史記》合傳之體，未可輕議其失。』」又孫志祖《讀書脞録》續編卷三亦云：「史家列傳之體與譜牒不同，其子孫功名不甚顯著者，本可不載。或入仕異代，尤不當附傳，致乖限斷之體。惟李延壽《南》、《北史》本合數代爲一史，故可牽連附載，使讀者便於尋檢，此又史例之變也。王西莊譏其以家爲限斷，不以代爲限斷，

非是。」兩家皆以李延壽未可輕非，而李慈銘謂《南》、《北史》本爲通史體，與八書各自行世，又謂「大凡古人著述，須細推其指，不可率爾譏之」，殆亦爲西莊而發也。李説見《桃華聖解盦日記》辛集第二集。

楊玄感李密

爲魏臣傳而并楊玄感亦入之其祖敷傳中，爲周臣傳而并李密亦入之其曾祖弼傳中，其不倫不類，專以門族爲叙，全不顧情事，顛倒如此，若論史例，玄感等自當别題叛臣。

立文宣王廟

《北史·后妃傳·魏文成文明皇后馮氏傳》：「太后立文宣王廟於長安。」案此太后父也，「文」上當有「父」字。[二]《魏書》亦無之，《魏書·后妃傳》亡，後人即以《北史》補之，故同。

校讀記

[一]《廿二史考異》卷三十八云：「按《外戚傳》，馮朗追贈燕宣王，立廟長安。『文宣』當爲『燕宣』之訛。」中華書局標點本《北史》卷十三《校勘記》是錢説。

后妃傳論

鄭樵詆班固勦襲《史記》，不以爲耻。[一]樵妄人也，固豈不能自譔者？若李延壽則真無耻矣。[二]論全取各書，不自下筆，《后妃傳》論雖魏收、李百藥元文多亡，然延壽之論恐亦取之於彼。《論語》「亂十人」，馬、鄭皆云有文母，唐時俗本添「臣」字，然開成石經尚無之，而劉原父遂以爲邑姜，今觀《北史·后妃傳》論云：「神武肇興齊業，武明追蹤周亂。」則此説出百藥無知妄作，唐人啟之，宋人踵而甚焉耳。[三]

校讀記

[一]見《通志·總序》。

[二]李慈銘曰：「僕竊謂西莊此語亦妄人也，延壽豈不能自撰者？」

[三]李慈銘曰：「慈銘案：武明追蹤周亂者，安知不以武王喻文宣，而以文母喻婁后乎？高氏之業，創于歡而成于洋，然婁后實相諸子以遷魏鼎，正與周事同也。」

清河王紹母賀

《道武子清河王紹傳》紹母賀有罪，將死，密告紹，遂弑道武。賀即獻明后妹，此從母也，豈可納，而納之及禍，宜矣。

以禁錮爲禁止

獻文六王《元韶傳》：「齊文宣誅諸元，餘十九家並禁止之。」「禁止」似當作「禁錮」，而《北齊書》紀傳亦皆作「止」，觀《高隆之傳》及《北齊・酷吏傳》，則知凡禁囚皆云『禁止』，此當時語。[一]

校讀記

[一]李慈銘曰：「『禁止』二字，亦史書中所習見，何煩注解？」

高洋大誅元氏

彭城王勰及其嫡子劭，魏收比李延壽詳幾倍之，凡今《魏書》所有諸王傳，苟係《魏書》元文，非亡闕而後人以《北史》補之者，則無有不《魏》詳而《北》略者也。至劭之子韶，則《魏書》只以十七字了之，而《北史》叙述甚詳，又因韶之死，詳述齊文宣殺元氏子孫事，此事《北齊書》韶自有傳，所述與《北史》同，蓋李延壽襲李百藥也。若魏收則齊臣，爲齊諱，又韶既入齊，事不關魏，故遂略之。自劉裕始殺故主，蕭道成并滅前代之裔，至高洋之慘酷，則亘古所無，七月大誅元氏，而洋即以十月暴崩，適會其時乎，抑真有果報乎？若有果報，洋不合良死。

殺元氏子孫，《北齊書》本紀甚略，惟《元韶傳》詳之，而《北史·文宣紀》則加詳，但《元韶傳》言死者七百二十一人，與《北齊書》同，而紀言所殺三千人，一書中紀傳互異，亦一病。洋既因王莽誅劉不盡，使光武中興，欲盡滅元氏，恐當以三千人爲確。《新唐書·宰相世系表》序元魏之後，聞於唐者甚多，宰相一人稹，相穆宗，然所列者皆是後周韓國公謙及隋兵部尚書平昌公巖之後，則知元氏惟西魏尚有存者，而東魏已絶。《文成五王等傳》末論云：「魏自西遷之後，權移周室，而周文天縱寬仁，性罕猜忌，元氏戚屬並見保全，内外任使，布於列職。孝閔踐祚，無替前緒，明武纘業，亦遵先志。雖天厭魏德，鼎命已遷，枝葉榮茂，足以愈於前代。」可見在唐皆西魏子孫。

《元韶傳》末又贅一段：「元世哲之從弟黄頭，使與諸囚自金鳳臺各乘紙鴟以飛，黄頭獨能至紫陌乃墜，仍付御史獄，畢義雲餓殺之。」此《北齊》所無。畢義雲者，見其曾祖《衆敬傳》末，又見崔暹和士開及齊宗室平秦王歸彦傳，又見《北齊·酷吏傳》，又見《循吏·宋世軌傳》。洛州民行刼，吏捕案，連諸元，徒黨千七百人，世軌多原舍之，與義雲争執，文宣尚褒美之，世軌卒，繫囚皆哭，誅元氏，世軌死矣。義雲方得志，而彼書於《元韶傳》不言義雲，賴《北史》見之，此則《北史》之善。

河陰之難，魏之百官王公卿士二千餘人皆爲爾朱榮所殺，見《榮傳》。朝寧幾爲之一空，楊衒之《洛陽伽藍記》第四卷云：「河陰之役，諸元殲盡，王侯第宅多題爲寺。」是也。未及三十年，而元氏子孫三千人又被高洋盡殺之，且前代之翦滅猶不過陰行酖害，此則駢斬於市，男子無少長皆就戮，嬰兒擲于空中，承之以矟，誅屠之慘，一至於此。

清河王懌

《清河王懌傳》褒美甚至，而靈太后胡氏逼幸懌事竟未及一見，但於論中補云「遘牆茨之逼」，然此事究當以見於傳中爲是。《北史》諸王傳論皆襲《魏書》，《魏書》諸王傳中有無論者幾卷，皆以亡佚而後人用《北史》補，其實《北史》本係取之《魏書》也。即如《魏書·懌傳》無論，則必是用《北史》補者，而其實《北史》此傳并論正出魏收手，恐係李延壽妄意論中已見之語，[一]傳中不必明著，其事遂刪去之耳。試思如此逆理事竟去之，而純用褒詞，可乎？

校讀記

[一]李慈銘曰：「此語何從見得？」慈銘案：《魏書·胡后傳》謂『逼幸清河王懌者，蓋元乂等誣陷之

辭』，《魏書·懌傳》所謂『乂與劉騰囚懌于門下省，誣懌罪狀』，及《元乂傳》言：『騰詐令中黄門胡元度等列誣騰以具奏，乂執懌入含章東省防守之。』可知其事全出誣害，觀懌之名德儒雅，必無此事也。延壽但於論中略著疑辭，正得良史之意。錢氏大昕《考異》中已辨正之。」輝按：見《廿二史考異》卷三十八《后妃傳上》條。

宣武誤爲孝武

《北史》第十九卷一卷之中所列諸王傳，内凡稱孝武帝者惟《安豐王猛傳附子延明傳》末段叙其受元顥委任，元顥敗，奔梁，死，莊帝末喪還，孝武初贈太保云云。又《汝南王悦傳》末段叙其至孝武初除大司馬、開[一]府，孝武以廣陵頗有德望，以悦屬尊地近，内懷畏忌，故前後害之。此兩處「孝武」皆不誤，其餘凡云「孝武」，皆「宣武」之訛，孝武帝即平陽王修，《魏書》每稱出帝，以其奔於宇文泰也。此魏之末帝，而宣武則孝文之子，在其前相距甚遠，李延壽執筆修史而昏謬如此，此亦妄人也已矣。[二]

校讀記

[一]「開」字原脱，據《北史》補。

[二]李慈銘曰：「慈銘案：《北史》此卷誤『宣武』爲『孝武』者，惟《京兆王愉》、《清河王懌》兩傳，餘

皆不誤。其他若《咸陽王禧》、《廣陵王羽》、《北海王詳傳》末之所稱『孝武』者，皆不誤。此乃後人傳寫偶訛，乃動以延壽爲昏謬，何耶？」又王樹民曰：「實則此文所稱之孝武帝皆不誤，不可能爲宣武帝。如安樂王長樂少子斌之，曾投附葛榮，葛榮失敗後還朝，孝武帝封爲潁州郡王。葛榮失敗在孝莊元年，遠在宣武帝之後。咸陽王禧之子元樹，投奔梁武帝，爾朱榮殺魏百官，元樹乘機北侵，孝武帝使杜德等御之，元樹爲杜德所欺，被俘死，此事明與宣武帝無涉。原來《北史》此卷爲文成五王、獻文六王、孝文六王之傳，其時皆在宣武帝之前，但其子孫則遠在宣武帝之後，西莊似未察所指摘者爲附傳之文，便一律視爲宣武帝時事，且據此而謂李延壽为昏謬、爲妄人，實爲夫子自道也。」見《王鳴盛的經史之學》一文，收入《曙庵文史續録》。

代人

《北史》諸傳首輒云某郡某縣人，而第二十卷衛操等、二十一卷燕鳳等、二十二卷長孫嵩等、二十三卷于栗磾等、二十五卷古弼等皆云「代人」，此等不可枚舉，皆因《魏書》，蓋拓跋氏元從部落，不可言郡縣故也。

以金石爲史料

「衛操立碑大邗城南，頌魏功德」，傳中詳載碑詞，以金石爲史料，始於《史記·秦皇紀》、《漢書·郊祀志》，今此則魏收元文，《北史》襲之。金石之學，魏收、酈道元、闞駰等已重之。

崔浩傳誤

《魏書·崔浩傳》言其修國史事共三段，初，太祖道武帝詔尚書郎鄧淵著《國紀》未成，太宗廢而不述。世祖太武帝神䴥二年，又詔集諸文人撰録國書，浩及弟覽、高讜、鄧穎、晁繼、范亨、黄輔等共參著作，叙成《國史》。太平真君中，又詔浩監祕書事，以中書侍郎高允、散騎侍郎張偉參著作，續成《前紀》。至於損益褒貶，折中潤色，浩所總焉。後又云：「著作令史太原閔湛、趙郡郄標素諂事浩，乃請立石銘，載《國書》。」此所叙雖不相連屬而實一事，蓋國史之作，鄧淵始之，浩及覽等續之，其卒則浩與允等成之。閔、郄請刊，遂以構禍，胥是物也。《北史》别載監祕書事于前，後乃總叙鄧淵等云云，以著于著作令史之上，則似湛、標所請刊但即浩及覽等書，於允等無與，且似以神䴥、真君兩事爲一事，非也。浩之敗雖由自取，太武信讒亦爲失刑，觀本紀，厥後又嘆崔司徒可惜，何自相違反。德清徐以泰陶尊《北史雜咏》有云：「國史成來立石坊，頭顱不凈竟罹殃。未知畫紙傳何語，賸有人間急就章。」此詩悲惋有味。

長孫幼

長孫道生之曾孫冀歸，六歲襲爵，降爲公，孝文以其幼承家業，賜名幼，字承業。案《魏書》本是賜名稚字承業，《北史》因「稚」爲「治」之嫌名，故於其傳中以字稱，而於其篇首又改名爲幼，更淆誤矣。[一]若直改云賜名承業，亦非其實，然後人以《魏書》考之可得。今改「幼」，或他處本當爲「幼」者反令人疑是稚矣。總之，嫌名之諱不可更用他字代。《崔逞傳》逞之玄孫休以女適領軍元又庶長子舒，據《魏書》作「稚舒」，去「稚」字。

校讀記

[一]《廿二史考異》卷三十九《長孫幼傳》條説同。

三公

司徒公、太尉公之類，《北史》中甚多，此皆古者三公之稱，後周人改官制所定，蘇綽慕古而爲之，後周時古制尚可考，詳予《尚書後案》。近人校此者不識，往往去「公」字，非也。

斛薜

長孫承業之玄孫晟傳：「仁壽三年，鐵勒思結、伏具、渾、斛薜、阿拔、僕骨十餘部來降。」[一]「斛薜」，《隋書》作「斛薩」。佛書菩薩，「薩」本「薛」字，故轉寫變改，「斛」之爲「斛」則形似而誤。

校讀記

[一]中華本《北史》卷二十二校勘記云：「按此處部落名稱，不能完全確定，姑且以意標斷。」今標點從之。

博崔

《崔㥄傳》：「㥄謂盧元明曰：『天下盛門唯我與爾，博崔、趙李，何事者哉？』」博崔謂博陵崔氏，㥄自以清河崔氏爲魏崔琰後，高於博陵崔也。此傳《北齊書》㥄妾馮氏斬於都市，而《北史》添斬爲九段；㥄媢魏收，收笑之，而《北史》添縮鼻笑之，所添如此，殊覺無謂。

三處郎中

《宋世軌傳》："天保初，歷三尚書三公、二千石、都官郎中，兼并州長史。"考齊制，三公郎中二千石，郎中、都官郎中皆屬尚書省，故云云也。并州長史是外官，而郎中是京官，云兼者，蓋遥領之。《北齊書》無此幾句，下文"稍遷廷尉少卿"，《北齊書》直作"卿"，皆當從《北史》。

解巾

《刁柔傳》："初爲魏宣武挽郎，解巾司空行參軍。"前三十五卷論漢末處士皆戴幅巾，解巾者，解去幅巾，將襲章服，猶云釋褐也。亦見《裴俠傳》，《南史》亦每用之。又第四十三卷《邢巒傳》附其族孫《劭傳》又作"釋巾"，義與"解巾"同。

李先傳末世系

李先入魏在皇始初，當晉孝武帝太和末，其傳末附先之少子皎，皎之孫義徽則事在魏末，自皎以下一大段皆《魏書》所無而李延壽附益者，舉屬閑文，毫無關係。叙完義徽事下，乃又云「少子蘭」云云，此少子則似是皎之少子，何則？《魏書》先卒於神麚二年，年九十五，神麚二年當南朝宋文帝元嘉六年，而蘭於孝昌中以孝行被旌，當梁武帝之中世，去先死已百年，必非先之少子，況前已敍皎爲先少子，不應此又是先少子也。其下文又言文宣王亶思義徽之美，薦其孫景儒爲官，景儒之子昭徽入隋，大業中隱嵩山，其時代似爲相合，但考其世次，則昭徽是義徽之曾孫，以曾孫而名上同於曾祖，既非鮮卑，此事之不可者，《北史》此段敍次雜亂，全不明析。

毛脩之朱脩之不當兩傳

前論李延壽於薛安都《南》、《北》皆有傳爲非，今觀《北史・毛脩之傳》附以朱脩之，而《南史》毛、朱已各爲一傳。毛在南事蹟雖多，終没於魏，朱在北事蹟雖多，終没於宋。沈約本南人，況獨修《宋書》，取其周備，槩行收入尚差可。延壽既以一手裁定八代爲二，當核其人，終南者歸南，終北者歸北，毛、朱兩處有傳，謬與薛安都同。

司馬休之等一卷

司馬休之等十餘人合爲一卷，皆晉、宋、齊、梁之宗室子姓降北者，似得類聚之道，在李延壽亦若自成一種體例矣。然以魏、齊、周、隋各代臣攙令和合，究屬欠妥，且《北齊書》有《蕭明傳》，明即貞陽侯淵明，避諱去「淵」字，梁武兄長沙宣武王懿之子，齊送歸主梁祀，陳霸先廢之，仍歸齊，卒於鄴，北齊人謚之曰閔皇帝，李百藥入之《北齊書》甚妙，而李延壽但入之《南史》，於《北史》竟不見，則又遺漏。又有蕭莊者，梁元帝嫡長子方等之子也，王琳輔之，稱帝於郢州，後敗，亦歸北齊，事見《陳書》第十八卷《袁泌傳》，此當歸北朝諸臣之列，而《北齊書》漏去，李延壽但見之《南史》，而《北史》反不及，亦非。

南齊蕭寶夤傳與北史異

《魏書·蕭寶夤傳》叙寶夤於梁武帝破建業，執囚將殺之，逃入魏，歷仕魏朝，并屢率兵與梁人交戰，直至孝昌三年十月於關中謀反，軍敗，逃奔万俟醜奴，至永安三年爾朱天光破醜奴，擒寶夤，送京師，賜死。計寶夤初入魏當魏宣武帝景明初，其死則在孝莊帝時矣，《北史》盡取《魏書》元文而刪潤之，大略相同，乃《南齊書·寶夤傳》則云：「和帝立，西臺以寶夤爲使持節、都督南徐兗二州軍事、衛將軍，南徐州刺史，少帝以爲使持節、都督荆益寧雍梁北南秦七州軍事、荆州刺史，將軍如故。宣德太后臨朝，梁王爲建安王，改封寶夤爲鄱陽王，中興二年，謀反誅。」若然，則與《魏書》、《北史》大相乖刺，且寶夤死於魏莊帝時，去齊和帝中興二年即梁武天監元年，相隔約三十年，此蕭子顯之曲筆也。

蕭大圜傳删非

《蕭大圜傳》：「元帝謂曰：『河間好學，爾既有之，臨淄好文，爾亦兼之，然有東平爲善，彌高前載。』」又：「滕王逌問曰：『吾聞湘東王作《梁史》，帝紀奚若？隱則非實，記則攘羊。』對曰：『君子之過，如日月之蝕，彰於四海，安得而隱之？蓋子爲父隱，直在其中，諱國之惡，抑又禮也。』」案「前載」下，《周書》有「吾愛之重之，爾當效焉」，「隱之」下，《周書》有「如有不彰，安得而不隱」。前段删之則成不了語，後段删之則使上下文意不貫。[一]

校讀記

[一]中華本均已校補，惟不言本之西莊也。

高允與神武爲近屬

《魏書》三十二卷《高湖傳》：「勃海蓨人，漢太傅裒之後。祖慶，慕容垂司空。父泰，吏部尚書。湖少與兄韜俱知名。」四十八卷《高允傳》：「勃海人。祖泰，在叔父湖傳。父韜，少知名。」案周文帝討高歡檄雖云出自輿皁，其家世却不賤，《神武本紀》云：「六世祖隱，隱生慶，慶生泰，泰生湖，湖生謐，謐生樹生，是爲皇考。」然則允之祖即歡高祖，允是歡五世內從祖近親屬也。歡貴，執魏權，以允之名德無所追崇，恐有亡佚，且本紀之體宜詳先世官位，而反不言漢太傅後，[二]於慶、泰、湖但云三世仕慕容氏而不著何官，亦爲太簡。

校讀記

[二]李慈銘曰：「案漢世無太傅高裒其人，此明是高氏臣子僞造譜牒，豈爲足信？魏收媚其君則可，《北史》削之是也。」

爲絶羣

《崔挺之子孝芬傳》：「早有才識，孝文召見，嗟賞之。李彪謂挺曰：『比見賢子謁帝，旨喻殊優，今當爲絶羣耳。』」「爲絶羣」當作「爲羣拜紀」，此後人不知妄改。[一]

校讀記

[一]爲羣拜紀故事，見《三國志》卷二十二《陳羣傳》。

陳人防江諸地名

《崔仲方傳》：「隋文帝時，上書論取陳之策曰：『蜀漢二江是其上流，水路衝要，必爭之所。賊雖於流頭、荆門、延洲、公安、巴陵、隱磯、夏口、盆城置船，然終聚漢口、峽口，以水戰大決。』」《楊素傳》：「隋大舉伐陳，以素爲行軍元帥，引舟師趨三硤，至流頭灘，陳將戚欣以青龍百餘艘守狼尾灘，以遏軍路，素夜掩之，銜枚而下，破欣，虜其衆，遂率水軍東下。陳呂仲肅據荆州之延洲，素遣卒碎其艦，大破之。陳顧覺鎮安蜀城，陳紀鎮公安，皆懼而走，巴陵以東，無敢守者。」愚謂蜀漢二江者，謂江與漢也。巴陵今縣屬岳州府，以二傳參觀，自巴陵以西，情勢可見。觀仲方言下抵盆城，則直至今九江府德化縣矣。自梁末失蜀，隋取陳，將順流東下，故陳人防江西則峽口，東則漢口，至盆城無可防矣。詳見王應麟《通鑑地理通釋》第十三卷。

崔季舒蹈龍逢之節

崔季舒，即毆魏孝静帝三拳、奮衣而出者，陰謀助逆，傾險小人也，其見殺雖以諫幸晉陽，有天道焉。李延壽已於《孝静帝紀》著其惡，而傳多溢美，其醜事皆不著。論中至謂其「蹈龍逢之節」，則過優矣。《北齊》此傳與《北史》全同，惟篇首添「博陵安平人」一句耳。蓋《北齊》缺，後人以《北史》補，其實《北史》皆勦襲《北齊》，「龍逢」云云，本李百藥語。

鄭述祖傳衍文

《鄭述祖傳》：「齊天保中，歷太子少保、左光禄大夫、儀同三司、兗州刺史，時穆子容爲巡省使，歎曰：『古人有言：「聞伯夷之風，貪夫廉，懦夫有立志。」今於鄭兗州見之矣。』遷光州刺史。初，述祖父爲兗州，於鄭城南小山起齋亭，刻石爲記，述祖時年九歲。及爲刺史，往尋舊迹，得一破石，有銘云：『中岳先生鄭道昭之白雲堂。』述祖對之嗚咽，悲動羣僚。有人入市盜布，其父怒曰：『何負吾君？』執之以歸首，述祖特原之，自是境内無盜，百姓歌曰：『大鄭公，小鄭公，相去五十載，風教猶相同。』」其末段則云「前後行瀛、殷、冀、滄、趙、定六州事，正除懷、兗、光三州刺史，又重行殷、懷、趙三州刺史，所在皆有惠政。」案「遷光州刺史」句當爲衍文，前後皆兗州事，不應忽夾入光州一句，且後既有總叙，則此處不合單出光州，《齊書》無此句。[一]

校讀記

[一]此不過「述祖父爲兗州」之「兗」爲「光」之誤，見錢大昕《廿二史考異》卷三十九，中華標點本《北史》卷三十五《校勘記》又續有補證。西莊謂「遷光州刺史」句衍，非是。

奣

《裴延儁傳》：「曾祖奣，諮議參軍、并州别駕。」案「奣」音瞢，《海篇》注六合清明。南雍本分作「天明」二字。又考歸氏有光《三吴水利録》第三卷載元周文英《水利書》有云：「劉家港南有一大港名曰南石橋港，正係太倉、嘉定南北之間，西南通横塘、郭澤、張涇以至夏駕浦、奣子港，入吴松江。」奣子港，今尚有此水名，土人呼爲廣上聲，與瞢音全不同。

常景解州任

《常景傳》先云「除左將軍」，又云「以本將軍授徐州刺史。杜洛周反於燕州，以景兼尚書爲行臺，與幽州都督、平北將軍元譚禦之」，又云「進號平北將軍」，其下文叙至與洛周戰敗之下則云「降景爲後將軍，解州任」。「解州任」句必有誤，上文景爲徐州刺史及兼尚書爲行臺，則已解徐州矣，後此未曾授州任，此所解者爲何州乎？

邢劭傳文襄誤作宣武

邢劭當從力，而《北史》及《北齊書》皆作「卲」，誤也。其云「武帝在京輔政，徵之，在第爲賓客」云云，武帝當作神武，[一]其下文云「宣武富於春秋，初總朝政。崔暹每勸禮接名賢，詢訪得失，以邵宿有名望，故請徵焉。宣武甚親重之，多别引見。邵舊鄙崔暹無學術，言論之際，遂云暹無所知解，宣武還以邵言告暹」云云。考此所叙皆齊文襄時事，而作「宣武」，魏宣武帝相去已遠，何致如此差訛？疑傳寫之謬，李延壽不至此。[二]

校讀記

[一]《廿二史考異》卷三十九云：「『武帝』當作『文襄』。」中華本《北史》卷四十三《校勘記》是錢説。

[二]《考異》卷三十九謂史文中「宣武」皆「文襄」之訛。

爾朱榮傳魏書北史互有得失

《魏書·爾朱榮傳》於其上書答詔及死後褒贈之文皆詳載之，誠太繁猥，《北史》删削爲淨。又高歡本榮之黨，勸榮稱尊號者，見《周書·文帝紀》、《賀拔岳傳》，《魏書》反謂獻武王即高歡諫止之，此亦飾詞曲筆，《北史》削之極是。又《北史》叙榮譎朝士向河陰長隄，遣騎圍而殺之，又有百餘人後至，仍於堤東被圍，唱云：「能爲禪文者出，當原其命。」時御史趙元則遂出作禪文，而太原温子昇在圍中，恥從是命，俯伏不應。子昇文士，而此一事大節皎然，甚爲文人生色，後被高澄所惡，餓死晉陽獄，大可悲，乃《魏書》於《榮傳》及《文苑·子昇傳》皆不載此一事，賴《北史》表之。又榮之子文暢，《魏書》但言其於武定三年，與前東郡太守任曹等謀反，伏誅。《北史》則言文暢姊爲魏孝莊后，後爲高歡所納，文暢謀殺歡，事敗死，皆勝於《魏書》之諱惡且曲筆書反。又以東郡太守任曹爲丞相司馬任冑，皆似較《魏書》爲實。其餘榮歷官事蹟，《魏書》甚周備，《北史》嫌删削太多。文暢弟文略，《魏書》但附見數句，《北史》則詳述其凶悍之行，伏法於齊天保末，《魏書》成於天保五年，故不及耳。至謂文略大遺魏收金，請爲父作佳傳，收論榮比韋彭伊霍，蓋由是也。《收傳》亦載之，此則大不然，魏收因爲齊臣，但爲齊諱飾而已，於榮之惡逆未嘗不直書之，論云：「始則希覬非望，睥睨宸極，終乃靈后少帝沈流不反。河陰之下，衣冠塗地。此其所以得罪人神，而終於夷戮也。向使榮無姦忍之失，修德義之風，則彭韋伊霍夫何足數。」繹其詞，豈受金而爲作佳傳者，亦本不以伊霍比榮，此斷不可信。《北史》文暢、文略事皆取《北齊書·外戚傳》也。河陰殺千三百餘人，而《北史》改作二千餘人，恐亦欲甚榮罪增加之。總之，《魏書》、《北史》互有得失。

珍念賢

《賀拔允傳》：「父度拔，爲衛可瓌所虜，度拔率州里豪傑珍念賢等襲殺可瓌。」同卷有

《念賢傳》，亦載此事，明係一人。彼傳中屢稱爲賢，則念是其姓，此傳「珍」字衍。[一]《周書》念賢與賀拔勝同傳，「衛可瓌」，彼作「可孤」，無定字。

校讀記

[一]《北史》云：「率州里豪傑輿珍、念賢、乙弗庫根、尉遲檀等。」「輿」字原脱，中華本據《周書》卷十四《賀拔勝傳》補。則西莊謂「珍」衍，其説恐非。

對兄自稱兒

《齊安德王延宗傳》云：「文襄第五子也。後主聞周軍已入鼬谷，乃以延宗爲相國、并州刺史，總山西兵事，謂曰：『并州阿兄取，兒今去也。』」案後主是武成子，武成是文襄之弟，則後主應呼延宗爲兄，自稱兒者，齊有呼父爲兄兄者，見《南陽王綽傳》，呼母姊姊，見《文宣李后傳》，則對兄自稱兒亦當時語。

琅邪王儼見殺

《琅邪王儼傳》儼以專殺和士開，後主使劉桃枝以袖塞其口，反袍蒙頭負出，至大明宫，鼻血滿面，立殺之，顔之推《家訓·教子》篇乃云「幽薨」。之推與同時，目覩其事，形之紀載，而與史不同如此。又齊初賢輔首推楊愔遵彦，被李延壽提入《楊播傳》，據傳，愔爲常山王所殺，之推《家訓·慕賢》篇乃云遵彦爲李昭所戮者。常山王即孝昭帝，「李昭」乃「孝昭」之誤。程榮彙刻《漢魏叢書》本如此。

齊人避諱

北齊人稱周文帝，不稱其名爲宇文泰，而每稱其小字曰宇文黑獺者，以高歡之高祖名泰也。趙彦深名隱，乃不稱其名而稱字者，以高歡之六世祖名隱也。惟竇泰與歡皆以側陋起事，[一]親暱而有功，竟未追改其名。

校讀記

[一]李慈銘曰：「案『竇泰』，《北齊書》多作『竇太』。」

万俟普等

万俟普等傳大率多係爾朱榮或爾朱兆、爾朱世隆、爾朱仲遠輩之部將僚屬，後從神武者，官位事蹟删去太多。《破六韓常傳》云：「右谷蠡王潘六奚與魏戰，敗，没於魏，子孫遂以潘六奚爲氏，後誤爲破六韓。」考《魏書》又作「破洛汗」，「洛」又作「落」，《周書·于謹傳》

又作「破六汗」，無正字。《張保洛傳》末附見從神武出山東諸將賀拔仁、麴珍、段琛、尉標、子相貴、康德、韓建業、封輔相、范舍樂、牒舍樂凡十人，略本《北齊書》。「康德」，《齊》作「王康德」，此脱字。又《北史》所增者賀拔仁，當别有據，仁，無善人，此當乙。《漢・地理志》雁門郡有善無縣，酈道元《水經注》第三卷於河水南過定襄桐過縣西下屢言善無縣，《尉景庫狄干傳》亦云善無人。此與後《高那肱傳》皆云無善人，必是明季不讀書人妄改。又增范舍樂，則據《慕容儼傳》，而所删者則乞伏貴和及弟令和，但乞伏貴和兄弟與韓建業、封輔相同投周軍，此獨見遺，蓋因《北齊書》止有令和歷官而貴和則缺，《北史》遂削之，但貴和事傍見《綦連猛》《獨孤永業》《傅伏傳》，[一] 初從爾朱兆之敗爲神武所獲，[二] 後以爲親信，都督歷河陽行臺、洛州刺史，雖不詳所終，然大略尚可考。令和名慧，見《隋書》，在隋時曾以官爵讓兄，則是貴和自齊入周，至隋猶存也。牒舍樂，范舍樂，《齊書》附見《慕容儼傳》，甚詳，此《張保洛傳》末乃又複出牒舍樂事，彼此重疊，殊屬非體，此則《齊書》之失，不如《北史》將二人俱附《張保洛》後而於《儼傳》末删去爲妥。又彼書於《保洛傳》末言牒舍樂，武成初爲營州刺史，於《儼傳》末言其歸高祖，後爲營州刺史。高祖即神武，而《齊書》例稱高祖，不稱神武，「武成」二字大誤。彭樂於齊爲梟將，與高敖曹齊名，而《齊書》不著其傳，疑脱簡，《北史》有之，此其勝本書處。至其卷末論曰：「爾朱殘逆，遠效誠款，知神武陵逼，隨帝西遷，去就之途，未爲失節。

道元感母兄之戀，荷知遇之恩，思親懷舊，固其宜矣。生不屈西朝，歸誠河朔。保年之於開，義異策名，並乘機獨運，異夫盜寶竊邑者也。」此段殊多舛謬，大約是傳寫之訛，「爾朱」云云，突如其來，此上當有缺文，此謂万俟普父子也。生謂劉豐生也，或稱劉豐，或稱劉豐生，往往錯見，彼時俗如此。「保年之於開，義異策名」，此當謂破六韓常，而文意乖剌不可解，且不可句，姑闕之。[三]

校讀記

[一]按《北史》卷五十三《傳伏傳》無乞伏貴和事迹。

[二]初從爾朱兆之敗，「之」疑當作「〻」，重文號，整句讀作「初從爾朱兆，兆敗，爲神武所獲」。

[三]中華本《北史》卷五十三《校勘記》釋此句云：「按此論破六韓常。常字保年，本傳删去，遂使人莫解。『開』，錢氏《考異》作『關右』，未知所據何本。常曾仕西魏，作『關右』疑是。」

慕容紹宗傳删非

慕容紹宗之從爾朱榮及爾朱兆，屢言高歡不可信，力勸殺之，歡幸獲免，後歸歡，待之仍厚，終得其力。此事雖見他傳，本傳亦不可略，《北史》竟全删之。論云：「紹宗昔事爾朱，固執忠義，不用范增之言，終見烏江之禍。」如此則傳與論不相應矣，非也。

金造遠

婁昭之子定遠傳「穆提婆求其伎妾，定遠不許，因高思好作亂，提婆令臨淮國郎中金造遠陰與思好通」云云，案《北齊書》作「郎中令告定遠」云云，《北史》誤以「令」爲「金」，「告」爲「造」，而又脱「定」字，遂似有一郎中姓金名造遠者，閲之令人捧腹絶倒。

房謨

《房謨傳》長約一千五百字，《北齊書》無。

叱羅協等不宜附宇文護

各書皆以事類爲叙，不依族屬，故《周書》邵惠公顥三子什肥、導、護，而護則自爲傳，不附顥下，其叱羅協、馮遷二人因護而進，故附《護傳》。齊煬王憲，文帝第五子而別爲傳，不與他子同傳。類聚之道如此。李延壽專以族屬爲類，不論其人之事蹟多少、關係輕重及其爲人之賢否，凡臣皆然，何況帝室，故遂以護、憲併入諸兄弟共卷，既如此，則協、遷二人自宜別傳，乃仍附《護傳》，得無自亂其例乎？

萊王衍

《周室諸王傳》「宣帝三子，朱皇后生静皇帝，王姬生萊王衍」云云，「萊王」，《周書》作「鄴王」，未知孰是。「衍」，彼同，但《静帝紀》「本諱衍，後改闡」，然則「衍」當作「衎」。[一]

校讀記

[一]《周書》卷八《静帝紀》之《四庫全書考證》已謂《諸王傳》訛「衎」作「衍」。

周宗室諸王名

周宗室諸王爲隋文帝所殺，見於《周書》者曰胄、曰洽、曰椿，并椿之子道宗等五人，曰衆，并衆之子仲和等二人，以上皆宗室。曰寔、曰招并招之子員等五人，曰乾惲、曰純并純之子謙等三人，曰盛并盛之子忱等五人，曰達并達之子執等二人，曰絢、曰逌并逌之子祐等四人，以上皆文帝子孫。曰淣，孝閔帝之孫，曰賢并賢之子弘義等三人，曰貞并貞之子德文，以上皆明帝子孫。曰贊并贊之子道德等三人，曰贄并贄之子忠等四人曰允、曰充、曰兊、曰元，以上皆武帝子孫。曰静皇帝、曰衎，曰衍，[二]以上皆宣帝子。共計殺五十九人，《北史》於某王之子某等名往往删去不載，謬甚。《周書·元偉傳》末云「太祖天縱寬仁，性罕猜忌，元氏戚屬並保全之」云云，愚謂以宇文泰之寬仁，當食美報，然其子孫爲高歡所殺者有之，爲宇文護所殺者有之，自相翦屠者有之，而尤莫甚於隋文帝之多殺，此天道之不可問者。若《周書》不傳，徒倚李延壽，使枉死者名不得具於史，隋惡不甚彰，宇文氏之冤不甚白矣。虞慶則勸隋文盡滅宇文氏，李德林固争以爲不可，然慶則終見殺，德林屢被銜而善終，則善惡之報究不爽云。

校讀記

［一］按宣帝三子，静皇帝、鄴王衎、《周書》卷十三作「衍」，西莊謂當作「衎」，見本卷《萊王衎》條。郢王術。《周書》卷十三《宣帝諸子傳》云：「郢王術，大象二年封王，與衎並爲隋文帝所害。」則此處「衎」當作「術」。

達奚武等傳

達奚武等十四人共爲傳一卷，諸人皆賀拔岳之部曲，後從宇文泰即周太祖文皇帝者，内惟蔡祐、常善、田弘三人非從岳起家者，其餘十一人進身多同，而其戰功亦約略相似，恰好與前齊臣万俟普等皆爾朱氏部曲後歸高歡齊高祖神武皇帝者同爲一卷，遥遥相對，位置頗佳，但如常善、辛威、庫狄昌、田弘，其戰功大率皆以擒竇泰復弘農戰沙苑河橋等處，與他將無甚優劣，《北史》乃獨於此四人盡削去，徒叙其歷官，寥落數語，其傳幾若可以不作者，或詳或簡，率意爲之，殊無義例。

王傑等傳

王傑等十餘人大率從魏孝武帝西遷者，故亦同爲一卷，内王勇亦由賀拔岳部將起，因與王傑以賜名牽連差有説，李和亦由賀拔岳僚屬起，或因係文官不入彼卷，然各卷文臣與武將本自參雜，此已覺無義，至於耿豪的係賀拔岳部將，後歸周，而戰功正與達奚武輩同，宜在彼卷而反入此卷，又如泉仚、李遷哲、楊乾運、扶猛、席固、任果皆係南朝臣後入周者，正係别自爲類，故《周書》合爲一卷，李延壽乃攙雜入王傑等卷中，尤非其類，但圖并省卷數而已。「泉仚」，《周書》作「泉企」，企字思道，作「企」爲合。[一]

校讀記

[一]中華本《北史》卷六十六《校勘記》云：「《周書》卷四四『仚』作『企』，未知孰是。」西莊以名字相應説之，其説是。

隋宗室諸王

宗室諸王傳應居羣臣之前，《隋書》乃間厠於《李德林傳》後，《北史》提前，又《隋書》以疏屬河間王弘等爲一卷居前，以滕穆王瓚等爲一卷，皆隋文帝嫡弟，姪反居後，《北史》則并爲一卷，篇首云：「蔡景王整，隋文帝之次弟也。文帝四弟，整及滕穆王瓚與帝[一]同生，次道宣王嵩，次衛昭王爽，並異母。」此其長幼之次。《隋書》不言，《北史》當别有據，而卷中先後即依此次叙完四王，方及弘等，於親疏長幼爲順。《隋書》則首瓚，次嵩之子，次爽，次方及整之子，似欠順，其實李延壽意不過欲以遷移見長耳。嵩與整皆死於周世，在隋文帝未受禪時，故標題以其子爲主，於子傳中追叙其父，不依整等長幼爲次，於理亦通。其弘等卷中觀德王雄則《北史》已先提入，其父紹傳在周臣之列，故於隋宗室中削去不載，此亦不過專叙譜牒門族之故智而已，惟《整傳》詳載隋文帝憎嫉同生二弟語一段，反覆二百餘字，《周書》所無，此則《北史》之能補益者。

校讀記

[一]「帝」原作「弟」，據《北史》改。

高熲等傳

《隋書》以高熲與蘇威同傳，韓擒虎與賀若弼同傳，以熲、威皆隋宰輔，威又熲所薦，雖行迹不同，理宜合叙一篇。韓、賀，隋之大將，武功最顯，合叙更宜，《北史》則威已提入其父《綽傳》，在周臣中，擒虎提入其父《雄傳》，弼提入其父《敦傳》，亦皆在周臣中，强以牛弘、李德林配熲，殊覺不倫。不見韓、賀，隋武臣寥落甚矣，如此作史，甚不便於觀覽。

梁士彦子五人

《梁士彦傳》末既云有子五人，而其下只出三人名蹟，餘二人并名不見，則上文「五人」二字無謂，當从《隋書》補。

子都督烏丸軌

《達奚長儒傳》：「周文帝引爲親信，以質直恭樸，授子都督，數有戰功。天和中，除渭南郡守，位驃騎大將軍、開府儀同三司。從武帝平齊，遷上開府，進爵成安郡公，别封一子縣公。宣政元年，除左將軍勇猛中大夫。後與烏丸軌圍陳將吴明徹於吕梁」云云。案子都督乃帥都督所統也，一作「大都督」，非。烏丸軌即王軌，[一]《梁士彦傳》與此傳作烏丸軌，本姓烏丸氏。

校讀記

[一]李慈銘曰：「慈銘案：軌乃漢司徒王允之後，宇文時賜姓烏丸氏，見軌本傳甚明，非本姓烏丸也。但《後漢書·王允傳》言：『允遭李傕之難，諸子盡死，惟兄子晨、凌得脱』，而《魏志·王凌傳》又言：『凌自殺後，諸子亦皆爲司馬懿所害。』是凌當已無後，而《允傳》又言獻帝後封允孫黑爲安樂亭侯，蓋允諸子雖死而孫猶有存者，故軌爲其苗裔耳。」

二王同謚

代王侑、越王侗皆隋煬帝元德太子之子，侑爲唐高祖所立，侗爲王世充所立，皆被弑耳。《隋書·侑紀》侑以武德二年五月崩，其下不言「唐志也」，《北史》亦然，此不足怪，惟是《隋書·王充傳》避諱去「世」字。有侗死之年，無月，《侗傳》則侗約以世充僭號之後月餘被弑，僞謚爲恭皇帝，《北史·世充傳》先言廢侗，陰殺之，下言僭即皇帝位，微誤。計二王被弑幾幾同時，侗稍在前，亦不過旬月事，世充僞謚，唐殆未之聞，是以同謚爲恭，不謀而合。

孫靈暉附石曜

《儒林·孫靈暉傳》附馬子結，因同爲南陽王所薦及之耳。至石曜當另傳，不當附入，且論其行事，宜入《循吏》，不應入《儒林》也。

十三家

「劉炫自陳于吏部，爲狀曰：『《周禮》、《禮記》、《毛詩》、《尚書》、《公羊》、《左傳》、《孝經》、《論語》，孔、鄭、王、何、服、杜等注，凡十三家，雖義有精粗，並堪講授。』」所舉凡六家，而云十三家者，僞孔安國《尚書傳》、鄭康成《周禮》、《禮記》注、《毛詩箋》、《尚書》、《論語》注，王肅《周禮》、《禮記》、《毛詩》、《尚書》注，何休《公羊學》、服虔《左傳解詁》、杜預《左傳集解》也。

晉陵王孝式

《文苑傳》序：「齊後主因畫屏風，敕通直郎蕭放及晉陵王孝式録古賢烈士及近代輕艷諸詩以充圖畫。」「晉陵」二字衍，《齊》「蕭放」上亦有「蘭陵」二字，《北史》删之，此誤留也。

逋峭

「齊文襄引温子昇爲大將軍諮議，子昇前爲中書郎，嘗詣梁客館受國書，自以不修容止，謂人曰：『詩章易作，逋峭難爲。』」案宋人小説，魏收有庸峭難爲之説，人不解其義，文潞公以問蘇子容，子容曰：「向問之宋元憲，云事具《木經》，蓋梁上小柱，取其有曲折峻峭之勢耳。」言人之儀矩可喜者曰庸峭。[一]就其説，庸似與逋同，而誤爲魏收語也。[二]

校讀記

[一]引宋人小説止此。

[二]李慈銘曰：「慈銘案：此出周密《齊東野語》。《温傳》語即魏收所作，『庸峭』二字殆由收所潤色，故密引之，直以爲收語，非誤也。」輝按：見卷八《庸峭》條。

温子昇等不當入文苑

李延壽諸論皆勦襲，而《北史·文苑傳》序忽滔滔自運，縱筆千言，取舊者甚寡，然按其實，皆浮詞耳。[一]《温子昇傳》皆與《魏書》同，而篇末「弟子盛」以下數句，彼無增補有小益，但如子昇及許善心，《魏書》、《隋書》因係大人物，皆爲列傳。[二]即欲改，亦宜改入《節

義》，蓋子昇之不死於爾朱榮，特其幸耳。二人皆志在成仁者，李延壽妄以己意改入《文苑》，此何爲者？[三]

校讀記

[一]李慈銘曰：「西莊于文甚拙，恐不中爲符璽作輿臺，何苦輕薄詈人。」

[二]李慈銘曰：「案《魏書》温子昇在《文苑傳》末，不知西莊何以言之。」

[三]李慈銘曰：「子昇河陰之事固可取，然亦輝按：『亦』疑當作『何』。得便入之《節義》，其死也，與元僅、荀濟等連謀，欲誅高澄，則不失爲忠耳。」

茹瞻

《樊遜傳》末忽附茹瞻，無所係屬，與史例不合，《齊書》無。

朱長生等傳與魏書異

「朱長生、于提使高車，不拜其王阿伏至羅，阿伏至羅大怒，絶其飲食，從者三十人皆求阿伏至羅，乃給以肉酪，長生與提又不從，乃各分徙之」，「求」，《魏》作「降」，「長生」上，《魏》有「惟」字，無下「又」字，與《北史》不同，似以《北史》爲正。

沙門靈遠

《藝術·劉雲助傳》："沙門靈遠者，有道術。嘗言爾朱榮成敗，預知其時。又言代魏者齊，葛榮聞之，故自號齊。及齊神武至信都，靈遠與勃海李嵩來謁，神武待靈遠以殊禮，問其天文人事，對曰：『齊當興，東海出天子，今正據勃海，是齊地。又太白與月並，宜速用兵，遲則不吉。』"案沙門靈遠語，《齊書》以爲爲葛榮言，《北史》當別有所據。

信都芳

信都芳，《魏書》附傳，《齊書》亦有傳，《北史》所載《周髀宗》序則兩書所無有，然甚多缺誤。

何稠傳錯誤

《何稠傳》："象州逆州開府梁昵討叛夷羅壽，羅州刺史馮暄討賊帥杜條遼羅州逆帥龐靖等相繼降款。分遣建帥李大檀。""象州逆"下刻本訛舛，當移"帥杜條遼"至"分遣建"十八字屬于下，而接以"州開府"云云。〔一〕

校讀記

［一］中華本已改正，惟未知西莊已有此説耳。

封譙國夫人

《列女·譙國夫人洗氏傳》：「羅州刺史馮融爲其子高涼太守寶聘以爲妻。寶卒，追贈寶爲廣州總管，封譙國夫人幕府。」「總管」下，《隋》有「譙國公册夫人爲譙國夫人仍開譙國夫人幕府」十九字，應補，去「封譙國夫人」五字。［一］

校讀記

［一］中華本讀作「封譙國，夫人幕府」云云，《校勘記》云：「《隋書》『譙國』下有『公，册夫人爲譙國夫人，以宋康邑迴授僕妾沈氏，仍開譙國』二十三字。按此乃因上下兩『譙國』而誤脱。但從『譙國』下斷句也勉强可通，今補。」輝又按：「《列女譙國夫人洗氏傳》」，「列」原作「烈」，據《北史》改。

鎮鄴大丞相

《僭僞傳》：「慕容寶即位，以德鎮鄴，大丞相。」案《魏書》云：「以德鎮鄴，後拜丞相」，

此云「鎮鄴，大丞相」，文義欠通。[一]

校讀記

[一]李慈銘曰：「案此當是傳刻脱一『加』字或『拜』字耳，不得便云文義不通。」

後梁最難位置

史家最難位置，莫如後梁蕭詧三世矣。詧初附於西魏，似應入《魏書》，然其時名雖魏，實宇文泰秉權，不入魏而入之周可也。詧死於周代，謂之純周可也。其子巋、其孫琮皆隋人，又當入《隋書》，但巋、琮方爲隋臣，豈得因子孫歸隋，追命祖父爲隋乎？似應仍歸梁，但梁元帝雖無人道，畢竟侯景係其所討誅，不得不以正統歸之，舍此梁統幾無所系，然則詧是元帝之逆臣，若入《梁書》，將舍敬帝而以詧嗣元帝，列於本紀，有此理乎？若與正德輩合傳，列於侯景之前，又覺太過。梁元帝無故聽讒，殺桂陽王慥，滅河東王譽，詧救譽結怨，逃死附魏，豈與正德等比？且正德等轉眼即亡，詧稱帝三世，存梁祀三十三年，亦未可爲列傳。輾轉思之，無可安頓，故令狐德棻不得已而附《周書》末，然多所牴牾，名實不副，究屬欠妥。李延壽於《北史》末別立《僭僞附庸》一目而入之，但赫連勃勃等於魏爲敵國，後梁於周、隋爲臣屬，二者何可强合？愚謂此特礙難作傳耳，若竟作傳，以詧入《周書》，以巋、琮入《隋書》，似可。[二]總之，史家最難位置莫如後梁。

校讀記

[二]李慈銘曰：「此更不妥，詧之立國，由于宇文巋，尤疊被周武恩遇，隋不過仍之耳，令狐氏以坿《周書》，未爲不可。至詧以江陵爲周附庸，史有明文，李氏入之《附庸》，尤爲愜當。」

田杜青和

《蠻獠傳》「蠻帥田杜青和及江漢諸蠻擾動，大將軍楊忠擊破之，其後蠻帥杜青和自稱巴州刺史」云云，杜青和與上田杜青和自是一人，二者必有一誤。

無車有輿

《西域傳》：「嚈噠國，其國無車有輿。」車輿不知何別，疑「有」字衍。

高車脱文

「高車，蓋古赤狄之餘種也。初號爲狄歷，北方以爲高車、丁零」，「以爲」下《魏書》有「敕勒，諸夏以爲」六字，《北史》無，《魏書》缺，本以《北史》補之，是今刻本脱，非《北史》

本然。

北史例異於南史不可解

《南》、《北史》雖裁成一手，儻《南史》所有，《北史》不當有者，原不必一律，若《南史》以侯景等別標一目，曰《賊臣傳》，甚確，乃宇文化及親弑其君而《北史》入之其父《述傳》，并同黨司馬德戡、裴虔通亦附入，縱隋煬罪浮桀紂，化及非奉天討之人，至王世充僭即僞位，弑皇泰主，亦爲列傳，則何以服侯景等乎？《隋書》以化及、世充列末卷，在《異域》之後，極是。中常侍宗愛弑世祖太武帝燾，立吴王余，又弑之，連害二主，惡逆重大，乃不目曰賊臣，而但入之《恩幸》，此其體例之不一，而甚不可解者也。《北魏書》以宗愛入《閹宦傳》，尚差可，而《北史》改入《恩幸》則大非。《南史》於諸列傳之下首次之以《循吏》，次《文學》，次《孝義》，《北史》則以《循吏》居各傳後，此又何義乎？

都督總管書法

魏收《官氏志》於魏官制皆據高祖太和中所議定著於令者，而分作兩番叙次，前番所列第一品下有都督中外諸軍事，此因漢大將軍而變稱之，尊比三公，權任尤重，與在外府州之都督無涉，此下從第一品上内有都督府州諸軍事，第二品上内有都督三州諸軍事，第三品下内有都督一州諸軍事，若刺史則但有司州，餘不見，此不可解，俟考。其後番所列乃太和二十三年高祖復次職令、帝崩、世宗班行以爲永制者，此内不見都督府州及三州、一州等，亦不知何故，而司州改名牧，第三品有上州刺史，從第三品有中州刺史，第四品有下州刺史，《隋書·百官志》下隋州置總管者，列爲上、中、下三等，總管刺史加使持節。前論《南史》書都督刺史之非，已見六十四卷，魏制與南略同，周改都督爲總管，義則一也。今觀《北史·長孫儉傳》書「都督三荆等十二州諸軍事、荆州刺史」，「總管荆襄等五十二州諸軍事、行荆州刺史」，是爲得之。其他傳每改云都督某州刺史，又云某州總管，皆非也。一書之中而有得有失，參錯不齊，義例無定故也。《周書》於《儉傳》所載官銜不詳，當以《北史》爲正，至其云「大都督十五州諸軍事、荆州刺史」，「十五州」上當有「荆襄等」三字，其云「轉陜州，總管七州諸軍事、陜州刺史」，「七州」上當有「陜熊等」三字，大約《北史》各傳所書官銜惟《儉傳》爲最得，而尚有此二失，史家叙事貴簡潔，獨官銜之必不可削者，任意削之則失實，欲删支詞，何處不可删，豈須在此等處省幾字乎？若《陸俟傳》末附《陸叡傳》云「除使持節、都督恒州刺史」，《魏書》則云「都督恒朔肆三州諸軍事」，《北史》例作都督某州刺史，與《南史》同，如此類者甚多，此書都督而謬者。又若《于翼傳》云「建德二年，出爲安州總管，四年，轉宜陽總管，又除河陽總管」，《周書》則云「安隨等六州五防諸軍事、安州總管，陝熊等七州十六防諸軍事、宜陽總管，洛懷等九州諸軍事、河陽總管」，《北史》所書去其總統之州，此又書總管而謬者，其《周書》以安州刺史爲安州總管，此《周書》失之，「總管」當在「安隨等」之上，《北史》不能改正而反甚之，則不足責矣。未暇條悉，略舉一隅以見之。[一]

《高琳傳》「天和三年，爲江陵副總管」，《周》無「副」字，考下有總管田宏，則當有「副」字，此《北史》之補之而得者，副總管他無所見，惟見於此，《隋·地志》亦不載。

校讀記

[一]王懋竑《讀書記疑》卷九《北史》於《北史》都督法已有詳釋，錢大昕《考異》卷三十八引其説，續有補證，均可參看。

字體不正

顧氏《金石文字記》第二卷於後魏孝文帝《弔比干碑》摘其別字數十，并引顔之推《家訓》、江式上表、見《北史》本傳。《後周書·趙文深傳》、《魏書·太武帝》始光二年本紀，因論文字之不同，人心之好異，莫甚於魏、齊、周、隋之世。凡《説文》所無，後人續添之字，大都出此時，後之君子旋覺其謬，自唐國子監置書學博士，立《説文》、石經、《字林》之學而顔元孫作《干禄字書》，張參作《五經文字》，唐元度作《九經字樣》，天下之文始歸於一。顧氏此論最爲精確。愚謂史以紀事傳信，較碑版尤要，南北各書既多别體，李延壽全不知小學，仍訛踵謬，觸目皆是，前於《南史》已論之矣。今觀《北史》，如以「愆」爲「僁」，見《齊神武帝紀》興和四年。以「驗」爲「騐」，見《長孫晟傳》。以「鐀」爲「櫃」，《魏宗室常山王遵附其曾孫暉傳》：「禁中要密事，暉奉旨，藏之於櫃。」《説文》有鐀、匱，無櫃。以「几」爲「机」，《景穆十二王傳》下：「刀筆小人，正堪爲机案之吏。」以「算」爲「筭」，《魏・孝文帝》太和七年紀：「復租筭。」《魏書》本作「算」。以「殺」爲「煞」，見《敬宗孝莊帝紀》末，篆殺，其左屈曲，右殳爲文，下分腳爲四點。以「投」爲「透」，《齊神武紀》：「孝昌元年，率文襄等逃，文襄落牛，段榮透下取之。」「透下」，《北齊》作「遽下」，《説文》卷二下《辵部》「透」在《新附》。字體不正如此，未能饒舌，隨舉若干條以明之。

亦有俗書已誤，而此尚存古者，如以「廂」爲「箱」，《神武紀》「左箱大都督莫多婁貸文」，《説文》無「廂」字。以「擒」爲「禽」，《于栗磾傳》：「見熊，驅致御前，尋禽獲。」韓雄之子名擒虎，《北史》既避諱去「虎」字，而「擒」仍作「禽」，不加手。以「賑」爲「振」，《魏書》「賑」字，《北》皆作「振」，又《隋李士謙傳》：「家富，以振施爲務。」《説文》卷六下《貝部》無「賑」。以「餒」爲「餧」，《崔逞傳》附《崔子約傳》：「病卒，謂兄子瞻曰：『汝能勉之，吾不餧矣。』」但《倭國傳》當從委，反從妥，則二文相亂。此皆偶合，未必因識字能如此。[二]

校讀記

[一]參見張元濟《校史隨筆·北史多存古字》條。

避諱之例

避諱之例，《南史》已極糾紛，《北史》尤甚，如以「虎」爲「武」，見《魏高宗文成帝》興光元年紀武頭、龍頭，本虎頭。又以爲「豹」，見《魏高祖孝文帝》太和三年紀薛豹子，本虎子。「淵」爲「泉」，見《高宗文成帝》興安二年紀天泉池，本天淵池。又以爲「深」，見《崔浩傳》字伯深，本伯淵。「世」爲「代」，蘇綽之子威傳「代族貴賤」，本「世族」。「民」爲「人」。見《高宗文成帝》太安四年紀「宰人」，本「宰民」。又有因人名犯諱，改稱其字者，如劉延明本劉昞而稱延明，見本傳。李晩弟仁曜，據《魏書》亦本名昞而稱仁曜，見《序傳》。鄧彦海本鄧淵而稱彦海見天興元年本紀，長孫承業本長孫稚，因高宗治之嫌名稱承業。見《魏肅宗孝明帝》正光元年紀。又有二名犯諱，去一字者，如韓擒虎爲韓擒，見《隋高祖》開皇八年九年紀。蕭淵明爲蕭明，見《齊文宣帝》天保六年紀，《北齊書》同。王世積隋煬帝時人，《隋書》有傳而《北史》爲王積。見《高熲傳》。又有不改其字而直稱爲諱者，如李虎直稱爲李諱。見《周文帝紀》，《周書》則作「虎」，令狐德棻同是唐人，彼乃校者改。又有以一字而改爲二字者，如趙剛之子仲卿傳「仲卿爲政猛，時人謂之猛獸」，此《隋書》諱改也，而《北史》又改云「時人謂之於菟」。又有改之而即自明言之者，如《李焕傳》始平太守景下云：「名犯太祖元皇帝諱。」是景本名昞，《張奫傳》「本名犯廟諱」，是奫本名淵。例之不一如此，校者每改從本字，或添一字，如《王雅傳》仍云「子世積」，而改之未盡者亦多。至前代之君，史家例無諱，隋煬帝名廣，《北史》不諱，而《李德林傳》獨以廣爲諱，尤謬。

李延壽《進南史北史表》自稱「鳩集遺逸，以廣異聞；去其冗長，揚其菁華」云云，見錢希白《南部新書》庚卷。愚謂延壽所鳩集者豈無小益，若云去冗長則所去往往不當，揚菁華則菁華被割棄頗多，延壽自稱太夸矣。予循文指摘，記于上下，隙處殆徧，欲悉著于篇，恐嫌纍墜，今於《南史》存其十之七八，於《北史》存其十之二三云。

十七史商榷卷六十九

新舊唐書一

趙瑩修舊唐書

吴縝《進新唐書糾謬表》云：「唐室三百年，傳世二十帝，興衰之迹，未有完史。暨五季天福之際，有大臣趙瑩之徒，綴緝舊聞，次序實録，草創卷帙，粗興規摹，僅能終篇，聊可備數。我仁宗皇帝臨文咨嗟，申命名儒討論潤色，積十有七年，成二百餘卷。」案《舊唐書》向來皆云出劉昫，宋刻每卷首列昫名，此乃以爲趙瑩。《新五代史·襍傳·劉昫傳》當後唐有「監修國史」之言，「國史」即《唐書》，至《趙瑩傳》則無此語，薛居正《舊五代史·瑩傳》瑩於後唐位尚卑，晉高祖時方爲門下侍郎、同平章事、監修國史。後唐以唐爲本朝，故稱「國史」。至石晉革命，似不得復名國史，但此書始自唐明宗之長興，成於晉出帝之開運，歷年宰輔皆領其事，俱以監修列銜，晉人遂仍其故稱，而吴縝因有趙瑩修《舊唐書》之語。〔一〕

校讀記

［一］按《舊五代史》卷八十九《趙瑩傳》明謂：「監修國史日，以唐代故事殘缺，署能者居職，纂補實録及修正史二百卷行於時，瑩首有力焉。」西莊不之引，所考殊迂曲。又別參余嘉錫《四庫提要辨證》卷四《舊唐書》條。

舊唐書各種本不同宜擇善而從

劉昫等既修《唐書》，後宋命宋祁等改修爲《新唐書》，而昫書稱《舊唐書》，久之遂廢。明嘉靖十七年，聞人詮等重刻成，序稱「弭節姑蘇，窮搜力索，吴令朱子得列傳於光禄張氏，長洲賀子得紀、志於守溪公，遺籍俱出宋時模板」云云，觀此則聞人氏據宋板。文氏徵明序云「是書嘗刻於越州，卷後有教授朱倬名，倬忤秦檜，出爲越州教授，當是紹興初年」云云，而其下又有「聞人公得舊刻數册，徧訪斷簡，校閲就緒」云云，繹其文，則聞人所據乃別一宋板，非朱倬本也。錢敏求名逸，常熟人。藏有至樂樓抄本，不言出於何人，葉石君名萬，一名樹蓮，吴縣洞庭山人，徙居常熟。諸生，本朝康熙初卒，年八十。借得，以校聞人本，多有不同。張石民名源又借得石君校本，以校近沈詹事等考定槑本，石民跋稱葉氏所據抄本係影宋抄，每卷末有校勘人名，有右文林郎、充兩浙東路提舉鹽茶司幹辦公事霍文昭、蘇之勤等名。末卷有朱倬名，然則至樂樓抄本即是紹興本，此本既與聞人本不同，則知聞人本乃別據一宋刻，而非朱倬本益明。但抄本亦不全，僅得其半，抄本闕者，葉校亦闕，石民既用硃筆臨寫葉校，又於聞人本與近本不同者，用黄筆注逐條之旁。竊謂校書之道，貴擇善而從，狥今而媕陋，泥古而迂癖，皆病也。聞人本與抄本各據宋板，未見抄本必是，聞人必非，近本改易聞人本處亦有可從，觀葉、張兩家，大都榮古虐今，意見稍偏，予從阮藎邨名學濬，山陽人。雍正癸丑進士，官編修。借石民本，從李禹定名大夏，吴縣人。借聞人本，讐勘近本，以己意裁取，不盡從葉、張，彼校善者從之，但稱校本，不標孰爲葉、孰爲張，聞人本則稱原本。

通鑑取舊書

文序云：「司馬氏修《通鑑》，悉據《舊史》，於《新書》無取焉。」愚謂《通鑑》於五代亦多從薛《史》，且其文反緐於歐《史》，可見司馬公不甚取歐、宋。

宋歐修書不同時

吴縝《新唐書糾謬》自序云：「《唐書》紀、志、表則歐陽公主之，傳則宋公主之。所主既異，而不務通知其事，故紀有失而傳不知，傳有誤而紀不見。」又云：「其始也，修紀、志者則專以褒貶筆削自任，修傳者則獨以文辭華采爲先，不相通知，各從所好。其終也，遂合爲一書而上之。」又胡宗愈《奏請進糾謬》云「《新唐書》乃歐陽修、宋祁所撰，修撰帝紀、表、志而祁爲列傳，各據所聞，商略不同，故其所書事迹不免或有差誤」云云。愚考二公修書不相通知，其實乃本不同時也。考《宋史》第二百八十四卷《宋祁傳》言其修《唐書》在仁宗天聖之晚年，歷明道、景祐、寶元、康定，至慶曆中告成，以書成進左丞云云。凡閱十餘年，自守亳州，出入内外，常以稾自隨。此言十餘年，而吴縝則云十七年，又言二十年。又第三百十九卷《歐陽修傳》於「遷翰林學士，俾修《唐書》」一段之下，即繼之以「知嘉祐二年貢舉」云云，則修之修《唐書》乃在嘉祐之前至和年間事，距祁稿成時相去已十餘年，其下又繼以「加龍圖閣學士、知開封府。旬月，改羣牧使。《唐書》成，拜禮部侍郎兼翰林侍讀學士」，而此下又接云「修在翰林八年」云云，則修書凡歷六七年之功書成，上距祁稿成約又二十餘年矣。更證之以《歐陽公年譜》，《文集》分爲十編者附有此譜，雖不見撰人姓名，要爲可信。逐年鑿鑿指出至和元年甲午八月戊申，詔公修《唐書》。嘉祐五年庚子七月戊戌，上新修《唐書》二百五十卷。庚子推賞，轉禮部侍郎。然則二公修書不同時明矣。吴言十七年者，專指初次宋所修而言；云二十年者，合前後兩次所修而言。祁與其兄庠同登第授官，史言天聖初，而歐公之登第授官則天聖八年，年輩名位稍在其後，祁不爲紀、志、表，非以讓歐，蓋用其所長，先撰各傳，餘姑闕如。歐學問文章與祁異趣，成名之後，天下重之甚於祁，未必肯壹遵祁軌躅，上二百五十卷時恐或有改竄祁稿者。

吴縝自序哲宗元祐四年作，中有云：「書自頒行迨今，幾三十載。」又云：「方《新書》來上，朝廷付裴煜、陳薦、文同、吴申、錢藻校勘。若校勘止於執卷唱讀，案文讎對，則二三胥吏足辦，何假文館之士？必討論擊難，刊削繕完，乃稱其職，而五人者曾無建明，但襲故常，惟務喑默，自後遂頒之天下。」按自元祐四年逆溯至嘉祐五年恰三十年，蓋上進未幾即頒行，然則宋雖撰傳，而總匯裁定實出歐公一手。

修書之年以宋、歐兩傳爲據，可無復疑，而曾公亮《進表》列刊修官歐陽修、宋祁、范鎮、王疇、宋敏求、吕夏卿、劉羲叟，歐在宋前者，以書成於歐手，其實則宋先歐後，又言「凡十有七年，成二百五十卷」，此皆不足泥。《進表》又云「《唐書》紀次無法，蓋百有五十年，然後得以發揮補緝，克備一家」云云，《舊唐書》成於晉開運之末，順數至嘉祐五年凡一百十五年，此「五十」二字當乙。

歐宋不采唐史料諸書辨

邵錫蔭曰：「唐之史料非不備也。義寧武德中有温大雅之《起居注》，房玄齡、許敬宗、敬播之《三帝實録》，若姚思廉之《貞觀紀傳》，顯慶中長孫無忌、于志寧、令狐德棻、劉胤之、楊仁卿、崔胤又續之，龍朔中許敬宗又補之，此則唐開創及盛時所紀載也。長安中，劉子玄、朱敬則、徐堅、吴兢奉詔更撰《唐書》，自創業至開元備是矣。而則天、高、睿、中宗諸實録又出於子玄、兢所修，蕭嵩、韋述、賈登、李鋭相繼纘録，此唐中葉所紀載也。安史之亂，史書散失，而柳芳有《唐曆》，若韓愈之於順宗，蔣乂、韋處厚、獨孤郁之於德宗，韋處厚、路隨、沈傳師之於憲宗，路隨之於穆宗，李讓夷之於敬宗，魏謩之於文宗，韋保衡之於武宗，皆有成書。宣宗時，又詔蔣乂、崔龜從、韋渙、李荀、張彦遠續成柳芳《唐曆》，此則唐末世之書可覆視也。歐、宋諸君一切屏置，何怪用意者入奇澀，鋪陳者入迂疎哉。」[一]愚謂温大雅以下衆家亡者多存者少，不知邵氏何由而知歐、宋一切屏置不用，此説存疑。

校讀記

[一]見《重刻弘簡録後序》，見清康熙二十七年刻本《弘簡録》卷首。

二書不分優劣

曾公亮《進新書表》云：「唐三百年治亂興衰，宜其粲然著在簡册，而紀次無法，詳略失中，文采不明，事實零落。惟唐不幸，接乎五代，衰世之士，氣力卑弱，言淺意陋，不足以起其文，使明君賢臣、儁功偉烈，與夫昏虐賊亂、禍根罪首，皆不得暴其善惡，動人耳目，誠不可以垂勸戒、示久遠。」宋人之詆《舊書》如此，欲事改修，自不能不痛加指斥。今平心觀之，二書不分優劣，瑕瑜不掩，互有短長。[一] 至其所云「其事則增於前，其文則省於舊」，辨説詳後各條中。

楊氏循吉曰：「劉昫等撰述詳贍，妙極模寫，足以上追《史》、《漢》，下包《魏》、《陳》，信乎史之良者，無以加矣。奈何宋之慶曆又出《新編》，大有增損，《舊書》湮蔑，君子不能無病諸。雲翳白日，日行空自如也。史可以新掩舊哉？吴兢、韋述、令狐峘皆金閨上彦，操筆石渠，劉昫等因三人舊文，爲書郎舍，相踵既出，螭坳親見，又遇劉司徒之博洽，乃克成書，忽有改圖，殆不其然。」楊氏此論矯枉過正，不得其平。

《新書》最佳者志、表，列傳次之，本紀最下，《舊書》則紀、志、傳美惡適相等。

校讀記

[一] 岑仲勉《唐史餘瀋》卷四《總論新唐書》條謂西莊此語「確是平情之論」。按周中孚《鄭堂讀書記》卷十五論定《新》、《舊唐書》，全鈔此數語。

竇苹董衝新唐書注

胡三省《通鑑注》自序云：「《唐書》之竇苹、董衝注，吾無取焉。」考董衝《新唐書釋音》二十五卷，汲古閣無，明南監板有。此出宋人手，便覺空疎，誠如胡説，不及何超《晉書注》。其竇苹注則亡矣，羅泌《路史·國名紀》第四卷辨萊蕪縣地名，《餘論》第十卷論濟水，各引竇苹説一條，殆即《唐書注》文。又《戰國策》高誘本宋刻第二十一卷《趙策》「盡歸中山之新埊」，無名氏校注云：「《新唐史》、《集韻》皆云武后所製字，竇苹作《唐史釋音》，乃云古『地』字，見《戰國策》，抑別有所據。」

新唐書糾謬

吴縝《新唐書糾謬》二十卷，《自序》云：「此書訛文謬事，歷歷具存。予方從宦巴峽，僻陋寡聞，無他異書可以考證，止以本史自相質正，已見其然。若廣以它書校之，則穿穴破碎，當不止此。」愚謂只就一部書中搜求，吴自言寡聞固矣。然且不必論其廣以它書校否也，可笑是并《舊書》亦絶不一參對，爲太省事耳。其指摘却亦有精當處。

舊書目録脱誤

《舊書》目録脱誤者,如《楊恭仁傳》恭仁之曾孫睿交,「睿」,校本作「沓」,傳同,此因相似而誤。高祖子虢王鳳,校本作「元鳳」,傳同,然《新書》亦無「元」字,則未見校本必是。《良吏·權懷恩傳》下小字注「叔祖萬紀」四字,近本從宋本添。

新書目録脱誤

《新唐》目録《后妃傳》下「宣懿韋太后」下注「尚恭宋若昭」,「恭」當作「宫」,又《十一宗諸子傳》自奉天皇帝琮以下凡三十八人,此内有有事迹者,有無事迹者。考之傳中,人數衆多,或見於目,或不見於目,知目乃隨手開列,參錯不可據也。《儒學傳》下「啖助」下應添「趙匡、陸質」小字旁注。

十七史商榷卷七十

新舊唐書二

新紀太簡

《新唐書》本紀較《舊書》減去十之七，可謂簡極矣，意欲仿班、陳、范也。夫文日趨緐，勢也，作者當隨時變通，不可泥古，紀唐而以班、陳、范之筆行之，於情事必有所不盡。邵遠平謂本紀出盧陵手，自一二行幸除拜之外，紀載寥寥，[一]是矣。而其尤不滿人意者，盡削詔令不登，獨不思班《紀》猶多全載詔令，而《唐紀》反無詔令，惡乎可？且左史記言，右史記動，全削詔令，是記動不記言也。德宗出奔奉天，全賴陸贄草詔罪己，以激厲將士，而《新紀》盡削不載，贊本傳載奏議甚詳，而詔令不便入之，所謂「武人悍卒感動流涕」者，竟不一見於史，此其失也。《舊書》所載雖少，然尚存其略。

邵經邦謂《新》紀一意删削，并春夏秋冬亦皆無存。[二]予考之誠然，不覺失笑。《新書》之以簡勝，全部皆然，本紀尤甚，春夏秋冬特一字耳，猶不肯存，其删削可云筭無遺策矣。雖曰仿班，其實西漢十二帝，不過二百年，唐則二十帝、三百年，而班紀十二卷，内有一卷分爲上下者，實十三卷，共一百三十二葉。《新唐》紀十卷，共一百五十八葉，校其字數，《新唐》增多於《漢》紀無幾，然則紀漢事反詳，紀唐事反簡，惡乎可？又班紀每一帝各爲一贊，《新唐》紀每數帝共一贊，矯枉過正矣。

校讀記

［一］見《弘簡禄》卷首邵遠平撰凡例。

［二］見《弘簡録》卷首《讀史筆記》。

高祖高宗獨書字

《舊》紀各帝皆無字，而《新書》於高祖、高宗二帝獨書其字，但二十帝之中只此二帝有字，反覺不倫。考前史，馬、班於漢紀惟高帝書字而無諱，餘則諱與字皆不書，馬、班漢臣故也，餘史則皆書諱書字。《舊唐》之無字，以其無考耳。《新書》獨書兩帝字，則自亂其例矣。

大光孝

《舊·高祖紀》云「高祖神堯大聖大光孝皇帝」，下「大」字，近本從沈炳震新添，原本無。

七世

《舊》紀「高祖，涼武昭王暠七代孫也。暠生歆，歆生重耳，重耳生熙，熙生天錫。皇祖諱虎，皇考諱昞」云云，《新》紀則云「七世祖暠，暠生歆」云云，至天錫以下則直言生虎，虎生昞，昞生高祖云云，不言皇祖、皇考，劉昫以唐爲本朝故也，而天錫，《新》紀又改爲「天賜」，要其所謂七代祖、七世孫者皆離己身而數之，順推則自暠至昞，逆推則自昞至暠爲七世。

《舊》云「虎，後衛左僕射」，「衛」當作「魏」；又「昞，武德初，追尊元皇帝，陵曰興寧」，「寧」當作「陵」，二處原本誤並同。

舊書避唐諱

《舊書》避唐諱，凡「丙」皆作「景」，《新書》則不諱。近本《舊書》亦作「丙」者，因聞人氏原本係後人所改，惟《則天皇后紀》一卷作「丙」者是其原文，周不避唐諱，故存之以著其實。

武德改元不提行

《新》《舊·高祖紀》於隋義寧元年、二年及唐武德元年皆不提行，直至武德二年方提行，皆非也。考前史之例，《三國·魏武帝紀》於漢紀年皆逐年提行，《晉書·宣帝》、《景帝》、《文帝紀》於魏紀年皆逐年提行，至魏文帝、晉武帝，則其改元元年更無不提行者。此於隋號不提行尚可，而武德元年不提行則大非。不提行皆仍原本，而原本則武德二年、三年、六年亦皆不提行，尤誤，近本改正。

酅國公薨

《舊》紀：「武德二年五月己卯，酅國公薨，追崇爲隋帝，謚曰恭。」《隋書》本紀同，而

《新》紀作「八月丁酉」，當从《舊書》。鄜國公即高祖所立代王侑也。其薨亦遇弒，準例當綴以「唐志也」方是，[一]《通鑑》不書其薨，此等大事而亦遺漏，此疏略之甚者。

校讀記

[一]李慈銘曰：「慈銘案：鄜公之薨，向無異言，王氏亦因其薨之速，與五代之周廢帝皆疑爲非良死，存之以備一説固可，然必謂本紀當增『唐志也』三字，則迂而太自信矣。」

軍于蒲州

《舊》紀：「十月乙卯，討劉武周，軍于蒲州。」當作「以討劉武周幸蒲州」。

懷戌賊帥

《舊》紀：「武德三年十月庚子，懷戌賊帥高開道遣使降。」原本同，「懷戌」，校本作「懷戎」，是。[一]

校讀記

[一]《舊唐書校勘記》卷一引西莊此條云：「按《開道傳》有懷戎沙門招誘開道，開道襲殺之，並其衆，故稱爲懷戎賊帥也。《御覽》一百八作『懷戎』。」

擒竇建德降王世充

武德四年，擒竇建德，降王世充，斬建德，赦世充而流之，所書日，《新》、《舊》兩紀多參差不合，大約書中如此者甚多，蓋《新書》務多改《舊書》以爲功，如此類，今亦不能定其孰爲是非。惟《舊》云：「斬竇建德於市，流王世充於蜀，未發，爲讎人所害。」書法極是，宜仍之。《新》乃改爲「竇建德伏誅」，而世充之死略去不書，建德但當云斬于市，不必云伏誅，世充之死何以不見於紀，《舊》是《新》非也。

建德討宇文化及，能爲義舉，得人心，又盡收河北、山東地，勢極强，唐所最忌，世充據東都，雖於唐爲心腹疾，然闒茸下材，無得天下理，其首僭大號，弑皇泰主，惡十倍於建德，唐一斬之、一赦之，皆出私意，而《新書》書法殊不可解。

據漳反焚都督

《舊》紀「武德四年七月，建德餘黨劉黑闥據漳反」，「漳」下校本有「南」字；「十一月，焚都督紫微宫」云云，「都督」，校本作「東都」，並當從之，原本誤同。

脱同。

舊宅

《舊》紀：「武德六年夏四月己未，舊宅改爲通義宫。」「舊」上校本有「幸」字，是，原本脱同。

廢浮屠老子法

《新》紀：「武德九年四月辛巳，廢浮屠、老子法。六月丁巳，復浮屠、老子法。」案《舊》紀「四月」作「五月」，而云「以京師寺觀不甚清浄，詔曰」云云，以下全載詔文，繹其詞，乃極贊釋迦闡教之妙，因末代猥賤之侶不遵其法，欲沙汰之，故下此詔，末言：「諸僧、尼、道士、女冠等，有精勤練行、守戒律者，並令大寺觀居住，給衣食，勿令乏短。其不能精進、戒行者有闕、不堪供養者，並令罷遣。京城留寺三所、觀二所，天下諸州各留一所。」觀此詔文，何嘗欲盡廢其法乎？而載畢詔文之下，乃又綴云「事竟不行」，然則此詔爲虚下矣，又何嘗既廢而旋復乎？若欲存其實，當如《舊書》，若欲改而從簡，則當云「詔沙汰僧道，既而不果」，方合事實，又不然，則竟删去此一條可也。歐陽子竟改易就己意，以見其能不沿襲前人，何哉？「戒行」之下「者」字衍。

高祖年七十一

《新》紀：「武德九年六月癸亥，立秦王世民爲皇太子。八月甲子，皇太子即皇帝位。貞觀三年，太上皇徙居大安宮。九年五月，崩於垂拱前殿，年七十一。」案「皇太子即皇帝位」之下，據《舊》紀有「尊帝爲太上皇」一句，「年七十一」，《舊》作「七十」，皆當從《舊》。

新書盡黜舊書論贊

司馬氏於紀、傳、世家，每篇綴以評斷，此論體也。班氏因之，乃不稱論稱贊，范氏則每篇並用兩體，論無韻，贊有韻，而且整比其句，槩作四言，范氏是也，以後史家多遵之，而《舊唐》亦然。宋人復班式，以散文呼贊，《舊》論不過文法排偶，稍嫌板實，然評斷精確，自足傳之久遠，《新》贊盡黜《舊》文，駕空凌虛，自成偉議，欲以高情遠識含跨前人，於高祖不說高祖美惡，而統言三百年大勢，此脱題文章也。太宗亦不甚著題，轉尚論三代諸君，高宗則借周幽王爲波湍，此題外生枝也。中宗、睿宗《舊》雖作一卷，然仍各論，《新》乃并中宗於武后，睿宗於玄宗，各共爲一贊，武后、中宗則先泛説武后之入紀，合《春秋》書法，而中宗直以駕空了之，睿宗、玄宗則但説玄宗而直略過睿宗置之不議，其行文多入語助，好用嗚呼，故爲紆回頓挫、俯仰揖讓之態，其末輒作複句云「可謂難哉」、「可不慎哉」，層見疊出，一唱三嘆，欲使讀者咀之有餘味，悠然自得其意於言外，此皆宋人所以求勝《舊書》者也。窺其意，恨不得盡改《舊書》爲快，但紀傳實事有不能盡改者耳，一遇論贊，遂奮筆全易之，幸《舊書》未致泯滅，今日平心觀之，《舊書》何可廢邪？〔一〕

《舊》贊雖於本事無益，然衍釋其義，諧之以韻，讀之覺文意顯暢，要自可存，毅然廢之，亦爲鹵莽。

校讀記

〔一〕李慈銘曰：「慈銘案：《新書》論贊固有可議，行文亦有過意求之之病，然王氏訾之亦過矣，其言『好用嗚呼，輒作複句』云云，令人失笑。」

徐召宗

《舊·太宗紀》：「武德四年，太宗圍王世充，杜伏威遣將陳正通、徐召宗來會。」「召」原本同，校本作「紹」。

破竇王誤字

「建德陳兵汜水，世充將郭士衡陣於其南，建德列陣，至午，兵逡廵歛退，太宗揮幡而入」，「士衡」當作「士衝」，「歛」當作「欲」，「揮」當作「纏」，原本誤並同。

世民不偏諱

《舊》紀：「太宗爲皇太子，令曰：『依《禮》，二名不偏諱。近代兩字兼避，廢闕已多，有違經典。其官號、人名、公私文籍，有「世民」兩字不連續者，並不須諱。』」後高宗即位，有司奏亦云：「先帝二名，《禮》不偏諱。」然太宗雖有是令，終唐世未嘗行也。

高元禮

「貞觀二年七月，詔：『武牙郎將高元禮，協契宇文化及，搆成弑逆，除名流嶺表。』」《新》《舊・太宗紀》並作「高元禮」，考《隋書・煬帝紀》及《通鑑》第一百八十五卷，虎賁郎將元禮與司馬德戡、裴虔通同弑帝，無所謂「高元禮」者，「高」字衍，下文貞觀七年正月禁錮宇文化及等詔仍作「元禮」。

小人大人

《舊》紀太宗語侍臣以人君不可數赦，而云：「夫小人者，大人之賊。」二「人」並當作「仁」。

烏海

《舊》紀：「貞觀九年五月，李靖破吐谷渾於烏海，追奔至烏海。」〔一〕原本同，上「烏海」，校本作「烏縣」。

校讀記

〔一〕按下「烏海」當作「柏海」。

中潭

《舊》紀：「貞觀十一年九月，毁河陽中潭。」「潭」，《新》作「潬」，是。

發襄城宫

《舊》紀：「貞觀十四年八月，作襄城宫。十五年三月戊申，幸襄城宫。庚午，發襄城宫。」《新》無「發襄城宫」一條，校者改「發」爲「廢」，愚謂作「發」、作「廢」皆無理，未詳。〔一〕

校讀記

〔一〕《舊唐書校勘記》卷二引西莊此條云：「按王説非也。《册府》百十三：『庚午，罷襄城宫，分賜百姓。』《册府》十四：『三月，幸襄城宫。及至暑熱，又多毒虺，帝大怒，免立德官而罷其宫，分賜百姓。』《通鑑》亦云：『罷襄城宫，分賜百姓。』校本作『廢』，廢與罷同義。」

葬隋恭帝

《新》紀：「貞觀十七年六月壬辰，葬隋恭帝。」《舊》紀「壬辰」作「壬午」，「葬」上有「改」字。恭帝薨於武德二年五月，其薨以弑，自不成葬，然唐人之意方急急欲了此一宗公案，自當渴葬，必無不葬直遲至二三十年後始葬者，「改」字不可删，《新書》惟務删削而不當如此。

臨渝

貞觀十九年，伐高麗，十月，班師入臨渝關。《新》、《舊》略同，渝蓋水名，今爲縣，「渝」作「榆」，屬永平府。

封皇孫忠

「貞觀二十年八月甲子，封皇孫爲陳王」，皇孫脱其名，當從《新》紀增「忠」字。忠，高宗長子，後立爲太子，從武后意廢之，又賜死。

左丘明等

《舊》紀：「貞觀二十一年二月，詔以左丘明、卜子夏、公羊高、穀梁赤、伏勝、高堂生、戴聖、毛萇、孔安國、劉向、鄭衆、杜子春、馬融、盧植、鄭康成、服子慎、何休、王肅、王輔嗣、杜元凱、范甯二十一人，代用其書，垂於國胄，自今有事太學，配享宣尼廟堂。」《新》紀不載。子夏，或尊稱之不敢呼其名，若康成、子慎、輔嗣、元凱四人獨字而不名，不知何意？「用其書」者，劉向不知所用何書？皆未詳。又《新》紀於「貞觀十四年二月，求梁皇侃褚仲都、周熊安生沈重、陳沈文阿周弘正張譏、隋何妥劉焯劉炫之後」則書之，於左丘明等配享反不書，其去取誠不可解。

諸臣或卒或薨[一]

《舊》紀于諸臣之卒，或書卒，或書薨，隨便書之，無義例，《新》紀槩書薨，爲畫一，然《舊》紀皆書其官，《新》則皆去之，《舊》是《新》非也。《新》紀殺某人，或官或不官，或云有罪伏誅，或云伏誅，如貞觀十七年四月書「漢王元昌、侯君集等伏誅」，十九年五月書「遼東道行軍總管張君乂有罪，伏誅」，十二月書「殺劉洎」，二十二年七月書「殺華州刺史李君羨」，其義例之參錯不一，皆不可解。

校讀記

[一]李慈銘曰：「慈銘案：《新書》本紀，書法最可笑，即如玄宗天寶十八載八月，書『左龍武大將軍陳玄禮殺楊國忠及御史大夫魏方進、太常卿楊暄，賜貴妃楊氏死』。夫以國忠之罪，不書伏誅者，以命非出明皇也。然使後人僅見本紀，得非以國忠爲竭忠死難，而玄禮爲反逆乎？作史者以勸懲爲先，是何説也？文宗大和九年，於陳弘志、王守澄、王守涓之死皆書曰殺。夫弘志乃親弑憲宗之人，守澄等皆逆黨，此而不書伏誅，誰可書伏誅者？歐公以文宗不能明其弑逆

之罪，但因事誅之，謂與不討賊等，故書曰殺，此不但苛刻無理，而憲宗之崩，事本曖昧，蓋帝久已不豫，至罷正旦元會，崩之前一日，病已大漸，《新》、《舊書》諸傳中屢見之，故崩後穆宗但誅進丹藥之柳泌及僧大通，是當時固以憲宗爲金石毒發致崩，其後宣宗且疑郭后與太子與聞乎弑，目穆宗爲商臣，則憲宗之崩究無顯證，而中人日侍左右，如弘志等者素怨憲宗，自爲羣疑所歸，不得逃罪，文宗因事追正典刑，固不能明加以弑逆之罪。歐公不揣事情，播弄筆法，但書曰殺某某，而弘志不書官，守澄、守涓皆書官，亦不畫一，後人幾疑此輩皆無罪而死，又何說也？慈銘又案：趙翼《廿二史劄記》中又駁《新紀》於玄宗開元元年書唐紹伏誅之謬，天寶十四載書封常清、高仙芝伏誅之謬，亦確。」

平事訶黎

《舊》紀：「貞觀二十二年十二月，大理寺置平事十員。」「平」，校本作「評」。又：「閏月，執龜茲王訶黎布失畢。」「黎」作「梨」，二十三年同。

太宗年

《舊》紀：「貞觀二十三年五月己巳，上崩於含風殿，年五十二。」《新》紀作「五十三」。

《唐會要》與《舊》同,《新》誤,吴縝《糾謬》謂止五十歲,尤非是。[一]

校讀記

[一]李慈銘曰:「慈銘案:《糾繆》據《太宗紀》及《隋書·煬帝紀》,隋大業十一年突厥圍煬帝雁門,太宗時年十六,是歲乙亥。又《虞世南傳》:『太宗曰吾年十八舉義兵』。是歲丁丑,謂太宗生于庚申,至貞觀二十三年己酉,止得五十年,援證甚確。《舊》紀及《會要》言五十二,亦無所據。王氏乃斥吴氏爲非,何也?」輝按:引吴説見《糾繆》卷四《太宗紀享年差三歲》條。

太宗從善如流

太宗之美莫大於納諫,《舊》紀史臣稱其從善如流,最當。《新》贊一字不及,非也。

贈當作賜

《舊·高宗紀》:「即位之九月丙寅,贈太尉、梁國公玄齡,贈司徒。」原本同,上「贈」當作「賜」。

高季輔爲侍郎

《舊》紀:「永徽二年八月己巳,侍中、燕國公于志寧爲尚書左僕射,侍中兼刑部尚書、北平縣公張行成爲尚書左僕射，中書令兼檢校吏部尚書、蓨縣公高季輔爲侍郎。」案《新》紀行成爲右，非左；季輔爲侍中，非侍郎，[一]《新》是《舊》非也。

校讀記

[一]中華書局標點本《舊唐書》卷四《校勘記》引西莊此條，又云：「本卷下文及本書卷七八《高季輔傳》亦作『侍中』。」

旅賁郎

《舊》紀：「永徽三年七月，立陳王忠爲皇太子。九月，改諸率府中郎將爲旅賁郎，以避太子名。」「旅賁郎」下脱「將」字。

總管七十餘人

《舊》紀：「永徽五年八月，大理奏決死囚，總管七十餘人。」「總管」，校本作「總有」，「七十」作「七千」，七千餘人言其多。

顯慶元年

史法紀年以後改者爲定,《新書·高宗紀》:「顯慶元年正月,廢皇太子爲梁王,立代王弘爲皇太子。壬申,大赦改元。」《通鑑》第二百卷略同,而《舊》紀於是年乃仍書永徽七年,且改元在正月,舊號之存者特旬日而已,乃猶系舊號,其明年直書二年,使顯慶之元不見於提行之始,此《舊書》之不如《新書》者,後仿此。

「龍朔三年十二月庚子,詔改來年正月一日爲麟德元年」,此下即連書「春正月甲子」云云,竟以兩年事併合接叙,不復分析,尤大非。當於「麟德元年」下提行再書「麟德元年」,然後接「春正月」云云,《新》紀提行起是。

「麟德三年春正月戊辰朔。壬申,改爲乾封元年」,然則是年麟德之號用之僅四日耳,而仍冠以麟德,此《舊》紀之尤大謬者。

改明年爲某號元年,則本年不必書新號,改某號幾年爲某號元年,則本年正月即應書新號。

改昏葉宮

《舊》紀：「顯慶二年十二月，改昏葉宮。」原本同，校本「宮」作「宇」。以意揣之，必是以「昏」字之上「民」字、「葉」字之中「世」字犯諱，故改「昏」从「氏」，改「葉」从「卅」，校本是。[一]

校讀記

[一]《舊唐書校勘記》卷二引西莊此條云：「按王説雖巧，義似迂曲。」陳垣《史諱舉例》卷一則謂其説近是，「宫」字蓋承上文「洛陽宫」而訛也。

李友益流巂州

《舊》紀：「顯慶三年十一月，中書侍郎李友益除名，配流巂州。」原本同，校本作「峰州」。

張九齡

《舊》紀：「顯慶四年二月，策試舉人，郭待封、[二]張九齡居上第。」「九齡」，原本同，校

本作「昌齡」。[二]

校讀記

[一]「郭待封」，原誤作「郭侍封」，據《舊書》改正。按：《舊書》卷八十三、《新書》卷一百一十一有《待封傳》。

[二]詳參《唐史餘瀋》卷一《張昌齡》條。

龍朔三年詔

《舊》紀「龍朔三年二月庚戌，詔曰：『天德施生，陽和在節，言念幽圄，載惻分宵。雖復每有哀矜，猶恐未免枉濫。在京繫囚應流死者，每日將二十人過。』於是親自臨問，多所原宥」云云，「過」下似有脱文。[一]

校讀記

[一]《舊唐書校勘記》卷二引西莊此條云：「按《册府》五十八『京城見禁囚，每日將二十八過』，《英華》亦作『將二十人過』。」

逐使

《舊》紀：「高麗莫離支蓋蘇文死，其子男生繼其父位，爲其弟男建所逐使。」「使」當作

「死」。[一]

校讀記

[一]按：《舊書校勘記》卷三引西莊此條云：「按王説非也。《通鑑》：『男生走保别城，輝按：「城」原誤作「誠」，據《通鑑》改。使其子獻誠詣闕求教。』亦作『使』字。」輝按：《舊》紀云：「其子男生繼其父位，爲其弟男建所逐，使其子獻誠詣闕請降。」西莊誤讀「使」字從上，遂疑原文不可通，以爲「使」當作「死」，誤矣。

右中護

《舊》紀：「大司憲兼檢校右中護劉仁軌兼右相、檢校右中護。」上「右」當作「左」。

梁州都督

《舊》紀：「總章三年八月，梁州都督、趙王福薨。」「梁州」上原本有「王」字，衍，近本去，校本作「管」。

崔知温卒

《舊》紀：「永隆二年八月丁亥，户部尚書崔知温卒。」案下文永淳元年有「上謂[二]參知政事崔知温曰」云云，後永淳二年三月癸丑又書「中書令崔知温卒」，《新》紀知温薨於弘道元年三月癸丑者，即永淳二年，是年十二月改元。《舊》紀例用前號，《新》紀例用後改故也。《舊》無知温傳，《新傳》則云：「永隆初，同門下三品、兼修國史，遷中書令，卒，年五十七。」要之，《舊》紀前一條必衍文，當從《新書》。

校讀記

［一］「謂」原誤作「詔」，據《舊書》改正。

貞觀殿

《新》紀「弘道元年十二月丁巳，皇帝崩於貞觀殿」，《舊》作「真觀」。

十七史商榷卷七十一

新舊唐書三

武后居洛不歸長安

《通鑑》第二百卷於永徽六年即書「武后殺王皇后、蕭淑妃，數見爲祟，故多在洛陽，終身不歸長安」，此乃終言後事耳。高宗之世，在長安時多，居洛陽時少，安得遂云不歸長安乎？若高宗崩，武后篡位後，則二十年間，直至其死皆在洛陽，觀《新》《舊·武后紀》自明。惟長安元年十月至京師，至三年十月仍還洛，中宗復辟仍居洛，洛本東都，武氏居之，改名神都，直至武氏死後，神龍二年十月，中宗方還京師，自此以下仍定居關中，此事乃紀中眉目，最爲要緊，《舊書·中宗紀》詳明，《新》紀但一書「至自東都」而已，太略，幾令讀者茫然不解所謂。

《舊》紀於武后崩下神龍二年正月書中宗「護則天靈駕還京」，此下三月書「户部尚書蘇瓌爲京留守」者，將還洛，故置留守也。其下七月書「前左散騎常侍李懷遠爲左散騎常侍，同中書門下三品、東都留守」，其下九月書「幸白馬寺」，又其下則書「冬十月己卯，車駕還京師。戊戌，至自東都。十一月乙巳，大赦天下，行從文武官賜勳一轉。改河南爲合宫，洛陽爲永昌」云云，李懷遠爲東都留守者，將還京也。白馬寺在洛陽也。大赦者，爲還京也。改河南等名者，自此不復居洛故也。然則是年護靈還京之後，仍至洛，《舊》紀失書此一節，尚恨其太略。都邑之遷徙，車駕巡幸之所在，乃史中最要，語不厭其詳，至《新》紀盡削之，則妄矣。《新》紀於五月書「庚申，葬則天大聖皇后」，然則是年中宗蓋以葬後赴洛，《舊》紀漏去此條，亦非。

諸武不書姓

《舊書》於《武后紀》凡諸武如攸暨、攸寧、三思、承嗣、懿宗、延秀之類，多不書姓。其意若以革唐命，改國號周，則武爲國姓，故不書姓，以紀實也。《新》紀無不書姓者，凡史家之例，於宗室不書姓，當從《舊書》不書武姓，以著其篡位之實，然《新書·太宗紀》於宗室或書姓，或不書姓，其例本亂，見吴縝《新唐書糾謬》第十五卷，不獨《武后紀》失之。

杜景儉

《舊》紀：「長壽三年五月，改元延載，八月，左肅政御史中丞楊再思爲鸞臺侍郎，洛川司馬杜景儉爲鳳閣侍郎，仍並同鳳閣鸞臺平章事。」「肅政」下，《新》有「臺」字，此脱。「中丞」，《新》作「大夫」；「洛川」，《新》作「洛州」，是，此誤。「景儉爲鳳閣侍郎」，「爲」，《新》作「檢校」，檢校與爲不同，下文「神功元年十月，景儉方爲鳳閣侍郎」，則此時乃始檢校耳，亦當从《新》。至「景儉」，《新》作「景佺」，下文「證聖元年一月，杜景儉左授刺史」及神功元年十月所書杜景儉，《新》皆作「景佺」，則未知孰是。[一]聖曆元年七月書「杜景佺罷」，則《舊》紀無之。又考《睿宗紀》「延和元年六月庚申，幽州都督孫儉與奚首領李大輔戰於硎山」，《新書》作「孫佺」，似「儉」必當作「佺」者，不可解。「庚申」，《新》作「甲子」，此等甚多，今不悉出。《舊書·杜景儉傳》在第四十卷，《新書·杜景佺傳》在第四十一卷，[二]各有所據，絶非傳寫之訛。

校讀記

[一]《通鑑考異》曰：「《實録》及《新紀》表、傳皆作『景佺』，蓋《實録》以草書致誤，《新書》因承之耳。今從《舊紀》。」按《考異》説非也。《唐代墓誌匯編》載《唐故杜氏夫人墓誌銘》云：「刑部尚書同

中書門下平章事曰景佺，其顯考也。」據此，作「佺」是。

〔二〕《景佺傳》見《舊書》卷九十，《新書》卷一百一十六，云四十、四十一者，皆據其列傳之序次言之也。

豆盧欽望等左授

《舊》紀「證聖元年一月戊子，豆盧欽望、韋巨源、杜景儉、蘇味道、陸元方並左授趙、鄜、集、綏等州刺史」，《新紀》則云「貶豆盧欽望爲趙州刺史、韋巨源鄜州刺史、杜景佺溱州刺史、蘇味道集州刺史、陸元方綏州刺史」，《舊》紀於上則總書諸人名，于下則總書諸州名，意欲省文，而牽率殊甚，不成文法，自不如《新》紀一一書之爲當，況人名有五，州名僅四，明係脱落，此《舊書》之遠不如《新書》者，「儉」、「佺」互異，已見上。

萬歲登封元年脱誤

「萬歲登封元年臘月，洛州百姓給復二年，登封、告成縣三年」，原本誤以「給復」句絶，以「二年」提行另起，沈氏考證已言之，其實「登封告成縣三年」七字原本亦誤脱，近本乃據《新書》補入。又「四月，改元萬歲通天。五月，契丹首領松漠都督李盡忠與其妻兄孫萬榮誠州刺史孫萬榮反」，「嬀」，《新》作「歸」；又「右金吾大將張玄遇討李盡忠」，「將」下，《新》有「軍」字，皆當從《新》。

李盡忠事新紀誤

《新紀》於萬歲通天元年五月，既書李盡忠、孫萬榮反叛事，其下神功元年三月即書「王孝傑及孫萬斬戰于東硤石谷」云云，考之《舊》紀，則二人反後即書改其名，盡忠爲盡滅，萬榮爲萬斬矣，繼又書李盡滅死，其黨孫萬斬代領其衆矣，故於其下遂書王孝傑與孫萬斬戰于硤石谷云云，今《新》紀删去改名事，而突然忽書爲萬斬，直令讀者茫然不知何人，且本爲主者李盡滅也，《新》紀又删去盡滅死事，乃忽然置之而單入萬斬事，可乎？皆當從《舊》。

李昭德來俊臣書法

《舊》紀：「萬歲通天二年六月，内史李昭德、司業少卿來俊臣以罪伏誅。」昭德以才結知於武后，因以沮止立武承嗣爲太子之事，忠謀與狄仁傑無異，挫抑酷吏，平反冤獄，真仁人君子之用心也。邱愔、鄧注嫉而彈劾之，皆小人耳。《新書》傳贊雖深許其忠，而亦貶其進不以道，蓋因昭德嘗爲薛懷義行軍長史之故。懷義既爲將，昭德奉朝命爲其屬，亦不得已，且安知非用權以濟其忠乎？此事《舊》傳無之，[一]《新書》之論頗嫌太刻。綜計昭德生平，但有純忠，爲俊臣誣告冤死，此有何罪，乃與俊臣同書以罪伏誅乎？但此意作者非不知之，因惡俊臣，欲書其有罪，而昭德與之同日死，書之不能分異，只得一并牽入，此舛謬之尤者。《新書》則云「六月丁卯，殺監察御史李昭德、司僕少卿來俊臣」，當從《新書》。《舊書》此事無日，而《新》作「丁卯」，必別有據。考本傳，昭德先曾爲內史，而此時則自貶南賓尉，後復入爲監察御史，非內史，俊臣是司僕少卿，《通鑑》同。胡三省注：「光宅改太僕爲司僕。」非司業，[二]《舊書》皆非是，當以《新書》爲正。

《通鑑》書此事，但平平叙述，各書其官，採史家「人無不痛昭德而快俊臣」云云，則二人一枉死、一伏罪，千載而下自是顯然別白，即今讀者展卷之下，孰不一痛之、一快之乎？此真叙事良法，可以翼贊天命天討之權者也。趙師淵取《通鑑》而離析之，若者爲綱，若者爲目，其目無加於《通鑑》，反益之誤，而綱則褒貶予奪，自謂直接孔子之作《春秋》矣，忽遇忠奸同時棄市事，而其書法遂窮。彼例，無罪者書殺某官某人，有罪者去其官而書某人伏誅，昭德、俊臣事若書周殺監察御史李昭德、來俊臣伏誅，不可也，於是綱中削昭德不書，獨書「周來俊臣伏誅」，以昭德之奇冤，何不具官書殺以著武氏之淫刑，而乃但於目中附見，[三]如此則何貴乎有綱，不如仍《通鑑》舊貫之妙矣。《春秋》書法，去聖久遠，難以揣測，學者但當闕疑，不必强解，惟考其事實可耳，况乃欲擬其筆削，不已僭乎？究之是非千載炳著，原無須書生筆底予奪，若因弄筆，反令事實不明，豈不兩失之？師淵倚朱子以自名，朱子亦漫假借之，而後人遂尊信之，尹起莘輩又附和之，其誤不可勝摘，今不欲饒舌，聊一見之。

校讀記

[一]李慈銘曰：「慈銘案：《舊唐書·薛懷義傳》亦載長壽二年，以懷義爲代北道行軍大總管，以内史李昭德爲行軍長史。」

[二]李慈銘曰：「慈銘案：自古無司業少卿之官，『業』乃『僕』字脱去左傍，又誤寫『業』爲『業』耳。」

[三]見《資治通鑑綱目》卷四十二。

突厥寇邊

《新》紀：「聖曆元年八月，突厥寇邊。戊子，左豹韜衛將軍閻知微降于突厥，寇邊。」考《舊》紀，是年七月令淮陽王武延秀往突厥，納默啜女爲妃。遣右豹韜大將軍閻知微攝春官尚書，赴虜廷。八月，突厥默啜以延秀非唐室諸王，乃囚於别所，率衆與閻知微入寇嬀檀等州云云,《舊》紀應於「因於别所」之下補一句云「知微降於突厥」,方更完備,然云與知微入寇,則其降可知,尚無大礙,按其文義,事迹固了然也。《新》紀則但圖簡省而删削不當,絕非當時實事,據文當先言知微降,後言突厥寇邊,倒其次,謬一;不載延秀往納女,知微出使,忽書知微降,使人茫然不解知微何以出降突厥,何以入寇,謬二;複書寇邊,其前一條明係衍文,下又脱去「突厥」二字,謬三。

九月日蝕

《舊》紀:「長安二年秋九月乙丑,日有蝕之。」校本改「七月」。案《新書》本紀、《天文志》皆與此同作「九月」,校改非也。

朱敬則官脱字

《舊》紀:「長安三年九月,正諫大夫朱敬則鳳閣鸞臺平章事。」「鳳」上脱「同」字。

是日

「長安四年十一月,自九月至於是日,夜陰晦,大雨雪,都中人有飢凍死者。」[二]「是日」當作「是月」，《新》不載此事。

校讀記

［一］按：此從西莊意讀，實則「自九月至於是」句絶，「日」字當屬下讀，文義自通，不煩改「是日」爲「是月」。

神龍元年脱誤

《舊・中宗紀》：「神龍元年正月，張易之昌宗反。」「反」上脱「謀」字。又「皇太子監國」下「鳳閣侍郎韋承慶、正諫大夫房融、司禮卿韋慶等下獄」，「韋慶」當作「崔慶」，因「韋承慶」而誤，［一］其下文「韋承慶貶高要尉，房融配流欽州」，「房融配流」之下脱去「高州崔慶配流」六字。又「韓王元嘉等無胤嗣者聽取親爲後。詔九品已上及集朝使極言得失」，「親」上脱「近」字，「集朝」當作「朝集」。

校讀記

［一］《舊唐書校勘記》卷三引西莊此條云：「按《通鑑》作『崔神慶』。」

斬默啜者封

《舊》紀：「二年十二月，募能斬默啜者，封授諸大衛大將軍。」「封」下脱「王」字。

三年脱誤

《舊》紀：「三年五月，左屯衛大將軍兼檢校潞州長史張仁亶爲朔州道大總管。」「潞州」當作「洛州」。又「默啜殺我行人臧思言」，「言」，《新》同，校本作「元」。又「中書侍郎、東海郡公于惟謙國子祭酒，罷知政事」，「國子」上脱「爲」字。

太子誅武三思不克[一]

《新》紀：「景龍元年七月，皇太子以羽林千騎兵誅武三思，不克，死之。」吴縝《糾謬》謂三思已爲太子所誅，太子衆自潰，被害，何云不克？[二]吴所糾甚當。《舊書》第七卷於此事書法雖似太繁，却得其實。凡作史，能紀實，是亦可矣，《新書》一意從簡，必欲黜《舊》，故多失。吴氏但就一書中考核，少引他書，并《舊書》亦不之及，此其短耳。

校讀記

［一］李慈銘曰：「慈銘案：《新》紀文宗大和九年十一月，書『李訓及河東節度使王璠等云云，謀誅中宮不克，訓奔于鳳翔』，下又書『鳳翔監軍使張仲清殺其節度使鄭注』，下又書『殺右金吾衛大將軍韓約』，十二月又書『殺左金吾衛將軍李素貞』，而訓之死竟不見，此亦大謬。凡書法與其簡而失實，不如繁而盡事。李訓未至鳳翔，被擒而死，則不宜云奔于鳳翔，《新》紀即一意求簡，訓之奔竟可從略，而下書云『仇士良殺訓及王涯等』云云，情事便合，若以節愍太子之例則訓亦宜云『不克，死之』，蓋節愍事正與漢之戾太子無異，本不宜以殉難爲例，書曰死之。歐公既以武三思罪惡滔天，比節愍于死國，則訓之謀去中人，以忠覆族，乃真爲死國者，而《新》紀并没其死不見，尤爲舛漏。又案：李訓事書法，顧氏炎武《日知録》卷二十六已糾之。」

［二］見《新唐書糾謬》卷三《節愍太子誅武三思事》條。

景龍三年誤

《舊》紀：「景龍三年七月，册驍衛大將軍兼衛尉卿、金河王突騎施守忠爲歸化可汗。」「施」，原本同，校本作「范」。又「十二月庚子，幸兵部尚書韋嗣立莊。甲辰，賜新豐百姓給復一年，行從官賜勳一轉。是月幸驪山」，「是月」，當作「是日」。

內宴甲子

《舊》紀「景龍四年三月壬戌，賜宰臣以下内宴甲子。夏四月丁亥，上游櫻桃園」云云，沈氏考證云：「『甲子』下闕文。」[一] 書日不書事也。案校本作「賜宰臣已下内樣巾子」，傳寫之誤，非闕文。[二]

校讀記

[一]見沈炳震《唐書合鈔》卷七按語。

[二]李慈銘曰：「慈銘案：《輿服志》及《唐會要》皆云：『因内宴賜宰臣已下内樣巾子。』此校本所據。」李又曰：「慈銘案：《輿服志》：中宗景龍四年三月，因内宴賜宰臣已下内樣巾。是校本所據，然作内宴巾子亦通。」見《簡端記・舊唐書》下。

賜號王邕

《舊》紀：「五月，秘書監、賜號王邕改封汴王。」「賜」當作「嗣」。

中宗年

「六月壬午，帝遇毒，崩於神龍殿，年五十」，《新》紀作「五十五」，是也。《通鑑》及《綱目》皆無年，而胡三省《通鑑注》從《新書》。[一]按《舊》紀中宗以顯慶元年十一月乙丑生於長安，至是恰五十五年，《新》紀不書中宗生年。

校讀記

[一]見《通鑑》卷二百九。

中宗紀論脱文

《舊·中宗紀》云：「比漢晉之惠盈輩爲優。」此乃排對之文，「優」下當脱二句，原本亦脱。

睿宗紀首脱誤

《舊·睿宗紀》首「長安中，并司徒、右羽林衛大將軍」，「并」當作「拜」。「親皇三等已上加兩階」，「親皇」當作「皇親」。「殿中兼知内外閑廐、檢校龍武右軍，仍押左右厢萬騎平王諱」，「兼」當作「監」，以音似而誤。睿宗名旦，玄宗名隆基，或稱諱，或稱本名，諱是原本，本名是校者所改，改未浄。下文「治」字或稱治，或稱理，仿此。「中書令、酇國公蕭至忠爲許州刺史，兵部尚書、逍遥公韋嗣立爲宋州刺史，中書侍郎趙彦昭爲絳州刺史，蕭、韋、趙特置位」，「特置」，校本作「却署」。[一]「新除太常少卿薛稷爲黄門侍郎」，「稷」，校本作「璟」。[二]「巴陵王進範封岐王，彭城王隆業封薛王」，校本「進範」乙，「隆」字去，「業」下添「進」字。「丁卯，蘇瓌爲尚書左僕射，仍舊同中書門下三品。宋國公唐休璟致仕」，案「宋國公」之上脱「特進太子少師、同中書門下三品」，因「同中書」以下牽上而誤脱，以上諸脱誤，原本並同。

校讀記

[一]李慈銘曰：「王氏鳴盛謂特置，校本作『却署』，署即置也。此其意亦可推而得之。」

[二]《舊唐書校勘記》卷三引西莊此條云：「按《通鑑》亦作『稷』，校本誤。」

景雲元年

《新書・睿宗紀》首於叙完玄宗平韋氏之難，相王即皇帝位以下，至七月己巳，但書「大赦，改元」，不言改元景雲者，以前文叙韋氏之亂，即書景雲元年故也。《新書》之例，凡年號皆以後改爲正，如是年之大亂，一年中三帝一太后稱制，凡三年號，正月至五月仍景龍，四年六月韋氏弑中宗，立少帝重茂，已則稱制，改唐隆元年，七月少帝廢，睿宗立，又改景雲元年，若於六月事據實書唐隆，不可也，固不如徑書景雲以歸畫一。《新書》此例甚當，但恐觀者眩目，宜於「己巳，大赦，改元」下添「爲景雲元年」五字，稍變通其文法以便閱。又景雲元年不提行，亦非。

西域昌隆

《舊》紀：「景雲二年五月辛丑，改西域公主爲金仙公主、昌隆公主爲玉真公主。」「西域」當作「西城」，「昌隆」當乙。

景雲三年脱文

《舊》紀：「景雲三年正月辛巳，南郊。」「南」上脱「親祀」二字。「二月丁酉，少府監、將監增置少監一員」，「將」下疑脱「作」字。「丁亥，皇太子釋奠於國學，追贈顔回爲太子太師，曾參爲太子太保。每年春秋釋奠，以四科弟子、曾參從祀」，「弟子」下脱「及」字。以上脱文，原本並同。

延和元年誤

「五月，改元延和。八月，傳位皇太子，自稱太上皇帝，五日一度受朝於太極殿，三品[二]以上除授及大刑獄，並自決之。皇帝每日受朝於武德殿，三品已下除授及重罪並令決之」，「重罪」當作「徒罪」，《玄宗紀》作「徒罪」，因「徒」而誤。[二]「九月，封皇帝子嗣昇爲陝王」，「昇」，校本作「申」。

校讀記

[一]「三」原作「五」，據《舊書》改正。

[二]《舊唐書校勘記》卷三引西莊此條，云：「按《御覽》百十作『徒罪』。」

太平公主謀逆事

「延和二年七月，太平公主與僕射竇懷貞、侍中岑羲、中書令蕭至忠、左羽林大將軍常元楷等謀逆，事覺，皇帝率兵誅之，窮其黨與，太子少保薛稷、左散騎常侍賈膺福、右羽林將軍李慈李欽、中書舍人李猷、中書令崔湜、尚書左丞盧藏用、太史令傅孝忠、僧惠範等皆誅之」，考此所書誅殺者，其中有崔湜、盧藏用，而《玄宗紀》七月三日，太平等期以四日爲亂，上率兵誅之。明日，下制大赦，其下又書「丁卯，崔湜、盧藏用除名流嶺表」，是二人未誅，僅流徙也。《新書・崔湜傳》湜本徙嶺外，追及荆州，賜死，則固非始發時即見殺。至《盧藏用傳》則稱其附太平公主謀逆，主誅後，玄宗欲捕斬之，因其未執政，意解，流新州，又流驩州，改昭州司户參軍，遷黔州長史，判都督事，卒於始興。然則此紀非也。薛稷、李欽、傅孝忠、僧惠範，《玄宗紀》皆無之，而有李晉，則又此紀所無，亦爲互異。

睿宗論誤字

《舊·睿宗》論：「孝和之世，波注於三王之門。」「三王」當作「三主」，謂太平公主、長寧公主、安樂公主也。又「投杼於乘輿之間，抵掌於太平之日」，「日」當作「席」。又「彼既彎弓而射我，我則號泣以行刑」，上句衍一「我」字，下句衍「刑」字。又「俾無僭逼，下絶覬覦」，「俾」下脱「上」字。[一]原本誤並同。

校讀記

[一]《舊唐書校勘記》卷三引此條云：「按沈本『俾』下有『上』字。」

十七史商榷卷七十二

新舊唐書四

玄宗紀首誤

《舊·玄宗紀》首「誅韋氏，乃比謁睿宗」，「比」當作「馳」。又玄宗名皆作「基」，校本皆作「某」，校者從宋板也。作「基」乃明人所改，其實二名單稱下一字，在唐雖已間一有之，詳見予《説碑》。然畢竟草野不曉事人所爲，此風大約至前明方多，唐時朝廷宮掖未必有此，改者亦未諳古今故耳。又誅太平公主之下，「睿宗下詔」云云，「詔」，《睿宗紀》作「誥」，是。又誥文已見彼紀，複載太繁。又「周孝明高皇帝依舊追贈太原王」云云，此武士彠也，「高」字衍，觀《武氏紀》自明。凡書日甲子，有諸本互異及與《新書》不同者，今略之。

直諫言

「開元二年正月，制求直諫言弘益政理者」，「諫」下脱「昌」字。

今春始

「天樞至今春始」，「始」下脱「毁」字。

自便有房

「九月，制曰：『墓爲貞宅，自便有房。』」當作「自有便房」。又「冥器等物皆競驕侈，宜爲節制，冥器仍定色數」，「冥」皆當作「明」。[一]

校讀記

[一]《舊唐書校勘記》卷四引西莊此條云：「按『明』與『冥』通。」

褚無量

「三年十月，以光禄卿馬懷素爲左散騎常侍，褚無量並充侍讀」，「左散騎常侍」下脱

「與右散騎常侍」六字。[一]

校讀記

[一]《舊唐書校勘記》卷四引西莊此條云：「按《通鑑》云：『以懷素爲左散騎常侍，使與右散騎常侍褚無量更日侍讀。』王讀是。」

遮天門

「五年七月，詔：『明堂罷辟雍號，改爲乾元殿，每臨御依正殿禮。』」下脱「遮天門改爲乾元門」八字。

徽州刺史

「六年十二月，以太子少保兼徽州刺史、薛王業爲虢州刺史」，「徽」，校本作「衛」，是。原本誤同。

讐校書郎

「七年十二月，置弘文、崇文兩館讐校書郎官員」，「讐校」下脱「置校」二字，原本

亦脱。[一]

校讀記

[一]李慈銘《讀書簡端記》有説。

皇太子敏

「八年二月，皇太子敏薨」，「太」字衍。

突厥欲谷

「九月，突厥欲谷寇甘、源等州」，原本同，校本作「突暾欲寇」云云，《新》紀但云「突厥寇甘、源」。[二]

校讀記

[二]《舊唐書校勘記》卷四引西莊此條云：「按當從《通鑑》作『突厥突欲谷輝按：《通鑑》實作「突厥暾欲谷」。甘源』，《通鑑》作『甘涼』。」

幸温湯

「九年，正月丙寅，幸新豐之温湯」，下脱「己亥，至自温湯」六字，原本亦脱。[三]

校讀記

[一]《舊唐書校勘記》卷四引西莊此條云：「按《册府》百十三：『乙亥，至自温湯。』《新》紀、《通鑑》同。」

科甲

「四月，親策試舉人於含元殿，謂曰：『古有三道，今減二策。近無科甲。』」「科甲」二字當乙。

光常

「十年，京兆人權梁山自號光常」，「常」當作「帝」，原本誤同。

北都巡狩

「十一年正月己巳，北都巡狩」，四字誤倒不待言，而北都乃武后改名，中宗即位之初，已依舊爲并州大都督府矣，不應至開元十一年又襲此名，《新書》作「如并州」，當從之。[二]

又「庚辰，幸并州、潞州，别改其舊宅爲飛龍宫」，上言北都雖誤，尚差可，此又言并州，不知與上北都犯複，則誤之誤矣。《新》紀但言「庚辰，次潞州」，不言并州，亦當以《新》爲正。至「别改」云云，本作「其别駕舊宅爲飛龍宫」，所謂「别駕舊宅」者，以玄宗於景龍二年兼潞州别駕故也。前明二百七十年中絶少有學識者，而又往往師心自用，如「别改其舊宅」云云，非不知而妄改者邪？

後於開元二十年十月仍書「至北都」，又天寶元年改北都爲北京，《新》紀並同。又《新紀·肅宗紀》：「寶應元年建卯月，以太原府爲北都。」再考。

校讀記

［一］《舊唐書校勘記》卷四引西莊此條云：「按王説誤。《舊·地理志》云：『開元十一年，又置北都。』《册府》十四載玄宗并州置北都詔文。」

王晙授刺史

「十二月，王晙授蘄州刺史」，《新》紀云「貶王晙爲蘄州刺史」，《新》是《舊》非也。

封郡王事

「十二年，嗣江王禕降爲信安郡王，嗣蜀王褕爲廣漢郡王，嗣密王徹爲濮陽郡王，嗣曹王臻爲濟國公，嗣趙王琚爲中山郡王，武陽郡王堪爲澧國公。禕等並自神龍之後相繼爲王，以瓘利澤王之封，盡令歸宗改封焉」，「相繼」，校本作「外繼」，是。按《新》紀書此事云「詔傍繼國王禮當廢而屬近者封郡王」，書法可云簡極矣，但實事全不顯，奈何？況此中有降爲公者，而可以郡王槩之乎？又「王守一貶爲澤州別駕」，「別駕」，校本作「刺史」，〔一〕「五溪首領覃行璋反」，《新》紀作「行章」。

校讀記

〔一〕《舊唐書校勘記》卷四引西莊此條云：「按《通鑑》作『貶潭州別駕』。」

流流已下

「十三年正月，降死罪從流，流已下罪悉原之」，《新》作「流以下原之」。《舊》衍「流」字，或如十九年八月從流徒已下悉原之。〔一〕

校讀記

〔一〕按《舊》紀云：「秋八月辛巳，降天下死罪從流，徒已下悉原之。」西莊所引失句。《舊唐書校勘記》卷四引西莊此條云：「按王説非。言死罪改流，其流罪已下悉免之也。」

褒州

「二月，改梁州爲褒州」，「褒」當作「襄」，原本誤同。

焦仁亶

三月，程行諶請禁錮酷吏子孫，所列二十三人中，「焦仁亶」，校本作「侯仁亶」。

大宗賀朝

「十一月丙戌，至兗州大宗頓」，「大」當作「岱」；「壬辰，御帳殿受賀朝」，「賀朝」當乙，原本誤並同。

磧西

「十四年九月，檢校黃門侍郎兼磧西副大都護杜暹」云云，「磧西」，校本作「安西」。

永王澤延王洄

「十五年五月，永王澤爲荆州大都督，壽王清爲益州大都督、劒南節度大使，延王洄爲安西大都護、磧西節度大使」，原本同，校本「延王洄」一條在「永王澤」之上。

何遊反魯

「十六年正月，廣州首領馮仁智、何遊反魯叛」，「反魯」，校本乙，愚謂當更衍「反」字，[一]原本誤、衍並同。

校讀記

[一]《舊唐書校勘記》卷四引西莊此條云：「按王説同沈本，《通鑑》作『何游魯反』。」

城曲子城

「安西副大都護趙頤貞[一]敗吐蕃於城曲子城」，《新》無上「城」字，是。

校讀記

[一]「頤」原作「歸」，據《舊》紀改。

門城

「七月，檢校兵部尚書蕭嵩、鄯州都督張志亮攻拔吐蕃門城」，《新》作「吐蕃大莫門城」，是。

請父母

「十七年十一月，五品已上請父母亡者，依級賜官」，「請」當作「親」。

突可汗

「十八年五月，契丹衙官突可汗殺其主李召固」云云，既云衙官殺其主，何得稱可汗？當作「可突干」，後文二十二年十二月有可突干，是也。

至夏來

「二十年二月，勑文武選人，承前例三月三十日爲例，然開選門，比團甲進官至夏來。〔一〕自今已後，選門並正月内開，團甲」，「至夏來」之上，校本有「已」字。

校讀記

〔一〕「比」原誤作「北」，據《舊》紀改正。

上陽東州

「四月，讌百寮於上陽東州」，今俗於「九州」之「州」外别造「洲」字，爲「洲渚」之「洲」，然《説文·水部》新附無此字，則開元時似無此字，故此仍存古「州」字。〔一〕

校讀記

〔一〕《舊唐書校勘記》卷四引西莊此條云：「按《册府》百一作『州』。」

皇子漩

二十一年九月，封皇子爲王，凡八人，内漩爲涼王，《新》紀同，而校本作「湜」。考《新書·玄宗諸子傳》，初名皆從水傍，其後乃改從玉傍，然其中並無名漩與湜者，再考。

伊西北庭

「二十二年四月，伊西、北庭且依舊爲節度」，「節度」上脱「一」字。

五品已下賜勳

「二十六年七月，内外文武官及五品已下爲父後者各賜勳一轉」，「已下」，《新》作「已上」，當從之。

李尚隱

「二十八年六月，太子賓客李尚隱卒」，原本誤作「商隱」，校本作「朝隱」，近本未知何據。

石灰巢湹魏橋

「九月，魏州刺史盧暉開通濟渠，自石灰巢引流至州城而西，却湹魏橋」，「巢」，校本作「窠」，「湹」當作「注」。

文中子

「二十九年正月，制兩京、諸州各置玄元皇帝廟并崇玄學，置生徒，令習《老子》、《莊子》、《列子》、《文中子》，每年准明經例考試」，《新》紀書玄元皇帝廟事於正月，而於五月别書「求明《道德經》及《莊》、《列》、《文子》者」，時月之差互，《新》、《舊》二書極多，不可勝摘，今皆略之。惟「文子」當從《新書》，《舊》云「文中」者，誤也。[一]彼時崇尚玄虚，表章老莊之事，幾於史不絶書，然老氏之旨主於清浄無爲，恬素寡欲，玄宗是時方册壽王瑁妃楊氏爲貴妃，窮侈極奢之時，乃力崇玄學，何哉？謚曰玄宗，固以其好道，帝之好道在聲音笑貌之間而已矣。

校讀記

[一]《舊唐書校勘記》卷四引西莊此條云：「按《册府》五十三亦作『文子』。」

興聖皇帝

「天寶二年，尊聖祖玄元皇帝父周上御史大夫敬曰先天太上皇，母益壽氏號先天太后，咎繇爲德明皇帝」，按此下《新》紀有「涼武昭王爲興聖皇帝」，此脱。先天太后一條，《新》紀删去，雖簡浄，但非事實矣。如此荒唐可笑事，書之簡册以爲鑑戒，何不可者，乃必從而省之乎？世間猥冗簡札勞瀆翰墨者何可勝數，今於正史紀載實事，垂之萬世，反惜此費，吾所未喻。

畿官吏

「五載正月，勑大小縣令並准畿官吏三選聽集」，「吏」當作「例」。

立杖食

「六載正月，每日立杖食及設杖於庭」云云，「杖」皆當作「仗」。

廣文館徙生徒

「九載七月，國子監置廣文館，徙生徒爲進士業者」，「徙」，校本作「領」，原本誤同。〔一〕

校讀記

〔一〕《舊唐書校勘記》卷四引西莊此條云：「按《通鑑》『置廣文館於國子監，以教諸習進士業者』，『徙』當作『教』。」

李林甫罷

《新》紀「十一載十一月乙卯，李林甫罷」，《舊》紀作「李林甫薨於行在所」，《舊》是《新》

非也。

羽林大將軍

《舊》紀「十四載十一月，以羽林大將軍王承業爲太原尹」，校本「羽林」上有「左」字。

次河池普安

「十五載六月丙午，河池郡」，「丙午」下脱「次」字；又「七月甲子，次普安郡」，「普」，校本作「晋」，原本脱、誤並同。[一]

校讀記

[一]《舊唐書校勘記》卷四引西莊此條云：「按《御覽》百十一、册府七十二及《通鑑》俱作『普安』，胡三省注：『普安即劍州。』」

米價

《舊》紀開元十三年、二十八年俱有米價，《新》紀皆無之，兩書《食貨志》亦皆無之，不如留之以見當時事勢，《新》紀删削爲非是。

《舊・代宗紀》廣德二年九月、永泰元年三月七月、大曆四年八月、五年七月皆有米價，或云斗千錢，或云斗八百錢，或云斛萬錢不等。

新舊書户口數

開元十四年二十年、天寶元年十三載皆有户口數，皆逐次遞增。當時承平日久，户口屢增，理之所有，而玄宗鮮終，奢淫驕泰，奸人在位，或虛加其數而無實，亦未可知，此皆見《舊》紀而《新》紀皆無之。凡史家志地理者例有户口數，《漢書》言元始，是據一朝中極盛之數言之，此史法也。今《新》《舊・地理志》所言户口之數，皆據開元二十八年爲準，以二書參對，雖有幾字不同，然大略則同。考《舊》紀天寶十三載之數，户與口皆增於開元二十八年頗多，乃兩書《地理志》皆不據極盛者爲準，而取開元二十八年之數，非也。户口之數本應入《地志》，紀中不必複見，《新》紀不書爲是，但志中所書仍不能考其極盛者書之，亦疎。又《舊書・食貨志》不言户口，而《新書・食貨志》則云：「乾元末，户百九十三萬〔二〕一百二十四，口千六百九十九萬三百八十六，減天寶户五百九十八萬二千五百八十四，口三千五百九十二萬八千七百二十三。」今考《舊》紀天寶元年户八百五十二萬五千七百六十三，今以户百九十三萬一百二十四計之，應減天寶元年之户七百四十三萬二千六百三十九;天寶元年口四千八百九十萬九千八百,今以口千六百九十九萬三百八十六計之,應減天寶元年之口三千二百八十一萬四百十四。又《舊》紀天寶十三載户九百六十一萬九千二百五十四,今以户百九十三萬一百二十四計之,應減天寶十三載之户七百六十八萬九千一百三十;天寶十三載口五千二百八十八萬四百八十八,今以口一千六百九十九萬三百八十六計之,應減天寶十三載之口三千五百八十九萬一千二十。然則《新書・食貨志》所核筭天寶户口之數,既非元年,又非十三載,不知其所據者爲何年之籍矣。蓋作《舊書》者所見之籍非作《新書》者之所見,傳聞異詞,恐不如《舊書》爲得其實也。

就《新書・食貨志》所言天寶户口數,當有七百九十一萬二千七百八户,五千二百九十一萬九千一百九口,而《地理志》言開元二十八年户八百四十一萬二千八百七十一,口四千八百一十四萬三千六百九,天寶之户反減少於開元二十八年,而口則反增多,亦不可解,必有誤。

《舊・代宗紀》:「廣德二年,户部計帳,管户二百九十三萬三千一百二十五,口一千六百九十二萬三百八十六。」此數乃與《新・食貨志》所載乾元末相近,僅有幾字不同,皆可疑。

《舊・穆宗紀》:「長慶元年,户二百三十七萬五千八百五,口一千五百七十六萬二千四百三十二。」户較《新·食貨志》所載乾元之數所增頗多，而口則反減少百數十萬，亦屬難信。

校讀記

[一]據《新唐書》卷五十二《食貨志二》，「萬」下應有「三千」兩字。

太真禄山書法

《新》紀於貴妃楊氏去其姓，稱太真，殊屬無義。《舊》紀云「册太真妃楊氏爲貴妃」，太真乃其號，今曰太真妃，似妃號有此稱者，亦非。開元二十八年當如《新》紀書「以壽王妃楊氏爲道士，號太真」，天寶[一]四載當如《舊》紀而小變其文，云「册楊氏太真爲貴妃」。又《新》紀安禄山忽稱姓，忽不稱姓，皆非史法。

校讀記

[一]「天寶」兩字據文義補。

十七史商榷卷七十三

新舊唐書五

肅宗紀首脱誤

《舊·肅宗紀》首「斬新平太守薛羽、保定太守餘穀」，《新書》作「徐穀」，當從之，《舊書》乃傳寫之誤。又「朔方留後杜鴻漸等遣判官李涵迎上」，原本同，校本改作「李淄」，然《新》紀亦作「涵」，則校本未必是。又「以朔方度支副使、大理司直杜鴻漸爲兵部郎中，朔方節度判官崔漪爲吏部郎中，並知中書舍人」，「度支副使」當作「節度副大使」，「舍人」下脱「事」字。[一]又「賊黨同羅部五千餘人自西出降朔方軍」，「西」下脱「京」字。又「子儀、光弼率所統步騎五萬至屯河北」，「屯」當作「自」。

校讀記

[一]《舊唐書校勘記》卷五引西莊此條云：「按《御覽》百十二有『事』字。」

至德二載制詞

「至德二載，十一月，制曰：『靈武聚一旅之衆。』」「靈武」上脱「自」字。又「十二月，制曰：『黔首猶不背國恩，受任於梟獍之間』」云云，「國恩」下當有脱文。

太史監爲司天臺

「乾元元年三月，太史監爲司天臺」，「太史」上脱「改」字。

河南節度

「五月，以禮部尚書崔光遠爲河南節度」，下脱「使」字。

季廣琛

「荆州長史季廣琛」，「季」當作「李」，〔一〕二年同。《新》紀於乾元元年九節度討安慶緒亦作「季」，恐非。

校讀記

[二]《舊唐書校勘記》卷五於此條有詳辨，又云：「王氏鳴盛謂季廣琛之『季』當作『李』，不知所據。」

某州婦人

「十月，許叔冀奏：『某州婦人王二娘，請赴行營討賊。』」「某」，校本作「青」，是。原本誤同。

求於史思明

「十二月，安慶緒食盡，求於史思明，率衆來援」，「求」下脱「救」字，「思明」下應重二字。

作坊造坊

《舊》紀：「乾元二年四月，諸作坊造坊並停。」下「坊」字當作「作」。

李廣琛崔光遠

「貶李廣琛[二]宣州刺史，崔光遠爲太子少保」，「廣琛」下脱「爲」字，「宣」當作「宜」，宣

乃内地，非貶謫所，宜則遠惡地也。廣琛至上元二年方爲宣州刺史耳，見下文，「刺史」下又脱「師失律也以汴州刺史」九字。[二]

校讀記

[一]《舊》紀作「季廣琛」，參見本卷《季廣琛》條。

[二]《舊書校勘記》卷五引西莊此條云：「按王氏之言不知所據。」

舊代宗紀首誤

《舊·代宗紀》首「新店之後，一戰大捷」，「後」當作「役」。又「寶應元年五月，宰臣苗晉卿等三十表」，「十」當作「上」。又「七月，襄州刺史裴義長流費州」，「義」，《新》紀作「茂」。又「十月，史朝義奔翼州」，「翼」，校本作「冀」，後「大曆四年十一月，左僕射、翼國公裴冕」，《德宗紀》「建中二年九月，兵部尚書、翼國公路嗣恭卒」，校本亦俱作「冀國」，以上誤原本並同。

乾元元年

《新·代宗紀》首乾元元年，誤提行起。

京師戒嚴

《新》紀：「大曆二年十月戊寅，路嗣恭及吐蕃戰於靈州，敗之。京師戒嚴。」誤，《舊》紀作「解嚴」，是。下三年九月戊戌同。

鄧州國公

《舊》：「大曆三年九月，檢校户部尚書、知省事、鄧州國公張獻誠卒。」「州」字衍。

西川

「五年二月，度支使及關内、河東、山南西道、劍南西川轉運常平鹽鐵等使宜停」，「西川」當作「東川」。

昭義軍節度

「八年正月，昭義軍節度、檢校右僕射、相州刺史薛嵩卒」，「度」下脱「使」字。

楊猷泝漢而上

「九年正月，澧朗兩州鎮遏使、澧州刺史楊猷擅浮江而下，至鄂州。詔許赴汝州，泝漢而上」，「泝」上原本有「遂」字，此脱。

葉州

「十年三月，以左散騎常侍孟皞爲葉州刺史，充潼關防禦使」，「葉」當作「華」，原本誤同。

代宗年五十三

《新·代宗紀》：「大曆十四年五月辛酉，皇帝崩于紫宸内殿，年五十三。」吴縝《糾謬》第一卷駁代宗母章敬吴皇后入宫事，亦據此紀以推代宗生年當爲開元十五年丁卯歲。[一]《舊》紀則不言年若干。錢大昕云：「《唐會要》代宗以開元十四年十月十三日生，大曆十四年五月二十日崩，年五十四。《新》紀非也。」[二]

校讀記

[一]《代宗母吴皇后傳》條。

[二]錢説亦見《廿二史考異》卷四十二。

舊紀代宗獨有祔廟日

《舊·代宗紀》：「大曆十四年五月辛酉，崩。」其下叙完遷殯等事，即云「十二月丁酉，祔於太廟」。考《舊書》各紀皆無祔廟之日，獨代宗有之，此不畫一。

德宗紀首誤字

《舊·德宗紀》首「大曆十四年六月，諸州刺史上佐令後准式入計」，「令」當作「今」。「十月，散官豢豬三千頭給貧民」，《新》紀作「三千」，是，事見《盧杞傳》。「十一月，以鄜州刺史張光晟單于振武軍使、東中二受降城綏銀鄜勝等軍州留後」，「光晟」下脱「爲」字。

柳晃

「建中元年二月，貶右補闕柳晃巴州司户」，「晃」，校本作「冕」，是。原本誤同。

領蕃

「八月，振武軍使張光晟殺領蕃迴紇首領突董統等」，「領」，校本作「歸」，是。原本誤同。

國以來將相

「十二月，令詳定國以來將相功臣房玄齡等功績，分爲三等」，[一]「國」下脱「初」字。

校讀記

[一]按原文云：「令詳定國以來將相功臣房玄齡等一百八十七人，據功績分爲三等。」

招討使

「二年九月，以杭州刺史元全柔爲黔中經略招討使觀察等使」，「招討」下「使」字，原本無，此衍。

削李惟岳官爵

「十一月，詔：『李惟岳宜肆原野，削爾在身官爵。』」「削」上脱「并」字。[一]

校讀記

[一]《舊唐書校勘記》卷六引此條云：「按《英華》載全文。中略。此删改原文而義未完善，或當有所闕脱。」

李齊

「以陝州長史李齊爲河中尹」，「齊」下脱「運」字，原本脱同。

馬燧等破田悦

「三年閏正月，馬燧、李抱真破田悦兵於恒[一]水」，「抱真」下原本有「李芃」，下文「五月，加河東節度使、檢校左僕射馬燧同平章事」云云，賞破田悦功也。此一段於李抱真之下亦有「李芃」，原本是，近本脱。至原本作「破兵於恒水」，脱「田悦」二字，則更大謬。

校讀記

[一]「恒」當作「洹」，下同。

荷校

「四[一]月，詔京兆尹、長安萬年令大索京畿富商，長安令薛苹荷校乘車，於坊市搜索，人不勝鞭笞，至自縊」，「校」當作「杖」。[二]

校讀記

[一]「四」原誤作「三」，據《舊》紀改。

[二]《舊唐書校勘記》卷六引西莊此條，又云：「《册府》五百十及《盧杞傳》俱作『校』。」

嚴尹

「貶御史大夫嚴郢爲費州長史，杖殺左巡使、殿中侍御史鄭詹。尹歲餘卒」，「尹」當作「郢」。

泚賊攻城

「四年十月，與太子諸王妃主百餘人出苑北門」，「與」上脱「上」字。又「癸巳，泚賊三面攻城」，此爲朱泚攻奉天城，上文已甚明，不必復出「泚」字，且「泚賊」之稱不成文義，上下文皆云「賊」，不云「泚賊」也。「泚」，校本改「夜」。又「賊造雲橋，攻東北隅，渾瑊預爲地道，及雲橋成城，脚陷不得進」，「成城」當作「傅城」或「乘城」。以上脱誤，原本並同。

嶽州

「興元元年五月，嶽州李兼、黔南元全柔、桂管盧嶽加御史大夫」，「嶽州」當作「岳州」，下文「貞元元年四月，鄂嶽觀察使李謙」，「嶽」字同，以後仿此。

韓旻斬朱泚

「六月，幽州京士韓旻於彭原斬朱泚，傳首至行在」，「京士」當作「軍士」。《新》紀書「朱泚伏誅」，伏誅者，固以其有罪而書，要亦是明正其罪，與衆棄之之義，史家紀事莫善於得實，今泚實爲其軍士所殺，與安慶緒殺禄山、史思明殺慶緒何異，乃亦書伏誅，則與親加顯戮者何別乎？不如《舊》紀得實也。凡叛逆爲其下所殺而傳首以獻者，兩書書法不同，大率如此，如李懷光之類，今不悉出，於此見例。

首將

「貞元元年三月，李希烈陷南陽，殺首將黃金嶽」，「首」當作「守」。

崔縱奏誤字

「九月，崔縱奏：『在宮者既合序遷，有功者又頒褒賞。』」「頒」當作「須」。又「嘗難遺才，仍招怨望」，「難」當作「嘆」。

元帥兵馬使

「三年三月，以李晟甥元帥兵馬使王泌[一]爲右威衛上將軍」，「帥」下脱「府」字，原本同。

校讀記

[一]「泌」當作「佖」。

十月

五月書蕃相尚結贊請改會盟之所事，下即書「十月，東都等處大水」云云，後文却書「六月」，此「十月」當作「是月」，原本誤同。

減官仍舊

「七[一]月，詔：『頃緣備邊，權議減官。近聞授官者皆已之任，俸禄未請，歸還無所，其先勑所減官員，並依仍舊。』」「依」當作「宜」。又其下文云「初既減員，内外咨怨，張延賞、李泌初入相，乃諷諫官論之」，「延賞」下原本空一字，校本有「懼」字，是。近本脱去，又不空白，非也。

校讀記

[一]「七」原誤作「六」，據《舊》紀改。

王西曜

「四年正月，以左龍武大將軍王西曜爲麟州刺史、鄜坊丹延節度使」，案《新唐書·王栖曜傳》所書歷官與此紀合，今作「西曜」，誤。十八年十月書「王栖曜卒」，却不誤。原本並與近本同。

歲不過五十萬

「户部别貯錢，朝臣歲不過五十萬」，「歲」下脱「支」字，原本亦脱。又原本「貯」誤作「處」。[一]

校讀記

[一]《舊唐書校勘記》卷六引西莊此條云：「王氏蓋據所見之校本，《册府》有『是錢宜别貯之』之語，則作『貯』爲是。」

杜祐

「六月，以尚書左丞杜祐爲陝州長史」，「祐」當作「佑」，下文五年十二月等處並同，不另出。

張濛等二十人

「九月，賜宴作詩，羣臣畢和，品其優劣，劉太真等上等，鮑防等次等，張濛等二十人又次之」，「二十人」原本同，校本作「八十八人」，是。

爲安南都護府

「七年五月，置柔遠軍爲安南都護府」，「爲」當作「于」。

每御延英

「十月，每御延英，令諸司官長二人奏本司事」，「每御」上脱「詔」字，原本亦脱。

當道閑員

「八年二月，韋皋請有當道閑員官吏，增其俸禄」，「閑」，校本作「備」，是。原本誤同。

河內

「四月，以東都、河南、淮南、江南、嶺南、山南東道兩稅等物，令張滂主之；以河內、河東、劍南、山南西道等財，班宏主之」，「河內」，原本同，校本作「關內」。

加文儒官

「十二年四月，命沙門、道士加文儒官討論三教」，「加」字疑衍，原本同。[一]

校讀記

[一]《舊唐書校勘記》卷六引此條云：「按《册府》卷二：『帝降誕之日，近歲嘗以其日會沙門、道士於麟德殿講論，是日兼召儒官。』《通鑑》：『庚辰，上誕日，故事，命沙門、道士講論於麟德殿，至是始命以儒士參之。』『加』字不誤，特辭意未明晰，或有所遺脱歟。」

兼湖渠

「十三年八月，詔韓皋修昆明池石炭、賀蘭兩堰兼湖渠」，「兼」下脱「浚」字，原本同。

江州

「九月，以李巽爲江州刺史」，原本同，校本作「洪州」。

宣武帥李董劉韓事

汴州軍名宣武，此軍治亂關繫最大，他藩鎮之除授與其帥之罷免及卒皆當書，而此鎮尤不可略。《舊》紀於貞元十二年七月乙未書「以東都留守、兵部尚書董晉檢校左僕射、同中書門下平章事、汴州刺史、宣武軍節度、宋亳潁觀察使。時李萬榮病，萬榮子迺自署爲兵馬使，軍人又逐迺，汴州亂，故命董晉帥之。以太子賓客王翃爲東都留守、判東都尚書省事、東畿汝都防禦使。是日，汴州節度使李萬榮卒」，其下八月丙子又書「以汝州刺史陸長源爲宣武行軍司馬」，其下十五年二月丁丑又書「宣武軍節度使、檢校左僕射、平章事、汴州刺史董晉卒。乙酉，以行軍司馬陸長源檢校禮部尚書、汴州刺史、御史大夫、宣武軍節度度支營田、汴宋亳潁節察等使」，其下又書「汴州軍亂，殺陸長源及節度判官孟叔度、邱潁，軍人臠而食之。監軍俱文珍以宋州刺史劉逸準久爲汴之大將，以書招之，俾靜亂」，其下又書「乙丑，以宋州刺史劉逸准檢校工部尚書兼汴州刺史、宣武軍節度使，仍賜名全諒」，其下八月庚戌又書「宣武軍節度使、檢校工部尚書、汴州刺史劉全諒卒」，其下辛酉又書「以大理評事宣武軍都知兵馬使韓弘檢校工部尚書兼汴州刺史、御史大夫、宣武軍節度使」，此上惟「節察」誤，當爲「觀察」。統觀之，雖文筆太蔓，然一鎮之治亂，帥臣之更易，五年中情事歷歷詳明，亦不厭其繁，以《新書·董晉傳》及昌黎作晉行狀比校，大略相同，乃《新》紀大加删削，僅於十二年六月書「己丑，宣武軍節度使李萬榮卒，其子迺自稱兵馬使，伏誅」，又於十五年二月書「乙酉，宣武軍亂，殺節度行軍司馬陸長源，定州刺史劉逸淮自稱留後」，又於四月庚戌書「宣武軍節度使劉全諒卒，都知兵馬使韓弘自稱留後」，如此而已，此其誤不可勝言。宋、汴相連，若定州則甚遠，俱文珍急召劉逸準静亂，必不舍近召遠，况定州别是一鎮，亦非宣武監軍所得召。「逸準」，《通鑑》同，《新書》乃作「逸淮」，逸準既係文珍召來，自必請朝命，必非自稱。至全諒之卒，軍中無變故，則弘之命亦必出自朝廷，乃一槩以「自稱留後」了之，但圖句法短净，不顧事實。凡此小失皆尚可，其月日之不同，《新書》處處皆然，更不足論。最可怪者，唐室興衰，視乎藩鎮，况宣武尤爲至要，乃於萬榮死後，竟不書董晉之爲節度，直至十五年方書「軍亂，殺陸長源」，竟不知此幾年中帥爲何人，晉以宰相罷爲東都留守，復用爲節度，而可略乎？况長源本係晉之行軍司馬，今不書晉而突書殺長源，試問長源爲何人幕下官乎？萬榮、全諒卒皆書，晉卒不書，是何義例乎？逸準爲節度，方賜名全諒，删去賜名一節，忽稱逸淮，忽稱全諒，竟若兩人，可乎？心麤膽大，而自以爲是，蔑棄前人，落筆便謬，宋人往往如此。

復内

《舊》紀：「貞元十四年正月，詔八年至十一年兩税及榷酒錢，在百姓復内者，五百六十萬七千貫，並除放。」「復内」，原本同，校本作「腹内」。[一]

校讀記

[一]《舊唐書校勘記》卷六云：「『在百姓復内者』，《册府》『復』作『腹』，『腹内』二字《册府》屢見，是當時公牘語，作『復』無所取義。王氏鳴盛：『校本作「腹内」。』」

錡恣横叛

「十七年六月，崔善真論李錡罪，械送錡，埋之，由是錡恣横叛」，「横」下脱「爲」字，原本亦脱。

竇群

「十八年五月，以竇羣爲左拾遺」，「羣」上脱「布衣」二字。

非先賜授

「八月，以嶺南節度掌書記張正元爲邕州刺史、御史中丞、邕管經略使，給事中許孟容以非先賜授，封還詔書」，「非先賜授」當作「非次越授」，原本誤同。

神武孝文

「二十一年正月，崩。永貞元年九月，上謚曰神武孝文」，此下脱「皇帝」二字。